BUILDING MUSCLE AND PERFORMANCE

增肌与运动表现
提升指南

针对肌肉围度、运动力量及速度的训练方案

[英]尼克·特米勒罗（Nick Tumminello）著　徐晴颐　译

[修订版]

人民邮电出版社

北京

图书在版编目（CIP）数据

增肌与运动表现提升指南：针对肌肉围度、运动力量及速度的训练方案／（英）尼克·特米勒罗（Nick Tumminello）著；徐晴颐译. -- 2版（修订本）. -- 北京：人民邮电出版社，2022.10（2023.9重印）
ISBN 978-7-115-57906-5

Ⅰ. ①增… Ⅱ. ①尼… ②徐… Ⅲ. ①肌肉—运动训练—指南 Ⅳ. ①G808.14-62

中国版本图书馆CIP数据核字(2022)第048364号

免责声明

　　本书内容旨在为大众提供有用的信息。所有材料（包括文本、图形和图像）仅供参考，不能用于对特定疾病或症状的医疗诊断、建议或治疗。所有读者在针对任何一般性或特定的健康问题开始某项锻炼之前，均应向专业的医疗保健机构或医生进行咨询。作者和出版商都已尽可能确保本书技术上的准确性以及合理性，且并不特别推崇任何治疗方法、方案、建议或本书中的其他信息，并特别声明，不会承担由于使用本出版物中的材料而遭受的任何损伤所直接或间接产生的与个人或团体相关的一切责任、损失或风险。

内 容 提 要

　　本书作者尼克·特米勒罗被盛誉为"教练的教练"。在本书中，其运用基于肌肉和运动成绩的两种训练方式达到了有效兼顾提高成绩与塑造肌肉的效果。本书详细叙述了对上肢、下肢、核心和全身的针对性训练，呈现了超大强度间歇训练、稳态有氧训练、全身能量训练、交叉身体运动、复合练习和隔离练习等训练方法，包含了丰富的训练工具——药球、杠铃、哑铃、壶铃、绳索等。本书还根据不同层次的练习者给出了多种详尽的锻炼方案，旨在改善练习者的身体状况，同时塑造体形。本书适合健身爱好者、运动员及健身教练阅读。

◆ 著　　　　［英］尼克·特米勒罗（Nick Tumminello）
　 译　　　　徐晴颐
　 责任编辑　刘日红
　 责任印制　马振武

◆ 人民邮电出版社出版发行　　北京市丰台区成寿寺路 11 号
　 邮编　100164　　电子邮件　315@ptpress.com.cn
　 网址　https://www.ptpress.com.cn
　 北京七彩京通数码快印有限公司印刷

◆ 开本：700×1000　1/16
　 印张：22.75
　 字数：493 千字
　 　　　　　　　　　　　2022 年 10 月第 2 版
　 　　　　　　　　　　　2023 年 9 月北京第 2 次印刷
　 著作权合同登记号　图字：01-2016-4059 号

定价：128.00 元

读者服务热线：(010)81055296　印装质量热线：(010)81055316
反盗版热线：(010)81055315
广告经营许可证：京东市监广登字 20170147 号

谨以此书献给我的母亲贵丝·贝文和父亲多米尼克·特米勒罗。尽管你们对于生活的看法和教育理念大相径庭，但是你们俩有一点是相同的：不仅是慈爱的父母，还是我最好的朋友。

同时我也想将此书献给我已故的祖父母丽塔·怀特豪斯和玛丽·简·特米勒罗。从我出生那一刻一直到他们去世，我始终备受他们宠爱，让我感觉自己似乎就是他们世界的中心。每个小孩子都应该在这种宠爱中长大。

目　录

第Ⅲ部分　健身方案

前　言

增肌是大多数人来健身房的目的。本书可以帮助你健身增肌，而且效果不仅限于此。混合训练的理念和锻炼计划可以提高运动成绩、改善身体状况，同时还能够增加肌肉。

你大概不想徒有其表，外强中干。如果你一方面期望拥有健美的身姿，另一方面又渴望身强体壮，能轻松做好任何事情，那么要实现这样的目标，基于肌肉和运动成绩的训练就必不可少。这就是本书与众不同之处：它两者兼顾，而大多数健身书基本上忽略了运动成绩和健康要素。本书中的训练策略和锻炼会从各个不同的层次使你得到锻炼，从而使你获得梦寐以求的体形，同时又可以提升整体的运动能力。这样的话，你不仅可以提升外在形象，还可以更好地实现运动追求。要做到这些并不容易，努力和坚持正是你成长和提高的关键。

简单地说，改善体形、提高运动成绩以及增进整体的健康需要几种训练要素共同作用，因为没有哪一种单一训练模式可以满足所有要求。因此，采取综合的训练计划——包括所有功能性训练的一种方式，就讲得通了。与单一的训练方式相比，采用综合的训练计划会取得更好的成绩。

一直以来，功能训练的概念都十分混乱，有时候甚至会引发巨大的争议。虽然这是一个敏感话题，但是功能训练是一个值得深入探讨的主题，而本书的第1章"功能谱训练"正是围绕它展开的。第1章定义了什么是真正的功能性训练，指明了哪些运动不属于此范畴。你将会在功能谱训练系统中发现四种类型的基础锻炼，以及每种训练的优缺点。本书中的每一个训练计划都是由四种类型的运动组成的。

第2章"锻炼肌肉，增强体力"介绍了功能谱训练系统中的3S——速度（speed）、力量（strength）和尺寸（size），叙述了功能谱训练中实践应用背后蕴含的科学原理以及提升每项身体素质的锻炼计划。本书中所有训练项目中的阻力训练部分将会有助于你全面提高。

在第3章"有氧运动"中，你将会学到如何利用激化训练来增强身体耐力，以补充速度、力量和尺寸为导向的训练。超大强度间歇训练、稳态有氧训练、代谢调节方案以及针对每一项训练计划的运动应用都将一一呈现。

第4~7章详尽叙述了针对上肢、下肢，以及核心肌群的训练。这几章包括各式各样的全身能量训练、交叉身体运动、复合练习、隔离练习，它们借助药球、杠铃、哑铃、壶铃、绳索、器械，以及自身的体重进行。同时你也将了解核心肌群四大训练以及在核心肌群训练中常见的误区。

在第8章"热身和舒缓放松"中，你将了解到各种热身和自我按摩训练，这些会使你的健身训练更加丰富。

第9章"基础运动锻炼规划"中的健身方案将会帮助你打下坚实的训练基础，确保你的身体已经准备好按照3S功能谱训练系统安全地进行高强度训练。四个阶段的健身计划确保你可以按照自己目前所处的健身水平选择适合的锻炼阶段。

当你已经有了一定的训练基础，或者你已经是一名高级的运动者，那么可执行第10、11和12章的训练方案，每一个方案都由三种锻炼组成，每组可进行三次、四次或五次。由于一部分人每周仅进行两次训练，所以这几章包括了由两种锻炼组合成的三种不同类型的训练方案。

第10章"运动成绩规划"中的训练计划在注重运动成绩提高的同时也对肌肉给予了足够的关注。第11章"肌肉锻炼规划"的训练计划重点关注肌肉的锻炼，同时也没有忽视运动成绩的提高。第12章"运动成绩与肌肉锻炼规划"中的训练计划则是两者并重，不分彼此。

请记住，虽然第10章和第11章的标题表明了各自的侧重点，但是总的来说，功能谱训练系统采用的是综合训练（即混合训练）方式。第10、11和12章中所有的训练计划都是在强调3S的同时引入有氧运动。每章锻炼计划的不同之处在于3S的排列次序以及每项训练所花费的时间，这可以根据训练计划的侧重点进行调整。

最后，在第13章"追求个性效果的定制计划"中，你将会回顾挑选运动项目时应遵循的原则和指导方针，弱化训练目标，从而使锻炼能够满足你的需求，确保自己取得最佳的锻炼效果——不论你是使用现成的训练计划，还是基于本书的训练概念和技巧设计出的独一无二的训练方案。

本书每章都可单列出来作为科学锻炼计划的基础。如果你是运动新手，那么你会更偏好分步骤的肌肉和运动成绩训练；假如你经验丰富，是一位专业的健身者或体育教练，则会更加注重训练方法的有效性，并且会从混合训练中获得令人振奋的新想法、见解以及组织策略。如果你想要增加肌肉，还想在紧张忙碌中学习如何最大限度地利用训练时间、享受每一项锻炼，那就继续往下读吧。

鸣 谢

感谢我的运动模特——Korin Sutton，Megan Supko，Jay Bozios以及Jaclyn Gough（她同时也是我漂亮的女朋友，一直坚定不移地支持着我），如果没有他们，这本书可能无法面世。多亏了我的好朋友Billy Beck，他也是我所认识的优秀的教练之一，感谢他准许我在佛罗里达州韦斯顿市的BB3训练中心拍摄各种运动设备。另外还要感谢人体运动出版社——尤其是Justin Klug，Laura Pulliam，Neil Bernstein，Nicole Moore和Sue Outlaw，感谢他们能够给我机会表达自我，与我分享体育学院的训练理念和技能。能够有机会与这些专业人士合作，使本书得以面世，是我莫大的荣幸。

感谢所有体能以及运动成绩训练领域或其他相关领域的人们，感谢他们对我工作一如既往的支持，对我专业能力提升的帮助，他们使我懂得没有人可以完全靠自己成功。他们是Marc Spataro，Kate Grevey Blankenship，John Rallo，John Cavaliere，Gary Stasny，Mark Simon，James "Binky" Jones，Ryan Mackin，Rick Desper，Nick Clayton，Brad Schoenfeld，Jim Kielbaso，Bert Sorin，Richard Sorin，Peter Bognanno，Andrew Connor，Matt Paulson，Mike T. Nelson，Mike Bates，Ryan Ketchum，Nick Bromberg，Lindsay Vastola，Eric Cressey，Jonathan Ross，Bret Contreras，Alan Aragon，Lou Schuler，Luke Johnson，Chris Burgess，Mark Comerford，Bob and Ron Rossetti，Greg Presto，Sean Hyson，Vince McConnell，Billy Beck，Jason Silvernail，Lars Avemarie，Bill Sonnemaker，Cassandra Forsythe，David Barr，Justin Kompf，Spencer Nadolsky，Jose Antonio，Gunnhildur Vilbergsdóttir，Helgi Gudfinnsson，James Fell，Tony Gentilcore，Dan Blewett，Jennifer Widerstrom，Amy Rushlow，Aleisha Fetters，Dave Parise，Stephen Holt，Marie Spano，David Jack，Charles Staley，Quinn Sypniewski，Luka Hocevar，Jonathan Goodman，Claudia Micco，Espen Arntzen，Sally Tamarkin，Steve Weatherford，Juma Iraki，Andrew Heffernan，Jose Seminario，John Spencer Ellis，Bryan Krahn，Stacey Veronica Schaedler，Sibilla Abukhaled，Adam Bornstein，Ann Gilbert，Ethan and Liz Benda，Lee Boyce，John Meadows，Nick Ng，Jonathan Mike，Kara Silva，Robert Linkul，Per Gronnas，Micheal Easter，Ray Klerck，Sean Huddleston，Lavanya Krishnan，Ryan Huether，Jen Sinkler，James Krieger，Kimberly Mills，Louie Guarino，Brandon Poe，Nick Collias，Lisa Steuer，Ann-Marie Saccurato，Chad Landers，Jennifer Cavallero，Ben Brewster，Susan Singer，Leah Lyons，David Crump，Rob Simonelli，Deanna Avery，Paul Christopher，以及Joe Drake。由于篇幅有限未能一一列举，我欠这些人一次感激的握手和热情的拥抱。

接受已有观念，并在此基础上进行创新或加入自己的见解——艺术就是这样形成的。而训练则是应用科学的艺术。因此，就像你依照前人的经验做成了一把椅子，你应该对那些影响你态度和认知的前辈心存感激。我自己的训练方法和人生观曾受到这几个人的影响：Bruce Lee，Mel Siff，Juan Carlos Santana，Paul Chek，Mark Comerford，Gary Gray，Vern Gambetta，Mike Boyle，Alwyn Cosgrove，Gray Cook和Michael Clark。虽然很多时候我与他们的意见和看法不尽相同，与部分人的分歧会相对较大，但这并未改变这样的事实——每个人努力提供的信息都从某种程度或形式上影响着我。

　　此外，我也要向锐步公司（Reebok）、海莱特公司（Hylete）、索里内克斯（Sorinex）运动装备和沃萨攀爬器（Versa Climber）的全体人员表示由衷的感谢，感谢他们多年以来的鼎力相助，为我提供最好的健身服饰和运动装备。

　　最后，我要感谢所有过去、现在以及未来的客户，感谢他们能够让我继续追逐自己的梦想。

第1部分

训练原则和基础理论

第**1**章

功能谱训练

阻力训练是一种多功能练习，可以帮助运动员实现多重锻炼目标。如果方法得当，它不仅可以改善运动员的整体健康水平，而且能有效提升肌肉和运动能力。当追求多重锻炼目标时，与单一类型的锻炼相比，混合型模式可以取得更好的锻炼效果；实际上，整套功能谱阻力训练的锻炼效果较好。

为此，我开发出了一套功能谱训练系统，这同时也构成了整本书的基础。这一系统采用四种主要的阻力运动：全身能量训练、交叉身体运动、复合练习和隔离练习。与每一种风格独特的武术训练一样，这些阻力运动都各有特点。为了能够更加深入地探讨这一系统，首先从运动和运动成绩两方面对"功能性"这一词语进行定义。

何为功能性训练

"功能性"一词广泛应用于健身和赛场训练中，但问题是，是否有人真的知道它在力量锻炼和身体调节方面的功能。虽然有着诸多不确定性，但是也不要认为功能性一词毫无意义，因为对于不同的人来说，它有着截然不同的含义（许多健身指导和教练都会这么说）。对于不同的人而言，"力量"一词也有着不同的内涵，但是没有人会说它毫无价值。两个词所遇到的截然不同的态度形成了一种逻辑矛盾。为了消除误会，我们应当避免盲目地重复其他人的观点，而是进行前后一致的逻辑思考。

在学校时，我们曾被教导要通过查找字典来理解某个词语的含义，而不是自己去下定义，否则就会引起混乱和无秩序。功能性一词在健身和赛场训练中互相矛盾对立的含义就属于这种情况。本书中的功能性一词并非时髦术语，而是被大家广泛接受的字典中的定义。功能性就是一种有意义、合理且基础的训练理念。

我们先从定义功能性训练是什么及它不是什么开始。功能性一词适用于有着特殊任务或目的的事物，因此，这一术语与运动类型或者运动设备的类型无关。相反，提升运动成绩的功能性训练则需要将明确性原则应用于特殊（或特定）运动行为中。

明确性原则指改编的针对性训练要满足特定的训练需求。例如，为了能够尽可能地增强站立式推举能力，你就必须要进行站立练习。因为运动中普通的卧推和站推动作需要涉及不

3

同类型的力量输出以及神经肌肉协调（之后会对这一点详加叙述）。总而言之，通过进行训练改善动作，使其更精准、更具有目标性，从而改善能够转化为目标动作的特定力量生成以及神经肌肉协调模式，这样做是十分合理的。

实现最大化训练迁移以提升运动性能

以提升运动性能为目标的锻炼计划，就是为了使训练迁移最大化。一些运动可以为提高运动动作的表现以及整体功能能力提供明显和直接的迁移，以获得更佳的运动性能；相反，另一些运动的迁移并不明显，即非直接迁移。

功能能力就是一个人的能力范围，换句话说，功能能力越强意味着一个人能够完成的特定任务范围越宽泛。在这一框架中，功能谱训练系统中的四种类型的基础锻炼（全身运动、交叉身体运动、复合练习、隔离练习）基于功能性迁移方式，划分为特定性和一般性两种。这两种类型的锻炼各有不同的妙处，更确切地说，它们之间互为补充，相互依存。

专项运动

专项运动可以提供明显且直接的迁移，改善运动性能以及增强功能能力，因为它们基于特定性原则。埃弗雷特·哈曼博士在由美国国家体能协会出版的《美国国家体能协会体能教练认证指南》（*Essentials of Strength Training and Conditioning*）（2000年，第25～55页）一书中曾对这一原则做过以下定义。

> "特定性这一概念在抗阻训练领域得到广泛认可，这一概念认为当抗阻训练与有待提高的体育运动（即目标运动）相类似时，这种训练最为有效。尽管所有的运动员都需要进行全面的日常锻炼，但是专门针对某一运动的补充练习也有其训练优势。实施特定性原则最简单、最直截了当的方式就是挑选与目标运动相类似的锻炼——运动所动用的关节以及运动的方向相一致的锻炼。此外，训练中的关节活动范围至少应该与目标运动相一致。" [1]

在增强特定目标性体育运动的力量生成以及神经肌肉协调模式方面，与复合练习相比，专项运动能够提供更加理想的环境。

复合练习

复合练习本质上是常见的力量训练运动，由使用力量训练器、拉力器或其他器械进行的复合或隔离练习组成。

多数情况下，复合练习比专项运动在增大整体肌肉力量和尺寸方面能够创造出更理想的环境。因此，通过增大肌肉体积、补充运动单位、提升骨密度、增强结缔组织力量，能够改善运动表现，从而提升整体健康水平，降低受伤风险。

但是，由于这些运动并不一定能够反映许多普通动作的力量生成以及神经肌肉协调模式，它们对提升运动潜能的正迁移就不那么明显。这一事实导致许多私人健身教练和健身指导错误地给它们贴上"非功能性"的标签，没有给予足够的重视。这是一个错误的观点。

诚然，如果一项锻炼与某一动作的特定力量生成模式差别越大，那么它直接提升神经肌肉协调能力的可能性就越小。但是，这一事实并不能否定一项运动。因为它意味着一项锻炼的针对性越弱，综合性就越强。

出于这一原因，我们不要将一些运动贴上"功能性"标签，否则这就表明其他运动是"非功能性"的。把运动分为复合练习和专项运动两种更加合理（并且也可以减少误解）。每一种类型都有其独特的优势，可以改善运动表现以及提升整体的功能能力。

关于专项运动常见的误解

专注于专项运动的运动技能与致力于改善力量生成以及神经肌肉协调模式——它们会转化为有针对性的运动动作——并不可相提并论。由于没有意识到它们之间的差别，一些力量和健身专业人士会建议运动员或者客户进行他们称之为"专项运动"或"功能性运动"的锻炼，比如在高尔夫球杆或曲棍球棍的末端绑上弹力带，或者对着绑在背后的带子进行空拳练习。以这种方式获得特定的运动技能是对特定性原则的误用，同时也是对如何正确进行专项运动的误解。

事实上，提升特定的运动技能并不是简单地复制某一看似很像的特定动作，而是要复制动作中特定的力量生成模式。换句话说，如果训练的重点仅仅放在一项运动的外在形式上，那么一个人就很容易犯这样的错误——一味地追求运动专项技能，而不去改善完成运动动作的力量生成模式。

问题在于，运动动作技能涉及的准确性不仅是相似，而是分毫不差。例如，考虑在棒球运动中使用加重型球棒的研究。与一般大众的理解不同，研究已经发现，加重型球棒不仅会改变击球手对于棒球重量以及挥棒速度的认知，并且使用了这种球棒[2, 3]后，棒球手会减少多达五个打击动作。当然，一些棒球手可能更喜欢用加重型球棒进行热身，但是聪明的运动员同时也会使用未加重的球棒多进行几次挥棒动作练习，这样在真正踏入赛场前能够恢复自己的正常认知。

你也可以自己检测这一效果：用一个普通篮球投10个罚球，然后再用1～2千克重的药球再投10个。你会很快发现，投两种球的精细动作模式（即运动技能）完全不同，在投质量较大的药球时你很可能会靠近篮板，一直到自己习惯这样的模式。投完药球后，用正常的篮球再投10个，那么你最先投的几个球可能会飞过篮板，因为投射质量较小的篮球所用到的精细动作模式与药球的不尽相同。

四种类型的阻力运动

改善形体、提升整体运动能力是一个多元化的目标，因此也需要多元化的训练方式，而这恰好就是功能谱训练系统所能提供的。本书所呈现的健身计划将会向你展示如何将之付诸实践。以下部分将详细叙述在这一训练系统中使用的四种主要阻力训练类型的特性及其独特的优势，这样你就能明白为什么这些运动会出现在之后的训练计划中。

全身能量训练

我们先看一个简单的等式：能量＝力量×速度。按照定义，我们在生活中所做的一切事情——不管是在健身房内还是健身房外，无论是在竞技场上还是场下——都是能量的表达形式。最先完成马拉松赛的人发挥出的能量也最大，一分钟内做最多俯卧撑的人要比做得少的人产生的能量大。

为了避免误解，这里我说明一点：你在训练中所做的一切能够提升产生能量的能力。然而，这些全身能量训练是专门用来提高全身的爆发力的。它们让整个身体以爆发性的方式（各个单独的肌肉叠加到一起）展示出所有的力量。不论是挥出一拳，挥动球杆、棍棒或球拍，还是疾跑或跳动，这些运动动作都并非由身体特定部位发出的能量所驱动，而是靠着每块肌肉相互配合，以流畅、协调的顺序产生能量。

全身能量训练会调动尽可能多的肌肉，以连续和爆发性的（即快速的）方式，在我称之为能量三大支柱方面获得最大的力量。

- 垂直或对角能量
- 水平能量
- 旋转能量

尽管在每项运动中都会使用独特的运动技能，这三根能量支柱还是为所有的爆发性动作提供了能量来源。也就是说，无论运动中使用了哪一种技能，爆发性运动动作都要动用全身能量，而这些能量主要是垂直（或对角）、水平或旋转的。不管你是跳起来抓球（垂直或对角能量），将对手向后推（水平能量）或挥舞高尔夫球杆（旋转能量），你的力量都来自身体中部最大、最强健的肌群，而四肢较小的肌肉则用于精细动作和协调功能（即运动技能）。

全身的力量运动被归为专项运动的范畴，这不是因为它们承载着任何一项运动的特定技能，而是因为它们复制了力量生成以及神经肌肉协调模式，构成了所有爆发性动作的基础。举个例子，挥动一个运动器械（如球拍、棍棒或球棒）与挥一拳头的旋转次序（即旋转能量支柱）一般无二。这两种动作都是自下而上发出能量，从双腿和髋部开始，然后是躯干，最终是双臂，其来完成精确性部分（即个人的运动技能）。

出于这个原因，同样的能量生成顺序被应用于功能谱训练系统里所有的旋转能量运动中。因此，全身能量运动可以强化身体利用所有身体杠杆（双腿、髋关节、躯干以及双臂）来积聚力量，并以爆发性的方式将之直接（功能性）转化为爆发性的旋转动作，忽略单个运动技能。

这些全身能量运动也很好地匹配了快速、爆发性、运动型行为的能量生成模式，涉及我们称之为"三相"的肌肉燃烧模式。虽然慢速动作涉及主动肌单一、持续的活动动作（即由肌肉发出的动作），但研究已经表明，快速进行同样的动作会导致爆发性肌肉活动[4, 5, 6]的三相肌肉燃烧模式。这种模式涉及主动肌和被动肌（即与发出动作肌肉相对应的肌群）的肌肉活动的交替性爆发。这一活动次序始于主动爆发（AG1），紧接着是 30 ~ 40 毫秒的被动爆发（ANT），然后又是 30 ~ 40 毫秒的主动爆发（AG2）。

研究表明，三相肌肉活动模式总是通过快速、爆发性的动作呈现。因此明确性原则表明，我们将快速、爆发性运动引入训练中是为了将潜力最大化，以便能够安全且有效地完成一系列快速、爆发性的技能动作。

简而言之，功能谱训练体系中所使用的全身能量训练使你能够进行训练，改善快速运动中的三相肌肉燃烧模式，强化身体在爆发性动作中朝各个方向——垂直（或对角）、水平或旋转积聚能量的能力。这一点很重要，因为研究同样表明，能量和敏捷性是有特定方向的。不管是男性还是女性，通过单腿站立、水平或侧边跳可以测试两侧不同的腿部力量。因此，各个方向积聚能量的能力不能够互换使用[7]。

交叉身体运动

人体的解剖学特征使得人体经常会以交叉的方式发挥机能。更具体地说，身体一侧的手臂和肩部通过躯干机构与另一侧的髋部和腿部机构成对角线连接。例如，你可以回想一下在步行、跑步、打拳、投掷和击球中的动作。这样的身体交叉联系对于人体功能来说至关重要，因此也是体育运动的重要组成部分。因此，一系列的交叉身体运动被引入功能谱训练系统，并在其中被归入专项运动的范畴。

交叉动作会涉及特定的肌肉关系，这通常通过某些术语来指代，例如赛拉普效应[8]、臀部斜挂[9]等。赛拉普效应是杜撰出的一个术语，用来描述当你朝反方向旋转肩部和髋部时，四对肌肉（菱形肌、前锯肌、腹外斜肌以及腹内斜肌）发生对角线预拉伸。这四对肌肉的预拉伸形成了快速回弹效应（就如同拉断一根橡皮筋），这可以增强投掷、踢腿等旋转动作的力量生成以及提高运动效率。

同样地，臀部斜挂[9]这一术语是用来描述在旋转动作和运动（即步行、跑步等）中，背阔肌和与之相对应的臀大肌以及股二头肌的交互作用，它们通过胸腰筋膜以及竖脊肌完成这一过程。

从更大的范围来讲，当我们考虑人体不同的交叉动作所涉及的肌肉关系的完整性时（与刚才提到的术语相比，这会涉及更多的解剖关系），我们可以将这些关系中的群体交互关系称为身体未知因素。

本书中所提及的各种各样的交叉身体运动的独特优势在于这些运动之间的一致性，以及当动作涉及身体未知因素联系时经常形成的力量生成和神经肌肉协调模式。因为这些运动经常会用到单臂负荷或偏移负荷（例如，两边不一样重的哑铃），所以要么会发生转动，要么会迫使你从不同的位置抵御旋转的力量。尽管传统的复合练习（即杠铃深蹲、杠铃推举）有助于锻炼整个身体，但是它们并不适合改善未知因素联系的协调性。

将单臂站立式拉力（一项交叉身体运动）与传统的仰卧推举（一项复合练习）比较，这一结果在研究[10]中被着重强调。这项研究发现，单臂站立式拉力的运动表现并非受胸部和肩部肌肉活动的限制，而是受制于躯干肌肉的活动以及神经肌肉协调。也就是说，进行站姿推举偏移负荷或单臂负荷时——比赛过程中竞技运动员在田径场和球场上常见的动作——限制要素是躯干肌肉的硬度。躯干肌肉维持着身体姿势，使髋关节和肩关节能够协调运动，同时维持四肢（双臂和双腿）力量的稳固。

站立的交叉动作也受肩部和胸部肌肉组织的力量影响。站姿单臂拉力器推举就是如此，与仰卧推举相比，这项锻炼更像是田径运动中的站立式推举动作。然而，在这样的交叉动作中，力量生成仍然主要受制于全身以及关节的稳定性[10]。

简而言之，运动过程中不同的负荷位置和身体姿势改变了力量生成以及运动的神经肌肉协调性需求。交叉身体运动与复合练习中的负荷位置不同。进行交叉锻炼时的力量生成和神经肌肉协调性需求很好地复制了这些技能动作（如跑步、打拳、投掷、击球、打高尔夫），因此交叉身体运动可以使你的训练更有针对性。

复合练习

简单来说，复合练习属于多关节活动，牵涉多个肌肉组织。这些运动主要由传统的力量和健身推举训练组成，如蹲坐、硬拉、仰卧推举、引体向上以及划船等。复合练习可以归为综合运动的范畴，因为它们并不一定反映任何特定的力量生成模式。相反，它们可以通过增大肌肉体积间接地增强功能能力，补充运动单位，提升骨密度，促进结缔组织的健康。

一些健身指导和教练（通常对举重运动抱有偏见）这样说："不要担心复制特定的技能动作。你只需要在混合推举运动中变得更加强大，身体自然也会变得健壮。"在普通的复合推举训练中增强力量的确有助于提升运动表现，这就是为什么这些推举动作在功能谱训练体系中起着不可或缺的重要作用。

考虑到这一点，我们快速探讨一下某些体能教练可能会让你做的一些运动。例如，在仰卧推举时，他们会让你做很多仰卧推举的改编运动（比如窄握、宽握以及两板或三板），利用链条或弹力带以不同的速度、不同的负重进行次数不等的仰卧推举练习。这些锻炼通常都被称作"辅助性练习"，因为它们通过模拟仰卧推举运动中的力量生成以及神经肌肉协调动作模式，可以帮助你提升该项运动能力。

同样的原则也适用于举重运动员所进行的使蹲坐或硬拉力量最大化的辅助性练习。也就是说，它们都复制了本应对其起辅助作用的力量生成以及神经肌肉协调动作模式。当然，你可能认为利用辅助性练习来增强特定运动能力的原则仅适用于仰卧推举、蹲坐或硬拉练习。

的确，举重运动员们的智慧也同样被用于功能谱训练系统中特定的运动应用（即全身的力量训练以及交叉身体运动），以改善各种运动中的目标动作。简而言之，特定的运动动作被当作特定运动模式的辅助性训练，构成了体育运动的基础。

正如你所见，综合练习使肌肉增强的确可以增强整体运动能力以及功能容量。但这种方法也有其局限性，这就是功能谱训练系统要将专项运动纳入其中的原因——对复合练习起着运动补充作用。

许多教练和健身指导仍然在告诫运动者应当只通过基础的举重运动来强身健体，并且不需要担心模仿特定动作的力量生成和神经肌肉协调模式。他们与那些因为没有模拟体育运动中的动作模式，从而劝诫运动者避免使用器械的人，本质上是同一群人。

隔离练习

隔离练习是单关节运动，重点关注个体肌群。这些运动应用主要是由经典的健身运动组成，比如肱二头肌弯举、肱三头肌屈伸、肩关节上提以及器械运动（例如，腿屈伸和俯卧弯腿）。

与复合练习一样，在功能谱训练系统中，隔离练习被划归为综合运动的范畴，因为它们并没有特定的力量生成模式。相反，它们可以通过增大肌肉体积、补充运动单位、提升骨密度、增强结缔组织力量来直接改善身体功能性。此外，隔离和复合练习也有助于提升整体健康状况和改善体形。

许多教练和健身指导宣称自己并不使用健身理念（例如，隔离练习通过锻炼特定肌肉来增大肌肉体积），因为他们不想让运动员运动过度而使肌肉像健美运动员一样变得僵硬。

然而这种观点有点脱离实际。进行肱二头肌弯举和腿部伸展运动并不会自动使你变成健美运动员，这就如同在跑道上进行冲刺跑练习并不会让你成为奥运会短跑健将一样。中枢神经系统也没有脆弱到每周只做几组隔离练习或负重训练就能够减小和削弱经过长期的运动锻炼和比赛而获得的身体功能容量和动作技巧。

健身训练的理念并不会使你失去健壮的体格；相反，如果你所做的一切都以健身为目的，那么你的运动能力就会仅仅因为没有要求身体定期运动而下降。然而，如果你定期运动，同时将某些健身理念引入运动中，你的运动能力将不会下降。

这恰恰就是为什么功能谱训练系统要将一系列特定运动（例如，全身的力量锻炼和交叉身体运动）与复合练习应用（例如，复合与隔离练习）相联系。另外，第2章还阐述了使用健身理念使肌肉体积增大，从而帮助你提升整体运动表现的三个原因。

　　训练和健身领域已经从纯粹孤立地看待肌群进入了更加综合的运动模式，这种模式展示了肌群之间如何互相合作来做出动作——不管是在运动锻炼还是日常活动中。然而，一些人建议我们"训练动作而不是肌肉"，目的是指引人们远离综合性的、关注肌肉的健身训练，朝着特定的、关注动作表现的训练方式靠近。

　　但是你现在已经了解了，特定运动与复合练习之争（即关注动作还是关注肌肉）其实很荒唐，因为它们就如同在争论你究竟该吃蔬菜还是水果。两者缺一不可。这就是为什么营养学家总是鼓励我们既吃蔬菜又吃水果，因为它们的维生素和矿物质含量不尽相同。

　　同样地，只关注复合运动或特定运动的锻炼计划会造成身体潜力得不到充分发挥，因为各种训练方式之间都是互为补充的。相反，兼具特定和复合练习方式的训练计划引入了四种抗阻训练，其能够提升运动能力，增强力量和肌肉，从而使你取得更好的运动效果。

　　你现在应该已经了解了功能谱训练体系中的运动要素了。你也已经认识到，改善整体健康、体形和运动表现需要用到各种不同的运动要素。有了这样的基础，我们现在就可以开始讨论如何利用不同的运动要素来增加肌肉，提升身体力量和速度。

第2章

锻炼肌肉，增强体力

本章将向你介绍功能谱训练系统中的3S——速度（speed）、力量（strength）和尺寸（size）。与作为一个整体的训练系统一样，本书中特定的锻炼计划也将帮助你提升这三个方面。整体系统及特定的锻炼计划都将能够使你通过一连串的运动速度和运动负荷进行训练，从而增强身体爆发力、提升体力、增大肌肉体积。

功能谱训练系统中的3S

本节将依次分别探索3S——速度、力量和尺寸，从而帮助你准确地理解每一种特性。本节也介绍了用来强化每种特性实际的运动应用背后的科学建立原则。

运动速度训练

在本书中，运动速度训练以提升力量生成速率为重点。力量生长速率，即你多长时间能够使出力气。请记住：力量=体力×速度。因此，用来提升动作速度的运动都是全身的力量锻炼。阻力运动中的负重越大，你的动作就会变得越缓慢。出于这一原因，特定性原则表明：为了能够竭尽所能增强爆发力，你不能够只进行负荷较大的运动（即力量训练），你还需要做一定的速度训练。

正如第1章所述，适应性训练是专门用来满足身体的训练需求的。因此，定期进行需要朝某一方向快速进行的运动能够使你的身体获得朝这些方向快速移动的能力。功能谱训练系统包括了针对这三大力量支柱的运动——垂直（或对角线）、水平以及旋转，其目的就是通过强化朝不同方向快速移动的能力，从而提升功能能力。

由于所追求的目标是提升运动速度，因此本书中所展示的用来提升全身力量（即运动速度）的运动，其运动负荷都相对较小（与提升体力的运动负荷相比）。事实上，它们的运动负荷都很小（有时候甚至仅借助自身体重），但是它们要求你尽可能快速地运动。

除了训练运动速度外，我们也需要更好地适应并改进肱三头肌活动模式（仅在快速的弹道运动中使用）。实现这两个目标的理想运动方式之一就是进行药球扔抛训练。扔药球与举重不同，你并不需要在关节达到最大活动度时放慢速度，你只需要让球飞出去。因此，朝不同的方向简单地扔抛药球（请记住，力量是有着特定方向的）就能够训练身体不断产生爆发力。

此外，虽然学习奥林匹克举重项目的难度很大，只能够朝垂直或斜线的角度锻炼，但本书所提供的爆发力极强的药球扔抛运动很容易上手，只需要你运用三大支柱能量快速且极具爆发性地移动（正如第1章描述的那样）。为了达到这一目的，功能谱训练系统以及各种不同的特定锻炼计划都涉及一系列的药球扔抛练习——朝着墙扔或者在开阔的空间（比如田野或停车场）扔抛，从而增强你的爆发力，并且因此变得力气更大，体格也更加健壮。

有了功能谱训练系统，除非你只能进行户外训练，并且天气糟糕透顶，否则你没有任何理由不充分发挥训练的最大功效。你所需要做的就是找一个能够让你朝着墙扔药球的地方。这种训练方式的性价比很高，且简单易操作。

动作力量训练

为增强体力而进行训练就意味着要在不同运动中提升力量生成的能力。简单地说，在特定动作中你能够产生的力量越大，那么你在那个动作中就会变得越强壮。

与能量一样，体力也是特定于任务的。一项运动与力量生成和特定动作的神经肌肉协调模式差别越大，它对动作的直接效果就越不明显。正如第1章所说，这一事实不会使运动变得更糟糕，当然更不会使其失去功能性。它仅仅意味着，某项运动的针对性越弱，它的综合性就越强。

即便如此，功能谱训练系统包含了各种各样的交叉身体运动以及复合练习，通过变换各种运动模式、方向以及身体姿势帮助你增强体力，从而提升功能能力。请记住，如果你能够进行范围更加广泛的特定任务，那么你将拥有更为强大的功能能力。这种关系极为关键，因为你不会想要自己的身体习惯于只能够进行为数不多的几种运动（只有奥运会的举重选手和举重运动员需要专门研究特定的运动动作）。相反，你希望自己身体的适应能力更强，这样你就能够进行一系列对体力有要求的运动了。

尽管力量训练和肌肉训练（即肌肉体积膨胀）并不互相排斥，但是体积—力量连续体的特点就是两者之间存在着重大的不同。虽然两种运动都涉及对肌群进行拉伸，但力量训练的主要目的就是力量生成。另外，肌肉体积训练的目的是让肌肉膨胀，并对其造成微观损伤，从而让肌肉进行自我修复，变得更大（本章后文会进行更详细的说明）。

当进行力量训练时，经验法则告诉我们：重复次数要少，阻力运动负荷要大。在实际运动中，这条法则就意味着你所采用的负荷只能够让你有能力进行1~5次重复训练。另外，低频度的力量训练与神经肌肉高度相关。如果把身体比作一台计算机，那么力量训练更多的是对软件（中枢神经系统，简称"CNS"）而非硬件（肌肉）进行更新升级。相反，以增加肌肉体积为目的的训练更多的是对身体硬件进行升级，如骨骼、结缔组织，当然也包括肌肉。简而言之，力量训练就是要通过补充运动单位的方式，教会中枢神经系统使更多的肌肉参与到运动中。

肌肉体积训练

与力量训练相比，肌肉训练的经验法则是：重复次数多，而运动负荷小。在实际训练中，这条法则意味着你采用一个运动负荷，可以使你每组动作重复做 9 ~ 15 次。每组重复做 6 ~ 8 次已经成为一般力量范围及一般尺寸范围的中间水平。

尽管任何类型的训练都对神经系统有益（尤其是在训练初期），肌肉体积的训练目标更多是属于生理层面而非神经系统层面的。实际上，与大众观点不同，增加肌肉体积不依赖于特定运动，而是取决于某些生理刺激。为了增大肌肉，你需要形成训练刺激，从而引发促进肌肉增长（即过度生长）的三个机制：机械拉伸、肌肉损伤以及代谢应激[1]。

- 机械拉伸：机械拉伸施加于发出动作、承担运动负荷的肌肉上，目的是减少、产生或控制身体力量。可通过低频度（即重复次数少）的大负荷抬升动作或者高频度（即重复次数多）的中等负荷抬升动作做到肌肉紧张。因此，任意一种方式都可以刺激肌肉增长[2]。

- 肌肉损伤：肌纤维在肌动蛋白和肌球蛋白的横桥周期中会产生拉力。肌动蛋白和肌球蛋白丝都是能够产生横桥周期的蛋白质，负责肌纤维的收缩（即缩短）。肌肉损伤指的就是肌肉组织发生轻微撕裂，当工作中的肌肉开始疲劳，并且努力抵抗重量，同时肌纤维被反常地拉伸时，就很容易出现这种情况。这会造成肌动蛋白和肌球蛋白被强行撕裂，从而造成损伤。而在进行过剧烈的运动后，这种损伤经常导致延迟性肌肉酸痛（DOMS）。值得注意的是，疼痛并不是锻炼肌肉的充分必要条件[3]。

- 代谢应激：延长肌肉紧张时间（TUT）可以增加代谢应激，使身体力量大增且肌细胞膨胀。这种膨胀会造成肌肉蛋白质合成增加以及分解减少，它们都是运动过后身体修复、肌肉组织增加[4, 5, 6]的要素。研究表明，举起较轻的物体直至（或者接近）筋疲力尽时，TUT 最大化会使得肌肉膨胀（即肌肉体积增大），其运动效果与举起较重物体直至精疲力竭的效果类似[7]。

总而言之，功能谱训练系统以及与之相关的运动计划都包含了 3S 的运动应用，其目的是帮助你更新身体的软件（神经系统的效率），同时改善身体硬件（肌肉块头），以适应和调节强化版的软件。

3S 的方案策略

既然你已经对 3S 背后的训练原则有了清晰的认识，我们不妨探讨一下那些能够将原理应用于实践，并帮助我们提升速度、增强力量、增大肌肉体积的方案策略。

通过健身提升运动表现的三种方式

众所周知，身体健壮有助于提升运动表现。以下就是利用力量训练和健身概念来增大肌肉（即增加肌肉体积）的三种方式，有助于提升运动表现。

1. 健壮从双脚开始

除非你是一名赛车手，否则对任何一名运动员来说，从站立姿势开始健身至关重要。更具体地说，我们在第1章交叉身体运动部分所讨论的一项研究比较了单臂站立式拉力以及传统的仰卧推举，这不仅表明这两种动作涉及了截然不同的力量生成以及神经肌肉协调模式，而且说明了在站立姿势下，一个人的水平推力只有体重的40%，而仰卧推举并非如此[8]。

这告诉我们，从数学和物理角度看，任何人在站立姿势下都不可能匹配，甚至接近复制自己在仰卧推举中的能力。它也告诉我们，体重越大（不论负重练习时的负荷大小），站立时发出的水平或斜对角的推力就越大，因为这样你有更多的体重来推动。

尽管在健身界，仰卧推举毫无疑问是被过分强调、容易被误解的运动之一，但是不可否认的是，仰卧推举的能力提升有助于改善站立推举的运动表现。更确切地说，这些结果表明，身体块头变大（体重增加）可以通过提供一个更大的平台，帮助你更好地利用自己的体力来抗击对手。它也能够给你一个更好的机会，避免被打倒或失去平衡。因此，通过进行肌肉膨胀的训练来增加20磅（1磅≈0.4536千克）的肌肉重量能够让你从双脚开始获得更大的推动能力（即体力）。但是，增加身体脂肪从而使体重增加通常不是一个好选择。

改变3S运动的顺序和容量

将对神经系统要求最高的运动（比如速度类的运动）放在运动计划的开始通常被认为是恰当的，因为它们需要最好的协调性以及最高的关注度，并且它们最容易受到精神和身体疲劳[9]的影响。出于这一原因，凡是与速度和能量类别有关的运动项目，在本书所涉及的体能训练以及性能与肌肉训练中都被放在了首位。然而，同样的运动项目在肌肉训练项目中被放在了最后，其重点是在进行力量和肌肉体积类的锻炼中能够使运动能力最大化，因为它们能够更直接地刺激肌肉增长。

换句话说，运动性能锻炼计划和肌肉锻炼计划之间的最大不同在于你选择先做哪一种运动（在你刚刚开始时），在运动结束时选择哪一个（此时你会更加疲劳）。同样地，这三种运动无一例外都是在开始进行力量锻炼，然后是肌肉体积锻炼（参见表格2.1）。这一方式反映出了这一事实：高负荷、强度导向型的运动应用通常比肌肉导向型（比如健身）的运动应用在神经系统方面的要求更高，后者的运动负荷适中。

除此之外，正如你在表格2.2中所见，功能谱肌肉训练项目与功能谱体能训练项目之间的不同在于属于速度和力量类与尺寸类的运动项目的数量。尤其需要说明的一点是，体能训练项目中的运动大多属于速度和力量类，尺寸类的很少，而肌肉训练项目则恰好相反。

2. 更强的打击力

同样地，另一个以棒球投手作为观察对象的研究发现，增大的体重与投球速度[10]高度相关。也就是说，体重较重的投球手通常比体重较轻的投球手的投球速度快。

由于投球和击球的动作基本上算是全身动作——两者都是自下而上积聚全身力量——关于投球的这一发现与我们在格斗项目中看到的存在一定的相关性。在同等条件下（如技术能力相同），块头大的选手通常要比块头小的选手的出拳和投掷力度更大，因为他们出拳（或投掷）的背后有更大的体重支撑。这给了他们更广阔的平台（更大的重量压向地面）来使用力量。

现在，如果你担心自己的肌肉增长过多，不妨这样想一下：虽然增加4.5千克的肌肉的确不容忽视，但是如果这些肌肉均匀地分散到身体各处也就不那么明显了。

3. 更好地消除冲击力（提供更多的身体防护）

物理学告诉我们，在同等硬度下，表面积越大的物体越能够消除冲击力和振动力。在体育方面，较大的肌肉块能够更好地缓解坠落、击打、接球或传球时产生的冲击和振动。

具体来说，分散力量的更好方式就是将其转移到更大的区域，这样冲击力就不会集中到一点上，拱形桥就是很好的范例。因此，那些想要提升自己功能能力或者参加冲击力较大的运动的人不妨考虑一下健身锻炼。其不仅可以改善体形，还可以为身体提供生理方面的保护。事实上，只要你的中枢神经系统（你的软件）能够召集所有神经，使其发挥出最大效用，体积较大的肌肉就不仅有助于缓冲外部的冲击力，还可以增大体力（通过升级硬件）。

调整重复运动的次数，运动效果更佳

第1章讲过，争论哪一种阻力运动是锻炼肌肉和体力的最佳选择，就如同讨论只吃水果还是蔬菜为身体提供营养一样荒唐可笑。同样地，关于运动重复次数的科学证据告诉我们，另一场不该发起的辩论就是是否应当进行高负荷、小容量的提升运动。确切地说，明智的做法是将高负荷、小容量的锻炼与低负荷、大容量的锻炼以波浪状的方式相结合。简而言之，即考虑阻力训练的类型及运动的重复次数，能够考虑营养（确保营养多样，因为每一种营养都有独一无二的价值）。

本书所提供的训练体系和锻炼项目不仅包含各种各样的运动类型，而且运动组数以及每组重复的次数也是应有尽有。而这种多样性正是它们能够有效地帮助你增强体力、增加肌肉体积以及提升速度（比如爆发力）的原因。

举个例子，相关研究已经表明，在最大肌力增强方面，运动强度和运动量（组数和重复次数）的逐日变化要比每周变化更加有效；这一调整在肌肉增长方面[11, 12, 13, 14]可能也会更加有效。以这种方式从周一到周日每天变换组数和重复次数，又被称作日常起伏的周期化。

表格2.1 项目比较：拉伸运动

体能训练项目1：锻炼A——拉伸	肌肉训练项目1：锻炼A——拉伸	体能与肌肉训练项目1：锻炼A——拉伸
速度	力量	速度
• 药球跨步和过头抛 • 药球前舀水平抛 • 30码（1码≈0.914 4米）往复	• 俯身杠铃划船	• 药球跨步和过头抛 • 药球前舀水平抛
力量	尺寸	力量
• 单臂拉力器后拉	• 学习颈前下拉 • 宽握坐姿划船 • 悬空肱二头肌弯曲 • 哑铃反飞鸟 • 单臂拉力器后拉	• 单臂拉力器后拉
尺寸	速度	尺寸
• 宽握坐姿划船 • 悬空肱二头肌弯曲 • 哑铃反飞鸟	• 药球跨步和过头抛	• 学习颈前下拉 • 宽握坐姿划船 • 悬空肱二头肌弯曲 • 哑铃反飞鸟

表格2.2 项目比较：下肢运动

体能训练项目1：锻炼B——下肢与核心肌群	肌肉训练项目1：锻炼B——下肢与核心肌群	体能与肌肉训练项目1：锻炼B——下肢与核心肌群
速度	力量	速度
• 25码冲刺跑 • 双臂交叉180度蹲跳	• 六角杠深蹲 • 腹肌缓慢移动	• 25码冲刺跑
力量	尺寸	力量
• 六角杠深蹲 • 腹肌缓慢移动	• 器械压腿 • 弹力带腿部下压 • 45度髋关节伸展 • 哑铃平板划船 • 杠铃提踵 • 单腿独臂罗马尼亚硬拉	• 六角杠深蹲 • 腹肌缓慢移动
尺寸	速度	尺寸
• 单腿独臂罗马尼亚硬拉 • 哑铃平板划船 • 长凳抬腿 • 弹力带腿部下压 • 45度髋关节伸展	• 双臂交叉180度蹲跳	• 单腿独臂罗马尼亚硬拉 • 哑铃平板划船 • 长凳抬腿 • 弹力带腿部下压 • 45度髋关节伸展 • 杠铃提踵

　　周期化指的是一种锻炼计划形式，每隔一定时间会系统地对训练进行调整（比如运动组数、重复次数、运动负荷、休息）。

　　本书有三章（第10、11、12章）与功能谱训练项目有关。第10章重点关注速度和体力增强的运动项目，第11章强调肌肉体积的增加，而第12章则两个方面都有涉及。

　　在这一章中，我对力量和体积训练的重复次数做了一个大概的范围说明，在后文会结合锻炼项目再次强调说明。然而，回忆一下，小运动量带来的肌肉增长通常离不开体力的增强；而通过大运动量带来的体力增强通常与肌肉体积（比如肌肉膨胀）密切相关。这也再次证明，这两种训练并非互相排斥。事实上，当你关注肌肉时，体力的增强可以帮助你更好地补充肌肉，而结缔组织间肌肉的膨胀也能够让你承受更大的运动负荷。

　　因此，不管某项锻炼的侧重点是力量还是肌肉体积，全谱的训练项目在运动组数和重复次数方面都包含一些日常的波动变化，以及与之相结合的基于线性的力量训练，即每一周在运动重复次数不变的情况下增大运动负荷，或者保持之前的运动负荷不变，增加重复运动次数。

　　简而言之，要使身体健壮、身材出众，有两种方法可以做到这一点：神经方面和生理方面。这两种方法都来自功能谱训练系统，它们有助于你重组身体软件，提升硬件水平，获得更多的肌肉以及更强的运动能力。

　　现在你应当已经明白了功能谱训练系统中的3S，同时也了解了改善每一个要素的原则以及运动组数和次数日常变化带来的好处。

第II部分

训　练

第 **3** 章

有氧运动

为了使专门针对速度（能量）、力量和尺寸的训练能够更加完善，功能谱训练系统也将极化训练纳入其中，以提升身体的有氧运动能力。极化训练最早起源于耐力训练，它是指进行低强度（有氧运动）或者高强度（无氧运动）训练，并尽可能地缩短进行中等强度训练的时间的训练。

研究表明，极化训练在提升有氧运动能力方面要比中等强度的运动更加有效[1]。举个例子，在一项研究中，采用极化训练模式的参与者在1万米长跑比赛中的成绩比重视中等强度（即介于高强度和低强度的水平）训练参与者的成绩平均提高了41秒。这两组花费了同样多的时间进行高强度训练，唯一的区别是他们在低强度和中等强度运动上花费的时间[2]。

在耐力训练中，极化训练模式现在已经是一个久经考验的概念了。它被用于功能谱训练系统中帮助运动员或者运动爱好者增强有氧运动能力，改善身体状况，即在无氧活动中抵御疲劳的能力。在功能谱训练系统中用来锻炼体力和能量的训练方法（在本书第1章和第2章中有涉及）可以有效地增强体力以及身体爆发力，但是不会直接提升身体耐力。这种能力可以使你长时间（理想状态下能够维持整场比赛）产生同等水平的能量。

换句话说，第1章和第2章讨论的力量训练和能量训练方法能够帮助你在短时间内迅速使力量水平达到最大值，但是它们不能够支撑你坚持5个回合或者在四分之一决赛时打败对手。而本章中的功能谱有氧调节的运动方案可以帮助你在比赛中坚持更久的时间。

有氧运动类型

功能谱有氧运动训练主要包括三种方式。

- 超大强度间歇训练
- 稳态有氧训练
- 代谢调节方案

这些方式在以下部分会作详尽说明。

超大强度间歇训练

即使你对高强度间歇训练（HIIT）了如指掌，也很可能并不熟悉超大强度间歇训练（SMIT），这种训练方式可以更有效地提升健康水平和运动表现。一项研究发现，在3000米计时赛中，选手进行超大强度间歇训练后的运动成绩明显优于持续跑的成绩。总之，结果表明，进行超大强度间歇训练后在短跑和长跑中的表现要优于高强度间歇训练和持续跑[3]。

为了更好地了解SMIT以及HIIT，你就要弄清楚两者的区别。HIIT是将高强度和间歇法相结合，100%的最大摄氧量运动与积极恢复（即低强度）阶段或者消极恢复（即一动不动地站着或静坐）阶段相结合的训练。SMIT是最大强度（竭尽全力）的爆发力（锻炼），最大摄氧量已经超过了100%，与消极恢复阶段相结合。

如果你对最大摄氧量这一概念不甚了解，那么你可能对超过100%的摄氧量有所疑虑。要回答这个问题，你就要懂得什么是最大摄氧量——进行最大强度运动时人体所能摄入的氧气含量。随着运动强度的增加，耗氧量也随之增长，但是最终它会达到一个临界点，即运动强度继续加大，但耗氧量停滞不前。我们这里所讨论的实际上就是有氧（使用氧气）训练和无氧（不使用氧气）训练，两者主要的区别就在于运动的强度不同。

为了能够更形象地理解这些力学概念，我们举一个现实生活中的例子。比如，你和一个朋友边慢跑边聊天，如果你能够呼吸平稳地说出完整的句子，那就说明你正处于有氧状态（即使用氧气）；然而，如果你加快脚步开始快跑或冲刺，你还是能够跟其他人聊天，但是气喘吁吁，话不成句，那就说明此时的你正处于无氧状态（即不使用氧气）。

以上所举的例子就是所谓的"谈话测试"——一个简单又合理的办法，可以辨别你处于有氧还是无氧状态。如果你能够像正常说话一样说出完整的句子，那么你就处于有氧状态；假如你说一句话就需要喘口气（或者好几口），那么你就处于无氧状态。

现在你可以看到了，最大摄氧量就是你所能消耗并使用的最大体积的氧气。也就是说，它就是氧气摄入量的最高水平。但不容忽视的一点是，它并非是你所能达到的最大运动强度。你的运动强度可以继续加大，如加大到无氧强度，这就是超大强度训练。

稳态有氧训练

随着高强度训练日益受到追捧，30分钟一轮的稳态有氧训练（即在跑步机、椭圆机或自行车上进行的中低强度的运动）已风光不再。然而，如果你刚刚开始（或者重新开始）一项健身计划，进行高强度训练可能会增加受伤或者肌肉酸痛的风险。因此，开始时进行低强度的有氧运动直至你能够连续进行30分钟左右的中等强度跑步练习（或者使用椭圆机或自行车），这样才能够提升有氧运动能力，而且这样也给了你一个很好的健身平台（即训练基地），以供高强度健身训练之用[4]。

稳态有氧运动被指会妨碍甚至完全阻止由于力量训练带来的肌肉增长。然而科学证据表明，对于之前未进行过锻炼的男性来说，进行低强度的有氧运动（比如骑自行车）并不会妨碍肌肉力量或体积的增加；事实上，它甚至还会使肌肉体积增大[5]。其他证据表明，有氧运动不仅可以增加肌肉体积和提升有氧能力，而且它对年轻人和老人一样有效[6]。这些结果很可能也同样适用于女性，因为研究证明可以急剧或者缓慢地减缓蛋白质代谢，减少骨骼肌增生，并且可以有效地解决（不分男女）肌肉损耗的问题[7]。

对训练有素的个人来讲，进行一定的稳态有氧训练会对肌肉产生何种影响？要回答这个问题，我们只需要看看健美运动员在登上舞台前，数年如一日地都在做些什么。他们在为表演做准备时进行了一轮又一轮的有氧训练，并且运动过程中维持了可观的肌肉量。这绝不能简单地归咎于药物的作用，因为其中也有不少推崇自然健身方式的运动员。

因此考虑到这一事实，认为进行一定的稳态有氧训练会使你失去辛辛苦苦锻炼来的肌肉是不合理的，尤其是当你将其看作阻力训练的补充锻炼时。

对于那些有着坚实的训练基础的中级和高级运动员来说，在每次运动过程中进行高强度间歇训练或超大强度间歇训练是不现实的，也毫无必要，尤其是当你将超大强度间歇训练或高强度间歇训练与高强度力量训练相结合时。这是因为，高强度间歇训练（以及超大强度间歇训练和代谢调节训练）的强度可能会很大，对身体要求也很高。因此，每周进行的相关训练不会太多，并且每项锻炼之间也必须要留出足够多的恢复时间。在恢复日［在运动强度大的高强度无氧（调节）间歇训练之间］可以采用的一个不错的办法就是进行温和的有氧运动。在功能谱训练中此类运动就是这样被用于实际锻炼中的。

代谢调节方案

你想要在比赛中始终保持充沛的体力，因为大部分运动都需要你用尽全身力量和爆发力。如果你想要在比赛结束时使疲惫不堪的身体依然具备十足的爆发力，那么你就要进行针对性的训练。要做到这一点，你就必须进行调节和力量运动，而这正是代谢调节方案（MCPs）的内容。

换句话说，正如本书一直强调的那样，训练专一性的原则告诉我们，对训练的适应是特定于训练对身体的要求的。鉴于这一事实，本书提到的代谢调节方案和超大强度间歇训练可以帮助你增强力量耐力，因为它们需要你进行长时间的力量投入，而这恰好诠释了力量耐力的内涵。

当橡胶鞋底触碰路面的那一刻，代谢复杂物质就能够确保你离开时已经将汗水洒满了地面，并且尽一切可能确保锻炼有效，不管你是否在努力提升特定训练阶段的推举能力。此外，如果你重视心理韧性，享受提升自己的满足感，代谢调节方案及超大强度间歇训练或高强度间歇训练都是不错的挑战。

有氧训练和力量训练强强联合

功能谱训练系统中的每一种有氧运动形式（超大强度间歇训练、稳态有氧训练、代谢调节方案）都有其优势和不足。因此，与各种形式的阻力训练一样，任何关于哪一种运动形式最好的争论都是不恰当的，因为它们并非互不包容，相反它们是互为补充的。也就是说，问题不是选择做哪一个，而是如何使之互相配合。

现在我们来看看，在功能谱训练计划中这些训练和调节概念是如何组合到一起的。正如在第2章中所述，功能谱训练阶段的阻力训练部分采用的主要是起伏的周期化方式。这种方式意味着一些阻力训练阶段要比其他阶段所花时间长。举个例子，完成2组重复15次的训练所花的时间要比4组重复6次的时间长。这就是改编后的极化训练完全适合起伏的力量训练。

在功能谱训练计划中，你所进行的有氧运动训练就相当于之前力量训练部分分组重复训练方案。当你将大部分时间花在力量训练部分——重复组数最多的锻炼（比如每项锻炼重复做4次）时，你会采用超大强度间歇训练，因为它是所有有氧运动训练中花费时间最少的一个。相反，在你重复运动次数最少的日子（比如每项锻炼重复做2次）——此时你在力量训练中花费的时间最少，你会选择进行稳态有氧训练，因为它花费的时间最长。在你每项运动重复做3组的日子，你会使用代谢调节方案，因为它要求的时间适中。

换句话说，功能谱锻炼中的有氧训练部分就像是力量训练一样起伏不定（这一点在第2章中有提到）。在锻炼中，当力量训练部分所花时间最长（即重复进行的组数最多）时，你的有氧调节运动所花时间就是最短的。这种方法不仅可以使你的锻炼在时间方面始终如一，并且可以使它们更加全面、有效和有趣。

有氧运动训练

你现在已经明白了功能谱训练中三大有氧运动的作用。在此基础上，本章以下部分介绍每种运动方式对应的推荐运动项目。

超大强度间歇训练

下列针对超大强度间歇训练方式的运动被用于功能谱训练系统中，以增强力量耐力。

折返跑

折返跑可能会让你想起高中的体育课。就个人而言，我建议你在锻炼中加入老式的折返冲刺跑，以此作为一种方法，来应用你的新知识，了解这种训练如何改善你的健康、体形和运动成绩。事实上，折返跑是将超大强度间歇训练融入锻炼的理想方式，因为你不需要任何特殊装备，甚至连健身房都不必去。你只需要具备完成这项超大强度运动的毅力。完成这项运动没有什么秘诀，只有纯粹的努力。如果心态正确，你会意识到，它并不比你想象的困难。

准备

将两个锥形体分开放置，中间间隔约25码（如图所示）。

过程

慢跑至位于开始位置的锥形体，然后在两个锥形体之间全速奔跑。每次调转方向时都摸一下锥形体，双手交替进行。

距离换算如下。

- 200码折返跑＝在两个锥形体间来回跑4次
- 250码折返跑＝在两个锥形体间来回跑5次
- 300码折返跑＝在两个锥形体间来回跑6次

在折返跑期间，运动与休息的时间比例为1∶3或1∶2，可视你的体质水平而定。举个例子，你使用的是1∶3，如果你要花一分钟时间完成300码折返跑，那么开始下一轮跑步训练前就要休息三分钟。

指导技巧

- 你可以从起点直接开始折返跑训练。但是我建议慢跑至起点，这样可以降低受伤的风险，如降低起跑过快可能导致的大腿后侧肌肉拉伤的风险。
- 跑步过程中要用双臂带动身体。
- 如果你不习惯每次调转方向都碰一下锥形体，那就不妨直接跳过这个步骤。相反，转弯时保持身体直立姿势（要控制好力度），然后返回另一个锥形体。

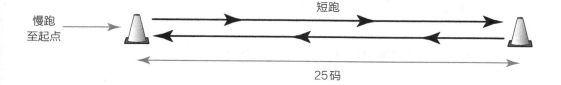

加速赛

多年来，美国橄榄球教练一直使用加速赛这种训练方式，以便他们的队员为即将到来的赛季保持良好状态。开始时沿着橄榄球场的宽度（从球场一侧边线到另一侧）跑，长度大约是53码，来回跑四圈；半加速赛就是跑两圈。在本书的功能谱训练中，加速赛训练需要在距离50码的两个锥形体之间进行。

准备

将两个锥形体分开放置，中间间隔50码（如下页图所示）。

过程

　　慢跑至位于开始位置的锥形体，然后在两个锥形体之间全速奔跑。与折返跑不同，调转方向时双手不能触碰锥形体，并且身体要保持直立姿势。

　　运动与休息的时间比例为1∶3或1∶2，可视你的体质水平而定。举个例子，你使用的是1∶3，如果你要花一分钟时间完成完整的一圈加速赛，那么开始下一轮跑步训练前就要休息三分钟。至于你需要跑几圈则由本书后面介绍的健身计划而定。

指导技巧

- 你可以从起点直接开始加速赛训练。但是我建议慢跑至起点，这样可以降低由于起跑过快而导致的受伤的风险。
- 跑步过程中要用双臂带动身体。
- 如果你不习惯每次调转方向都碰一下锥形体，那就不妨直接跳过这个步骤。相反，转弯时保持身体直立姿势（要控制好力度），然后返回另一个锥形体。

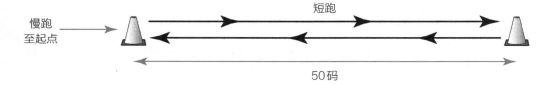

坡道冲刺

　　坡道冲刺不仅可以增强有氧运动能力，还可以使步长变长并使蹬腿力度变大，而这有助你获得健美和强壮的身体。

准备

　　找一处至少20码长的陡峭山坡。如果幸运，你可以找到一条40码长，甚至更长的坡道。

过程

　　全速跑上山坡，然后慢慢走下来为下一轮运动做好准备。

　　采用1∶3或1∶4的运动休息比例，可视你的体质水平而定。举个例子，你使用的是1∶3，如果你要花20秒完成一次坡道冲刺，那么大概休息60秒，然后开始下一轮运动。

指导技巧

- 不要用长短不一的步幅，每一步都要大步向前。
- 跑步过程中要用双臂带动身体。
- 为了改变腿部动作，你可以在短跑之间倒着走下山坡。

Airdyne自行车

Airdyne自行车（如图所示）已经问世多年，但如今只有在大型健身房才能看见其踪迹。这种自行车很适合用于进行超大强度间歇训练，因为它综合了上肢运动和腿部的骑车动作，使你不借助任何操作设备就可以进行加速或减速。尽管Airdyne的影响力有限，但是在这种自行车上进行超大强度间歇训练是一项极具挑战性的运动。

准备

找到一辆可以使用的Airdyne自行车。

过程

双脚踩车，同时双臂尽可能快速有力地向前移动，持续15～45秒。每次间隔充分休息45秒～3分钟。

指导技巧

- 进行高强度运动时身体可以前倾。

- 运动间隙休息时，你可以选择坐在车上或者从车上下来站一会儿或来回走一走，然后再投入运动。

沃萨攀爬器

与Airdyne自行车一样，沃萨攀爬器（如图所示）已存在数年，但是如今在健身房难觅其踪迹。借助沃萨攀爬器你可以调动四肢，做出独特的攀岩动作，因此其是进行超大强度间歇训练的不错选择。由于运动过程中它有助于你保持直立姿势，所以对背部有很好的锻炼作用，因此对于那些由于背部问题无法进行自行车训练的人们来说也是一项不错的替代训练。

过程

使用小步幅或适中步幅，双脚和双臂尽可能用力且快速地动作，持续30～90秒。每次间隔充分休息90秒～3分钟。

指导技巧

- 运动期间身体尽量不要左右摇摆，始终位于机器中心位置。

- 运动间隙休息时，从健身器上下来站一会儿或来回走一走，然后再投入运动。

划船器

超大强度间歇训练也可以在划船器上（如图所示）进行，这种器械在健身房中相当常见。为了避免下背部肌肉劳损，主要借助双腿和双臂完成划船动作。

过程

双脚和双臂尽可能用力且快速地拉动，持续30～90秒。每次间隔充分休息90秒～3分钟。

指导技巧

- 进行划船动作时双腿和双臂动作互相配合，流畅且富有节奏。
- 运动间隙休息时，从健身器上下来站一会儿或来回走一走，然后再投入运动。

跑步机

跑步机可以让你在任何天气状况下都能够慢走或跑步。几乎任何一家健身房都少不了它。

准备

将跑步机设定为混合变速且速度逐渐减小，并且在选定的健身计划的时间范围中尽可能地用力奔跑。

过程

全速奔跑8～15秒，运动的同时确保身体始终位于跑步带的中心位置。每次间隔充分休息30～45秒。从跑步转换为休息模式或者反过来，确保跑步机一直运行，你只需要简单地跳上去或跳下来即可。休息时利用一侧把手将身体抬离跑步带，双脚放在两侧跑台上。

指导技巧

- 不要用长短不一的步幅，每一步都要大步向前。
- 跑步过程中要用双臂带动身体。

稳态有氧训练

功能谱有氧训练系统会用到各种各样的运动器械。一部分器械在健身房随处可见，而有一些则相对不太常见。以下就是针对功能谱训练计划中稳态有氧训练的推荐运动。

快步走

鉴于你在进行超大强度间歇训练时会进行各种冲刺跑运动，本书的功能谱训练计划就没有将放松跑列入稳态有氧训练的备选项中。但这并不是说进行一些轻松的长跑训练是一件坏事，本书只是更加关注冲击力较小的稳态有氧训练，以帮助你尽可能地减少过劳性损伤，从高强度锻炼中恢复过来。

过程

在户外进行快步走训练（速度为4～5千米/时），或者在跑步机上进行25～35分钟的训练。

指导技巧

- 不要用长短不一的步幅，每一步都要大步向前。
- 走路过程中要用双臂带动身体。

椭圆机

椭圆机（如图所示）是健身房里常见的运动设备。它的冲击力较小，可以作为跑步机的替代器械。

过程

按照1～10的尺度衡量，数字10就是你的最大移动速度；运动的速度应保持在4，坚持25～35分钟。

指导技巧

- 运动过程中身体要保持直立。
- 不要只靠双腿动作，也要利用双臂来推拉手柄。

直立式健身车

直立式健身车是稳态有氧训练的不错选择，因为它对膝盖有很好的锻炼作用，这一点对那些膝盖饱受稳定跑步训练困扰的健身者来说尤其重要。

过程

在绝大多数健身房，直立式健身车是主要的健身设备，并且一些健身机构里还有 Airdyne 自行车，这种自行车也允许你使用双臂。按照 1～10 的尺度衡量，数字 10 就是你的最大移动速度；运动的速度应保持在 4，坚持 25～35 分钟。

指导技巧

- 调整座位位置，当你靠着它站立时，恰好与髋关节对齐。
- 运动过程中不能懒散，无精打采。

代谢调节方案

这一部分介绍了各种各样的代谢调节方案，它们可用于功能谱训练系统中。你通过代谢调节方案与超大强度间歇训练，可以改善身体状况（即运动能力），支撑完成整场比赛。部分代谢调节方案提供的锻炼只需要借助自身的体重进行，另一些则要借助各种各样常见的运动设备，比如药球、杠铃、哑铃、壶铃、杠铃片和重物雪橇等。

重沙袋拳击和跆拳道

拳击和跆拳道作为一种训练方式有助于提升运动能力和改善身体状况。由于这项运动对于天天去健身房的爱好者和在家做运动的人来说都一样有用，因此运动的重点在于重沙袋（如图所示）。大部分健身房，甚至一部分家庭都有这一设备。如果你希望自己的拳击技能更上一层楼，那就跟着拳击教练进行训练或者加入拳击俱乐部。

准备

你需要一副拳击手套及一个重沙袋。

过程

双手举起摆出战斗姿势，完成一系列组合拳——刺拳、交叉拳以及勾拳（对着一个普通的沙袋你无法进行上勾拳练习），或者打一套组合拳和膝盖攻击。在打组合拳的间隙，绕着沙袋慢走。每一轮进行 2～3 分钟，每轮运动中间留出 1～2 分钟休息时间。

指导技巧

- 绕着沙袋走时双脚放松。
- 击打沙袋时注意力放在调动整个身体上。要打出漂亮的一拳，需用到双腿和髋关节。

反应球

反应球的材质是橡胶的。由于它特殊的形状，当球着地时很难预测它会朝哪个方向弹跳，于是迫使你飞快做出决定，做出全方位动作以抓住小球。这也使得反应球成为训练工具箱中一个高效的运动工具。

准备

确保周围至少有一块边长为30.48厘米的地面，一只手抓住反应球，同时身体成站立的运动姿势，双膝略微弯曲，双脚分开与肩同宽。

过程

将反应球丢到地上使其弹起。第一次弹起后尽量单臂抓住反应球（如图a所示）。如果第一次弹起时没有抓住球，那就俯身追逐，努力尽快抓住它（如图b所示）。抓住反应球后，恢复开始姿势并重复以上动作。在2～3分钟时间内进行尽可能多的抓取和释放动作，每轮运动之间休息1～2分钟。

指导技巧

- 确保每次的重复动作都从运动姿势开始，双脚保持放松。
- 有时候反应球会连续朝你反弹，有时它又会不规则跳动，迫使你不断改变方向来抓住它。因此，每次将反应球丢下去时都要确保自己已经做好了快速移动的准备。

六分钟体重复合练习

将下列四个动作作为一套动作来完成。每个动作进行30秒，休息15秒，然后开始下一个动作。重复这套动作两次，共6分钟。

1. 抱头深蹲

准备

身体成站立姿势，双脚分开大于肩宽，脚掌略微外张（大约10度）。双手在颈后交叉，双手肘关节朝两侧张开（如图a所示）。

过程

双腿膝关节弯曲，臀部朝下坐，做出下蹲姿势（如图b所示）。身体下压使大腿与地面平行，同时注意下背部不要拱起。运动动作要尽可能地迅速。

指导技巧

- 身体下蹲的同时，双脚脚后跟不要抬离地面，双腿膝盖不要朝身体中间并拢。
- 膝盖应与脚趾的方向保持一致。

2. 波比跳

准备

双脚打开比肩略宽，双臂在体前伸直，垂落于双脚之间（如下页上图a所示）。

过程

双膝弯曲，转动髋关节部位使躯干前倾。双手手掌放在地上，腕关节位于肩关节的正下方（如下页上图b所示），双腿向后跳起（如下页上图c所示）形成俯卧撑姿势（如下页上图d所示）。双脚再次向上跳起，落于双手手掌外侧（如下页上图e和下页上图f所示）。然后恢复站立姿势（如下页上图g所示），完成一次重复动作。

指导技巧

- 确保身体成一条直线，身体成俯卧撑姿势时髋关节不能松弛。
- 每次双脚跳起落于手掌外侧时，身体要成下蹲姿势，然后才能站起来。

3. 登山者

准备

以俯卧撑向上的撑起动作作为开始姿势（如图a所示）。

过程

右脚抬起，膝关节朝左臂肘关节移动（如图b所示）。双腿快速交替，右腿恢复开始姿势，同时左腿膝关节朝右侧肩关节移动。双腿继续快速交替动作。

指导技巧

- 臀部高度不能超过肩关节。
- 朝肩关节移动的那条腿不能着地。
- 运动过程中腕关节始终位于肩关节正下方。

4. 原地快速跳跃

准备

　　身体成站立姿势，双脚分开与臀同宽，肘关节弯曲成90度角。

过程

　　左腿膝盖抬起，屈曲成90度，同时右臂抬起，左臂后移（如图a所示）。双臂姿势迅速互换，同时左腿放回地面，右腿膝盖抬起（如图b所示）。就如同在跳绳一样，跳跃时需要双脚同时动作或者是向右或向左跳跃。在原地尽可能快速跳跃。

指导技巧

- 这并非原地跑步运动。进行原地跳跃时，手臂与双脚动作要互相配合。
- 运动过程中躯干始终保持直立。

单侧腿复合练习

　　腿部复合练习可以帮助你锻炼出强有力的双腿。练习时，你会感觉自己的双腿被千斤重担压着，背部则完全不受其影响。这就使得腿部复合练习成了一项缓解由于高负荷下蹲和硬拉带来的脊柱压迫的不错选择。

　　单侧腿复合练习包括所有的单侧（即单腿）运动，有助于使双腿同样健壮，改善对称性。要完成这些运动，你需要一张举重床，并且需要连续进行运动。

1. 分腿下蹲

准备

　　双脚分开站立，双手在颈后交叉，后脚脚跟抬离地面（如图a所示）。

过程

　　身体朝地面下压，后腿膝盖轻轻触碰地面（如图b所示）。前腿膝盖用力下蹬，使身体上抬恢复开始姿势，这样就完成了一次完整的练习。每条腿重复进行8～12次；身体一侧完成重复训练后再换另一条腿。

指导技巧

- 身体位于最高位时前腿膝关节略微弯曲。

- 尽可能迅速地完成每一次重复练习，但要控制好力度。

2. 反弓步

准备

身体站直，双脚分开与臀同宽，双手在颈后交叉（如图a所示）。

过程

左腿向后跨一步，前脚掌着地，同时双腿膝关节弯曲，身体下压成弓步（如图b所示）。一旦后腿膝盖轻轻碰触地面，前腿后退一步，身体站直恢复开始姿势。另一条腿后跨一步完成同样的动作。双腿交替完成一次重复运动，每条腿重复进行8～12次。

指导技巧

- 尽可能迅速地完成每一次重复练习，但要控制好力度。
- 膝盖应与脚趾方向保持一致。

3. 单腿膝盖高抬

准备

站在举重床前，双脚分开与臀同宽，双臂位于身体两侧。左脚放在举重床上（如图a所示）。

过程

左腿抬起放在举重床上，左膝伸展。身体站在举重床上，同时右腿膝盖抬高超过髋关节（如图b所示）。跨下举重床，右脚先着地。一条腿完成所有的重复动作后再换另一条腿，每条腿重复进行8～12次。

指导技巧

- 尽可能迅速地完成每一次重复练习，但要控制好力度。
- 每次跨上举重床时膝盖都要用力带动身体。

4. 前倾弓步剪刀跳

准备

双腿分开站立与臀同宽，后脚脚后跟抬离地面，将全身重心压在前腿上。髋关节弯曲使躯干略微前倾。双臂朝地面方向伸展（如图a所示）。

过程

身体用力向上跳，同时双腿成剪刀状（如图b所示），双脚着地时恢复开始姿势，只是前后腿位置互换（如图c所示）。再次向上跳起并重复以上动作。每条腿重复进行8~12次。

指导技巧

- 着地的动作要尽量放轻，每一次着地时都要为下一次跳跃做好准备。
- 双脚每次着地时，膝盖应与脚趾保持在一条直线上；双腿膝盖都不能内扣。
- 双脚每次着地时，髋关节弯曲的同时脊柱挺直。
- 每次向上跳起时躯干都尽量上抬。

20-20-10-10腿部综合训练

这套综合训练可以消耗双腿热量，使心率加速。运动的名称来自四项锻炼的重复运动次数。连续完成运动，中间没有休息间隙，抱头深蹲和双臂前平举深蹲各重复进行20次，波比跳和蹲跳各重复做10次。

1. 抱头深蹲

准备

身体站直，双腿分开比肩宽；同时脚掌微微外张（大约10度）。双手在颈后交叉，双臂肘关节朝身体两侧外张（如图a所示）。

过程

双膝弯曲，臀部后坐完成一个深蹲动作（如图b所示）。身体下压，两条大腿与地面保持平行，同时避免下背部拱起。动作速度要尽可能地快。

指导技巧

- 身体下蹲时，脚后跟不能抬离地面，双膝也应避免朝身体中线并拢。
- 膝盖应与脚趾方向保持一致。

2. 双臂前平举深蹲

准备

身体站直，双腿分开站立大于肩宽；同时脚掌微微外张（大约10度）。双臂在体前伸展，与肩关节保持同一高度（如图所示）。

过程

身体下蹲直至两条大腿与地面平行（如图所示）。保持这一姿势20秒，同时避免下背部拱起。

指导技巧

- 身体下蹲时，脚后跟不能抬离地面，双膝也应避免朝身体中线并拢。
- 膝盖应与脚趾方向保持一致。

3. 波比跳

准备

双脚张开，比肩宽；双臂伸直且垂落于体前（如图a所示）。

过程

双膝弯曲，髋关节向前弯曲使躯干前倾。双手扶地，腕关节位于肩关节正下方（如图b所示）；同时双腿向后跳（如图c所示），使身体成俯卧撑姿势（如图d所示）。双脚向上跳起（如图e所示），落于双手手掌外侧（如图f所示），然后恢复站立姿势（如图g所示），这样就完成了一次重复动作。

指导技巧

- 确保身体成一条直线，成俯卧撑姿势时髋关节不能松弛下沉。
- 每次双脚朝双手外侧跳起时，髋关节下压成深蹲姿势，然后身体再站直。

4. 蹲跳

准备

双脚分开站立与肩同宽，双臂垂落于身体两侧。

过程

双膝、髋关节弯曲，从而使两条大腿位于与地面平行且略微靠上一点的位置，双臂朝臀部后方伸展（如图a所示）。双臂向前、向上摆动，垂直向上跳起，双腿同时伸直且双臂在头部上方伸直（如图b所示）。着地的动作要尽量做到悄无声息，恢复开始姿势，为下一次跳跃做好准备。

指导技巧

- 每次重复运动时都要尽可能地向上跳。
- 每次下蹲时，双腿膝盖与脚趾都保持在同一条直线上，要避免双膝并拢。
- 当身体成下蹲姿势时要避免背部拱起。

重物雪橇前拉

利用重物雪橇提升有氧运动能力与增强体力的不同之处在于阻力和距离。对于有氧运动来说，应选择质量较小的负荷，运动距离为50～100码。

准备

将一对手柄装在绳索两端或者雪橇的皮带上。双手各握一只手柄，将雪橇置于身后两码处。躯干与地面成45度角，双腿前后分开站立，双臂与躯干保持在同一条直线上（如图 a 所示）。如果使用手柄，双臂放在身体两侧，与躯干保持在同一条直线上。

过程

双腿用力下蹬，双腿前后分开站立（如图 b 所示）。将重物雪橇向前拖拽40～100码，具体距离视雪橇重量而定。

指导技巧

- 与使用肩带不同，手柄增加了抓握的难度，迫使你控制两个单独的手柄。
- 运动过程中要使用质量足够大的重物，从而使身体前倾并缓慢前移。
- 避免步幅过小，双腿要用力踩地；每走一步，另一只脚都朝斜下方后蹬。

重物雪橇前推

准备

要想完成这项运动，你需要一个固定有直立杆子的重物雪橇。双臂在体前伸展，身体成前倾姿势，双腿前后分开站立（如图a所示）。

过程

双臂挺直，双腿用力蹬地，两条腿依次向前迈步（如图b和图c所示）。将重物雪橇向前推40～100码，具体距离视雪橇重量而定。

指导技巧

- 避免步伐短促，起伏不定。
- 运动过程中要使用质量足够大的重物，从而使身体前倾并缓慢前移。

药球斜蹲——推、扔、跑组合运动

准备

寻找一处较大的空间（比如运动场或停车场），双脚分开站立与肩同宽。双手在胸前握住一只3～5千克重的药球，肘关节位于球体下方。

过程

臀部后移，双膝弯曲使身体下压，模仿硬拉动作，从而使两条大腿与地面大致平行，身体略微前倾（如图a所示）。当身体处于最低位置时，同时伸展双臂和双腿，沿斜角方向（与地面约呈45度）将球扔出（如图b所示），距离越远越好。将药球扔出后，冲过去把它捡回来（如图c所示）。你可以让球弹跳一两下，但是在弹第三下之前就要抓住了。重新调整双脚，开始新一轮扔球动作，之后冲刺抓球。重复这套动作，穿过整个运动场或停车场，回到开始的位置。一共扔8～12次。

指导技巧

- 扔球时，身体前倾可以让你做好冲刺准备。
- 不要尝试边跑边扔球。抓到球后就立即停下，以便每次扔球时都能够调整好动作，这样你就能够以最有力的方式将球扔出去。
- 如果你用的是里面填着沙子、没有弹性的药球，那就以与地面呈45度的角度将球扔到开阔的空地上，距离越远越好；然后飞快地冲向球落地的地点，再将其扔回开始位置。

药球侧舀斜角——扔、跑组合运动

准备

寻找一处较大的空间（比如运动场或停车场），双脚分开站立与肩同宽，双膝略微弯曲。双手握住一只3～5千克重的药球置于右侧髋关节处。

过程

将身体重心转移至右腿，同时髋关节略微前倾（如图a所示）。用力将髋关节朝身体左侧扭动，同时扭动髋关节和肩关节沿45度角将药球扔出（如图b所示）。迅速将身体重心转移至左侧，双手以舀水姿势将球扔出，就如同将干草捆扔入卡车后斗中。将球扔出后冲过去把它捡回来（如图c所示）。你可以让球弹跳一两下，但是在弹第三下之前就要抓住了。重新调整双脚，开始新一轮扔球动作，之后冲刺抓球。重复这套动作，穿过整个运动场或停车场，回到开始的位置。一共扔8～12次（身体两侧各扔4～6次）。

指导技巧

- 每次扔球时双腿同时伸展且转动躯干；运动过程中肘部略微弯曲。
- 每次扔球时双脚都应抬离地面，而你的旋转动作应该能够使你正对抛球的地点。
- 不要尝试边跑边扔球。抓到球后就立即停下，以便每次扔球时都能够调整好动作，这样你就能够以最有力的方式将球扔出去。
- 如果你用的是里面填着沙子、没有弹性的药球，那就以45度角将球扔到开阔的空地上，距离越远越好；然后飞快地冲向球落地的地点，再将其扔回开始位置。

药球抛扔综合运动

找一只3～5千克重的药球，然后找一面实心墙供抛扔球之用。你可以使用橡胶（有弹性）质地的药球，也可以选择弹性较小的球体，连续且迅速地完成下列运动。

1. 垂直蹲推扔

准备

双脚分开站立与肩同宽，将药球抱至胸前，肘关节位于球体下方。

过程

身体下蹲，大腿与地面大致平行，同时躯干挺直（如图a所示）。当身体处于最低位置时，同时伸展双臂和双腿，将球垂直向上推扔入空中（如图b所示），高度越高越好。不要用手去接球；每次抛出后让它自由落地或者等它弹起时再将它抓在手中，然后才开始新一轮练习。重复进行6～10次。

指导技巧

- 当身体下蹲为每次重复练习做准备时，避免双膝朝身体中线并拢，脚后跟不能抬离地面，下背部也应保持紧张。
- 每次抛球时从开始姿势迅速做出动作，同时用力将球推扔出。
- 双脚应离开地面，推扔动作结束时身体完全打开，双臂举过头顶。

2. 上跨步过顶扔球

准备

双脚分开站立与肩同宽，双手将药球高举过头顶（如下页上图a所示）。一只脚向前跨一步，躯干后倾，这样可以拉伸腹部肌肉（如下页上图b所示）。

过程

前脚前探的同时迅速将药球朝墙壁扔去（如下页上图c所示）。瞄准墙壁上的一个目标，其应与身高保持一致。身体与墙壁之间的距离要足够远，保证球在被抓到手中，开始下一轮运动之前至少可以弹跳一次。双腿交替前跨，共重复进行6～10次。

指导技巧

- 在每次重复运动之初，躯干后倾的幅度不应超过下背部位置，只需确保双臂能够在体前舒展开即可。
- 每次扔球时，用双腿带动身体，双臂则随之运动。

- 如果你使用的是弹性较小的药球，你可以站得距离墙壁稍近一点。身体与墙壁之间的距离应保证药球有足够的反弹时间，让你能够从容地接住球。

3. 药球侧舀水平抛

准备

　　身体站直，实心墙位于身体右侧；双脚分开站立与肩同宽，双膝略微弯曲；双手握住药球放在左侧髋关节处。

过程

　　身体重心转移至左腿，同时髋关节略微前倾（如图a所示）。用力将髋关节朝身体右侧扭动，同时迅速转动髋关节和肩关节，双手以舀水姿势将球水平抛出（如图b所示）。瞄准墙壁上的一个目标，其应与身高保持一致。身体两侧交替，共重复进行8～10次（每侧各4～5次）。

指导技巧

- 每次抛球时背部都要挺直。
- 运动过程中肘关节始终保持略微弯曲状态。
- 抛球时，后脚脚后跟抬离地面并朝着药球的方向以前脚掌为轴心旋转。
- 如果你使用的是弹性较小的药球，你可以站得距离墙壁稍近一点。身体与墙壁之间的距离应保证药球有足够的反弹时间，让你能够从容地接住球。

4. 药球彩虹猛击

准备

　　双脚分开站立，略比肩宽，双手将药球高举过头顶，肘关节伸直（如图a所示）。

过程

　　将药球向45度角方向用力扔到地上，使其恰好位于一侧脚的外侧。同时将身体重心转移到同一侧（如图b所示）。允许球体小小地弹跳，抓住球，然后身体另一侧进行反向动作，开启另一轮动作。共重复进行10~12次（每侧各5~6次）。

指导技巧

- 用力扔球时允许肩关节和髋关节轻微转动。
- 当球弹起时要避免砸到脸上，不要让脸处于球落地点的正上方。
- 双臂高举球过头顶并尽量向上伸，从而使躯干肌肉组织得到充分舒展。

四分钟绳索综合运动

到目前为止，我们分享过的许多运动调节方案都是以下肢锻炼为中心，而绳索调节方案可以有效地锻炼上肢力量耐力。连续完成以下四种绳索运动，每项运动连续进行两次，运动20秒，休息10秒，每项运动花费一分钟，四项运动共花费四分钟。

1. 绳索浪潮

准备

将一条沉重的绳索的中部固定，距离你站立的位置4.92～6.56码。面朝绳索站立，双脚分开大于肩宽；双手握住绳索两端，肘关节略微弯曲，同时双臂在体前伸展（如图a所示）。

过程

双臂同时上下摆动，用绳索做水平的波浪式动作。每次双臂略微高举过头顶时，双腿都要伸直，每次双臂放下时允许双膝弯曲（如图b所示）。

指导技巧

- 当你将绳索用力朝地面甩动时，背部不能够拱起。
- 不要只利用双臂，要让整个身体都参与到快速移动绳索的动作中。
- 尽可能快速地移动，在整套动作完成前不能有任何的停顿。

2. 绳索螺旋

准备

将一条沉重的绳索的中部固定，距离你站立的位置4.92～6.56码。面朝绳索站立，双脚分开大于肩宽；双手握住绳索两端，肘关节略微弯曲，同时双臂在体前伸展（如下页上图a所示）。

过程

双手肘关节保持略微弯曲，双手做出向外的旋转动作；双臂从膝关节移至头顶，使绳索螺旋上升，然后双臂下放，绳索下降（如下页上图b和下页上图c所示）。尽可能快速地重复这一动作。

指导技巧

- 尽可能快速地移动，在整套动作完成前不能有任何的停顿。
- 不要只利用双臂，要让整个身体都参与到快速移动绳索的动作中。

3. 绳索压力波

准备

　　将一条沉重的绳索的中部固定，距离你站立的位置4.92～6.56码。面朝绳索站立，双脚分开大于肩宽，双膝弯曲；双手握住绳索两端，双臂放在体前齐腰处（如图a所示）。

过程

　　双腿伸直，双臂以45度角迅速在体前向上伸展（如图b所示）。快速反向动作，双臂下伸恢复开始姿势。重复进行这套全身运动，尽可能快速地上下挥动绳索。

指导技巧

- 尽可能快速地移动，在整套动作完成前不能有任何的停顿。
- 不要只利用双臂，要让整个身体都参与到快速移动绳索的动作中。
- 由于这项运动的握手姿势与绳索浪潮运动恰好相反，所以它的训练重点也与之相反。绳索压力波强调凭借前推的动作让绳索远离身体，而不是凭借内拉动作让绳索朝下移动，来制造波浪。

4. 绳索彩虹

准备

将一条沉重的绳索的中部固定，距离你站立的位置4.92～6.56码。面朝绳索站立，双脚分开大于肩宽；双手握住绳索两端，肘关节略微弯曲，双手大致与地面平行（如图a所示）。

过程

迅速转动身体，同时将绳索翻转过来（如图b所示），就好像将它抛到一边，然后再朝另一侧翻转（如图c所示）。双臂按照彩虹形状的轨迹移动，动作迅猛有力。运动过程中绳索会有节奏地像波浪一样移动。

指导技巧

- 移动绳索的动作要迅速、流畅且协调，避免猛拉或断断续续。
- 当双臂朝一侧下移时允许双膝弯曲，使腿部参与到运动中；而当身体恢复中立位时，双臂举过头顶，且双腿伸直。

铃片推举

准备

将一个质量较大（15～20千克）的铃片放在可供其滑动的地毯上。为了增大运动难度，你可以将一对哑铃（11～15千克）放在铃片上。双手放在铃片或哑铃上成俯卧撑姿势。

过程

双腿膝盖依次朝胸部移动，从而带动双腿移动，双手推着铃片快速地在地面上移动40～50码（如图a至图c所示）。

指导技巧

- 肘关节伸直以增大肌肉张力，双臂与头部成45度角。
- 移动的步子要大，臀部的高度尽量不要超过肩部。
- 随着运动能力的提升，可以将质量更大的哑铃放在铃片上来增加运动的挑战性。

杠铃综合运动

双手抓住标准的奥林匹克杠铃，每一侧铃片的重量不超过11千克，迅速但有控制地依次完成以下运动。

1. 俯身杠铃划船

准备

双脚分开站立，与臀部同宽。反手握住杠铃，手掌间距略宽于肩部。臀部以上部位向前弯曲，同时背部挺直，使躯干与地面大致保持平行，双膝弯曲15～20度（如图a所示）。

过程

将杠铃抬举至胸部与肚脐之间（如图b所示），然后再将杠铃放下完成一次重复运动。共重复进行8～10次。

指导技巧

- 在动作的最高点时，双侧肩胛骨夹紧。
- 任何时候背部都不能拱起。

- 不要让肩关节前侧在每次重复动作的最高点处往前转。

2. 杠铃罗马尼亚硬拉

准备

双脚分开站立，与臀同宽；抬举杠铃至大腿前侧，双臂伸直；双手握住杠铃，手掌恰好位于髋关节外侧（如图a所示）。

过程

背部挺直，屈髋俯身，双膝弯曲15～20度（如图b所示）。当躯干与地面大致平行时，臀部朝杠铃方向前移；然后身体重新站直。重复进行12～15次运动。

指导技巧

- 屈髋俯身时，臀部向后移动，背部不能拱起。
- 通过拉伸髋关节，而不是过度伸展下背部的方式将杠铃举起。
- 运动过程中杠铃始终贴近身体；在动作最低点处杠铃应与胫骨相触，并且在重复运动时杠铃应该顺着双腿前侧移动。

3. 杠铃耸肩跳

准备

身体站直，双脚分开与臀同宽；抬举杠铃至大腿前侧，同时双臂伸直。双手握住杠铃，手掌恰好位于髋关节外侧。

过程

背部挺直，臀部以上部位朝地面方向向前弯曲，双膝弯曲15~20度（如图a所示）。当杠铃恰好移至膝盖上侧时，身体向上小幅跳动，同时杠铃上抬，肩部向

上耸起（如图b所示）。慢慢将杠铃放下即完成一次动作。共重复进行8~10次。

指导技巧

- 身体向前弯曲时臀部后移，背部不能拱起。
- 通过拉伸髋关节将杠铃举起，并非通过过分拉伸下背部实现。
- 运动过程中杠铃始终贴近身体。
- 虽然这项运动中出现了"跳"这个字眼，但每次将杠铃上举时脚掌都不离开地面。脚后跟抬起，但是前脚掌仍然踩在地上。

4. 杠铃悬垂

准备

双脚分开站立，与肩同宽；双手握住杠铃，双手间距比肩略宽。臀部以上部位略微前倾，横杠抵住大腿（如图a所示）。

过程

将杠铃向上拉动时臀部迅速朝杠铃方向移动（如图b所示）。一旦杠铃达到肩部高度，就立刻翻转位于横杠下方的手肘并使其保持在胸部上方的高度（如图c所示）。重复进行6~8次。当完成最后一次悬垂动作时，将杠铃保持在动作最高点，为杠铃过顶推举做好准备。

指导技巧

- 杠铃上举的同时脚后跟上抬，但是整个脚掌不能够完全脱离地面（这样做是为了避免用力过猛）。
- 完成运动的速度要快但是要控制好力度；每次抬举的动作应该流畅协调，而且每次下垂的动作都应当为下一次重复运动做好准备。

5. 杠铃过顶推举

准备

双脚分开站立，与肩同宽；双手握住杠铃，双手间距比肩略宽。

过程

双膝略微弯曲（如图a所示），然后迅速反向运动，双臂和双腿互相配合，共同将杠铃高举过头顶（如图b所示）。一旦杠铃完全举过头顶，将刚才的动作慢慢再倒着做一遍，杠铃放回地面即完成整个重复动作。重复进行6~8次。在完成最后一

次重复动作之后，杠铃下移至头部后方，并将其横放在肩上，为杠铃反弓步运动做好准备。

指导技巧

* 手腕伸直，任何时候都不能够向后弯曲。
* 将杠铃举过头顶时避免下背部过度拉伸。

6. 杠铃反弓步

准备

双脚分开站立，与臀同宽；杠铃横放于颈后肩部；双手抓住杠铃，双手间距超过肩宽（如图a所示）。

过程

右腿向后跨一步，前脚掌着地，同时双膝弯曲，身体下压成弓步（如图b所示）。当后腿膝盖轻轻碰触到地面时，后腿向前迈一步恢复原状，双脚再次平行。另一条腿重复以上动作。每条腿重复进行5~6次。

指导技巧

- 做弓步时臀部以上部位可以微微前倾，这样不仅可以使臀部肌肉得到锻炼，而且对膝盖也有好处。
- 每次重复动作时双腿膝盖和躯干都保持在一条直线上。

单侧壶铃综合运动

单臂握住壶铃完成一系列壶铃运动。一旦完成整套动作，双手交换重复运动。等到双手完成了所有运动后再休息。

1. 单臂壶铃甩摆

准备

双脚分开站立，大于肩宽，单臂握住一只壶铃，手臂伸直且放在身前。

过程

背部和双臂保持挺直，壶铃在双腿间摆动，同时臀部以上部位向前弯曲，双膝弯曲15~20度（如图a所示）。一旦

前臂与大腿接触，就立即反向动作——两侧髋关节同时前移，壶铃向上摆动至大约头顶高度（如图b所示）。身体一侧完成所有的重复动作后再换另一侧。每一侧各重复进行10~15次。

指导技巧

- 身体前倾时臀部后移，同时避免背部拱起。
- 在摆动动作的最低点，允许前臂碰触大腿内侧；利用髋关节力量带动前臂向前移动，使壶铃重新向上摆动。
- 当壶铃摆动至大约头顶高度时，就将其重新下拉，单臂紧紧握住手柄。

2. 单臂壶铃利落摆动

准备

双脚分开站立，比肩略宽，单臂握住一只壶铃。

过程

双膝微微弯曲，臀部以上部位向前弯曲，壶铃在双腿间摆动（如图a所示）。通过推动臀部向前移动，双臂向上拉起，迅速进行反向动作（如图b所示）。当壶铃向上运动时，快速向下转动手肘，并且身体放松，尽量做出一个缓冲动作，使壶铃靠近身体（如图c所示）。身体两侧各重复进行10～15次。

指导技巧

- 当壶铃朝胸部方向上抬时，想象自己举着一只易碎的鸡蛋；双腿略微弯曲使动作尽可能轻柔缓慢。
- 在开始下一次重复动作前，将壶铃推离躯干，使其在双腿间摆动。
- 在动作最低点处背部不能够拱起。

3. 壶铃单侧前蹲

准备

双脚分开站立，比肩略宽。单臂在体前握住一只壶铃，将其置于胸部和手臂外侧的前方，另一只手臂在体前伸展（如图a所示）。持壶铃侧手掌应贴近胸部中心位置，同时肘关节向下形成一个三角形。身体站直，胸部挺起，使整个身体成为壶铃的支撑架，而不是单臂将其举高。

过程

膝关节和髋关节弯曲，身体朝地面尽可能下压，同时另一条手臂伸直（如图b所示）。做反向动作并恢复开始姿势，完成一个完整的重复动作。

指导技巧

- 脚后跟不能抬离地面，身体下蹲时下背部仍然应保持挺直姿势。
- 双腿膝盖不能朝身体中线下压，每次下蹲时膝盖都应与脚趾保持在一条直线上。

4. 单臂壶铃过头推举

准备

身体站直，双脚分开与肩同宽；单臂握住一只壶铃，与肩齐平。

过程

双膝略微弯曲（如图a所示），然后迅速反向动作，双臂和双腿互相配合，共同将壶铃高举过头顶。将壶铃向上推举并尽可能地保持躯干稳定不动（如图b所示）。慢慢地将壶铃放回肩部高度。身体一侧完成所有的重复动作后再换另一侧。身体两侧各重复进行6~8次。

指导技巧

- 躯干保持直立姿势，运动过程中鼻子和肚脐始终保持在一条直线上，从而确保身体姿势的重心不发生改变。
- 在每次重复动作的最低点处，肘关节始终位于壶铃的正下方。

两侧农夫行走复合练习

两侧农夫行走复合练习由一系列的哑铃运动组成，中间偶尔穿插着几组提哑铃动作。这组复合练习中的所有运动都要一口气做完，中间不休息，直至所有规定动作都完成。

在进行这组复合练习时，做农夫行走锻炼项目时要选择较重的哑铃，做其他项目时选择较轻的哑铃，且较轻哑铃的重量应为较重哑铃的35%～40%。举个例子，如果较重的哑铃重量为每只35千克，那么较轻的哑铃应为12.25～14千克。

在为这组复合练习做准备工作时，要选定一条距离为20～25码的线路，将两只哑铃放在其中一端。如果你的举重室没有足够大的空间，那就把哑铃带到健身房，或者如果天气合适，可以选择在室外进行。

1. 农夫行走

准备

站在一端，双手各握一只较重的哑铃，手掌向内贴近髋关节（或者举至肩部高度）。

过程

走到另一端，然后再返回出发点。身体维持直立姿势时，哑铃的位置始终不变（如图所示）。

指导技巧

- 步幅适中，身体快速移动的同时要控制好哑铃。
- 双手提物时，身体要始终保持直立姿势。

2. 双臂俯身哑铃划船

准备

双脚分开站立与臀同宽，双手各握一只哑铃。臀部以上部位向前弯曲，同时背部挺直，使躯干与地面大致保持平行。双膝弯曲15～20度（如图a所示）。

过程

将哑铃朝身体方向划动，同时双前臂与躯干保持45度角不变（如图b所示）。慢慢将哑铃向下放，但是在完成整套动作之前不能将其放在地面上。

指导技巧

- 运动过程中要始终避免背部拱起。
- 肘关节始终位于手掌上方，手腕不能弯曲。
- 在每次重复动作的最高点处，肩关节前部不能向前旋转。

3. 农夫行走

正如运动1那样，站在一端，双手各握一只较重的哑铃，手掌向内贴近髋关节（或者举至肩部高度）。走到另一端，然后再折回出发点。哑铃的位置保持不变，同时身体始终保持直立姿势。

4. 哑铃前侧过头推举

准备

双脚分开站立，与肩同宽。双手各握一只哑铃，与肩平行，且双手肘关节恰好位于身体前侧、哑铃手柄的正下方（如图a所示）。

过程

将哑铃朝头顶上方推举，直至双臂伸直，与躯干成一条直线，且头顶上方的两只哑铃互相平行（如图b所示）。慢慢进行反向动作，将哑铃重新放回肩膀前方的位置。

指导技巧

- 在每次重复动作的最低点处，哑铃都与躯干保持平行，位于肩关节正前方。
- 将哑铃向上推举时，下背部不能够过度伸展。

5. 农夫行走

如运动1所述，站在一端，双手各握一只较重的哑铃，手掌向内贴近髋关节（或者举至肩部高度）。走到另一端，然后再折回出发点。哑铃的位置保持不变，同时身体始终保持直立姿势。

6. 哑铃前蹲

准备

站在一端，双脚打开与肩同宽；双手各握住一只较轻的哑铃，与肩平行，且双手肘关节恰好位于身体前侧、哑铃手柄的正下方（如图a所示）。

过程

弯曲膝关节及臀部后坐使身体尽量下蹲（如图b所示）。脚后跟不能从地面抬起，下背部不能拱起。进行反向动作，恢复直立姿势，完成一次重复动作。

指导技巧

- 双腿膝盖不能朝身体中线下压，膝盖与脚趾的运动方向保持一致。

- 每次重复动作时哑铃的后部都可以放在肩部上方。

7. 农夫行走

如运动1所述，站在一端，双手各握一只较重的哑铃，手掌向内贴近髋关节（或者举至肩部高度）。走到另一端，然后再折回出发点。哑铃的位置保持不变，同时身体始终保持直立姿势。

单侧农夫行走复合练习

除了需要用身体一侧完成整套复合练习之外，这组练习的运动方式与两侧农夫行走复合练习的运动方式并无二致。换句话说，单凭左臂完成所有的农夫行走运动以及原地哑铃运动，只是完成了整套动作的一半，还需换右臂，完成剩下的一半动作。

在进行这组复合练习时，做锻炼项目要选择较重的哑铃，做其他项目时选择较轻的哑铃，且较轻哑铃的重量应为较重哑铃的35%~40%。

在为这组复合练习做准备工作时，要选定一条距离为20~25码的线路，将两只哑铃放在其中一端。如果你的举重室没有足够大的空间，那就把哑铃带到健身房，或者如果天气合适，也可以选择在室外进行。

1. 单臂哑铃农夫行走

准备

　　站在一端，身体成直立姿势，左手握住一只较重的哑铃，掌心向内贴近髋关节（或者举至肩部高度）。

过程

　　走到另一端，然后再返回出发点。身体维持直立姿势，哑铃的位置始终不变（如图所示）。

指导技巧

- 步幅适中，身体快速移动的同时要控制好哑铃。
- 单臂提物时，身体要始终保持直立姿势。

2. 单臂独立式哑铃提拉

准备

　　右腿和左腿分开站立，右腿在前，左腿在后，双膝弯曲。哑铃置于双腿中间位置，掌心朝向身体；另一只手臂悬垂在身体一侧。臀部以上部位向前弯曲，背部挺直（如图a所示）。

过程

　　将哑铃朝身体方向提拉，肩关节和髋关节不发生明显旋转；当手臂移动时，肩胛骨慢慢朝脊柱方向移动（如图b所示）。将哑铃慢慢向下放但不接触地面。重复进行6～10次。

指导技巧

- 运动过程中保持脊柱稳定不动，背部挺直。
- 后腿脚后跟从地面抬起，确保身体重心转移至前腿。
- 每次重复运动结束时，进行提拉动作那一侧的肩关节都不能够向前移动。

3. 单臂哑铃农夫行走

正如运动1所述，站在一端，左手握住一只较重的哑铃，手掌向内贴近髋关节（或者举至肩部高度）。走到另一端，然后再折回出发点。哑铃的位置保持不变，同时身体始终保持直立姿势。

4. 单臂哑铃旋转推举

准备

双脚分开站立，与肩同宽；同时单臂握住一只哑铃置于一侧肩部上。

过程

双膝略微弯曲（如图a所示），然后迅速将哑铃垂直上举，同时身体朝与哑铃相对侧旋转（如图b所示）。重复进行4～6次。

指导技巧

- 为了能够让髋关节更顺利地转动，身体旋转时将与哑铃同侧的脚后跟从地面抬起。
- 每次重复动作时将身体重心略微转移到与哑铃同侧的腿上。
- 向上推举哑铃并尽可能快速地旋转，但是将哑铃放下时要控制好力度，这可能需要另一只手从旁辅助。

5. 单臂哑铃农夫行走

如运动1所述，站在一端，左手握住一只较重的哑铃，手掌向内贴近髋关节（或者举至肩部高度）。走到另一端，然后再折回出发点。哑铃的位置保持不变，同时身体始终保持直立姿势。

6. 反弓步肩上哑铃

准备

双脚分开站立，与臀同宽；左手握住一只较轻的哑铃放在左肩（如图a所示）。

过程

左脚后跨一步，臀部以上的躯干部位略微前倾，同时身体下压，后腿膝盖轻轻碰触地面（如图b所示）。然后反向动作，左脚向前迈一步，恢复开始姿势。单腿后退，完成一系列反弓步动作，重复进行6～8次。

指导技巧

- 背部挺直，躯干保持中立位，不要朝一侧倾斜。
- 运动过程中哑铃后部应放在肩部上。

7. 单臂哑铃农夫行走

如运动1所述，站在一端，左手握住一只较重的哑铃，手掌向内贴近髋关节（或者举至肩部高度）。走到另一端，然后再折回出发点。哑铃的位置保持不变，同时身体始终保持直立姿势。

铃片前推综合运动1

做铃片前推综合运动需要一对每只重量为6～15千克的哑铃，具体重量视个人的体力水平而定；还需要用到一个重量为16～20千克的铃片。这些综合运动要一口气做完，中间没有休息时间。做铃片前推综合运动的理想场所是篮球场或草皮地。

布置运动场地：选定一条两端间隔20～25码的线路，将一对哑铃和一只铃片放在一端。如果你家中没有足够自由的空间，请移至大型健身房或篮球场。

1. 双臂俯身哑铃划船

准备

双脚分开站立，与臀同宽，双手各握一只哑铃；臀部以上部位向前弯曲，同时背部挺直，使躯干与地面大致保持平行；膝关节弯曲15～20度（如图a所示）。

过程

将哑铃朝身体方向上提，同时双前臂与躯干大约成45度角（如图b所示）。慢慢将哑铃往下放，但在整个动作结束之前，哑铃不能与地面接触。

指导技巧

- 任何情况下背部都不能拱起。
- 运动过程中肘关节始终位于双手手掌上方，且手腕不能弯曲。
- 在动作的最高点处，肩关节不能向前旋转。

2. 铃片前推

准备

将一个较重（15～20千克）的铃片放在可供滑行的地毯上。如果想要增加运动难度，你也可以将一对哑铃（11～15千克）放到铃片上。身体摆出俯卧撑姿势，双手放在铃片上。

过程

膝盖交替朝胸部移动从而带动双腿动作，快速推动铃片，使其在地板上向前滑动20～25码，并向后滑动40～50码（如图a至图c所示）。

指导技巧

- 双臂肘关节伸直以获得最大的肌肉张力，双臂与头部保持45度角。
- 双腿大跨步移动，臀部尽量不要高于肩关节。

- 为了增加运动难度，可以将一对质量更大的哑铃放在铃片上，以增大运动阻力。

3. 哑铃前握过顶推举

准备

双脚分开站立，与肩同宽。双手各握一只哑铃与肩齐平，肘关节位于躯干前侧、哑铃手柄的正下方（如图a所示）。

过程

将哑铃直接举过头顶，直至双臂在头顶完全伸直，与躯干成一条直线，两只哑铃在头顶互相平行（如图b所示）。做反向动作，慢慢将哑铃放回肩部前侧。

指导技巧

- 在动作的最低点，哑铃与躯干保持平行，且始终与肩关节齐平。

- 将哑铃高举过头顶时，背部不能够过度伸展。

4. 铃片前推

正如运动2所述，将铃片向前推20～25码，然后向后滑动40～50码。

5. 单腿哑铃罗马尼亚硬拉

准备

身体站直，双手各握一只哑铃置于大腿前侧（如图a所示）。

过程

背部挺直，双臂伸直，左腿微微抬起，同时髋关节以上部位向前弯曲。身体朝地面方向弯曲，同时左腿向后伸展，承重膝弯曲15～20度（如图b所示）。身体向前弯曲时，非承重腿抬高，与躯干仍然保持在一条直线上。当躯干和非承重腿和地面大致平行时，臀部前移恢复直立姿势，这样就完成了一个完整的重复动作。

指导技巧

- 臀部以上部位弯曲时，下背部不能拱起。
- 在动作最低点（躯干与地面大致平行），臀部和肩部不能发生旋转。
- 在动作最低点，非承重腿的那只脚应该指向地面。

6. 铃片前推

正如运动2所述，将铃片向前推20～25码，然后向后滑动40～50码。

7. 霹雳舞者俯卧撑

准备

身体成俯卧撑姿势，双手双脚分开，比肩宽（如图a所示）。

过程

做一个俯卧撑，在动作最高点，整个身体朝左侧翻转，右腿膝盖朝左臂肘关节方向移动（如图b所示），同时左手去碰下巴，右腿膝盖与左臂肘关节相触（如图c所示）。再做一个俯卧撑，用身体另一侧重复以上动作，每一侧各进行5~7次（共完成10~14次）。

指导技巧

- 避免头部和臀部松弛下沉。
- 髋关节和肩关节以同样的速度转动。

铃片前推综合运动2

这套综合运动是铃片前推综合运动1的改编运动，二者运动风格相同。

1. 单臂独立式哑铃提拉

准备

右腿和左腿分开站立，右腿在前，左腿在后，双膝弯曲。左手握住一只哑铃的中部，掌心朝向身体一侧；另一只手臂悬垂在身体一侧。臀部以上部位向前弯曲，背部挺直（如图a所示）。

过程

将哑铃朝身体方向拉伸，完成一个提拉动作，肩关节和髋关节不发生明显旋转；当手臂移动时，肩胛骨慢慢朝脊柱方向移动（如图b所示）。将哑铃慢慢向下放但不接触地面。身体一侧完成所有的重复运动再换另一侧，每一侧各进行8～10次。

指导技巧

- 运动过程中保持脊柱稳定不动，背部挺直。
- 运动过程中后腿脚后跟从地面抬起，确保身体重心转移至前腿。
- 每次重复运动结束时，进行提拉动作那一侧的肩关节都不能向前移动。

2. 铃片前推

准备

将一个较重（15～20千克）的铃片放在可供滑行的地毯上。身体摆出俯卧撑姿势，双手放在铃片上。如果想要增加运动难度，你也可以将一对哑铃（11～15千克）放到铃片上。

过程

膝盖交替朝胸部移动从而带动双腿动作，快速推动铃片，使其在地板上向前滑动20～25码，并向后滑动40～50码（如图a至图c所示）。

指导技巧

- 双臂肘关节伸直以便获得最大的肌肉张力，双臂与头部大约保持45度角。
- 双腿大跨步移动，臀部尽量不要高于肩关节。
- 为了增加运动难度，可以将一对哑铃放到铃片上，以增大运动阻力。

3. 单臂哑铃旋转推举

准备

双脚分开站立，大致与肩同宽；同时单臂握住一只哑铃置于一侧肩膀前。

过程

双膝略微弯曲（如图a所示），然后迅速将哑铃垂直上举，同时身体朝与哑铃对立侧旋转（如图b所示）。身体一侧完成所有的重复动作后才能换另一侧，每一侧重复进行4～6次。

指导技巧

- 为了能够让髋关节更顺利地转动，身体旋转时将与哑铃同侧的脚后跟从地面抬起。
- 每次重复动作开始时都将身体重心略微转移到与哑铃同侧的腿上；每次重复动作时，身体重心都应该转移到另一条腿上。

- 向上推举哑铃并尽可能快速地旋转，但是将哑铃放下时要控制好力度，这可能需要另一只手从旁辅助。

4. 铃片前推

如运动2所述，将铃片向前推20～25码，然后向后滑动40～50码。

5. 哑铃前弓步

准备

双脚分开站立，与臀同宽，双手各握一只哑铃垂落于身体两侧（如图a所示）。

过程

一条腿向前迈一步，前腿膝关节弯曲15～20度，同时后腿膝关节伸直。后脚的前脚掌着地时，屈髋俯身，后脚脚后跟从地面抬起（如图b所示）。背部始终保持挺直。前腿后退一步，双脚靠近，身体恢复直立姿势。然后另一条腿向前迈一步，重复以上动作。共重复进行10～14次（每一侧重复5～7次）。

指导技巧

- 运动过程中哑铃在任何时候都不能着地。
- 在弓步的最低位置背部不能拱起。
- 把握好运动节奏和时间；腿迈出的同时臀部以上部位下压，并且以同样流畅且协调的动作进行反向运动。

6. 铃片前推

正如运动2所述，将铃片向前推20～25码，然后向后滑动40～50码。

7. 哑铃平板划船

准备

双手各握一只哑铃，身体摆出俯卧撑姿势，双脚分开比肩略宽，腕关节位于肩部正下方（如图a所示）。

过程

在俯卧撑姿势的最高点，左手拿起哑铃并朝身体方向提拉（如图b所示）。将哑铃重新放回地上，然后右手重复以上动作。双手继续交替，共重复进行8～12次（身体两侧各4～6次）。

指导技巧

- 头部和臀部不能松弛下沉。
- 每次提拉哑铃时身体不能左右摆动。
- 每次提拉哑铃时髋关节不能转动。
- 提拉哑铃时动作要小心，有控制地将哑铃慢慢放回地面上。
- 为了确保哑铃不会在地上滚动，双手要放在肩关节正下方。

除了帮助你成为最后一名屹立不倒的人之外，本章所展示的有氧运动训练还能够增加你的勇气，培养坚忍不拔的毅力。当生活向你发出各种挑战时，你通过它们能够从容应对。

第4章

上肢运动——推举

推举运动可以增强你向外移动物体（比如目标或对手）的能力。总的来说，本章所介绍的运动类型包括在不同步距和身体位置下的水平推举、斜推、上下推举，以及单臂（单侧）和双臂（双侧）动作。

仰卧推举的真相

说到推举运动，许多人，尤其是男士第一个想到的就是仰卧推举，传统上它被视作重要的推举运动之一。对举重运动员来说，仰卧推举是一项不可或缺的运动，因为它在训练中占到高达三分之一的比例。如果你在为橄榄球联赛做训练，那么你最好能够为大约100千克的代表测试做好准备。

但是在运动以及其他日常生活任务中，我们很少会向后靠着什么东西；相反，当我们需要推举（或者拖拉）时，我们通常会成站立姿势。另外，当身体成站立姿势进行推举时，我们的动作会受肩部、髋关节的协调性和同步收缩性影响。相反，当我们的身体成仰卧姿势推举时，可以激活胸部、肩部和肱三头肌。当然，举重运动员会借助髋关节和下背部的力量完成仰卧推举，但是当他们躺下时肩关节也会固定在长凳上。

总而言之，站立推举更像是全身运动，而仰卧推举更像是上肢运动。即便如此，从数学和物理的角度来说，当身体成站立姿势时任何人的推举能力都不能与仰卧姿势下的推举能力相提并论。因此，过分强调最大仰卧推举能力没有必要。

尽管如此，仰卧推举运动依然在综合的力量和体能训练中占有一席之地，但前提是不要将其看作神乎其神的运动，而是把它当作普通的力量和肌肉训练。这就是为什么功能谱训练系统要将仰卧推举归在常规的、综合的推举运动范畴内。因为良好的力量训练计划需要包含常规和针对性两种力量训练运动，所以常规运动会与各种各样的针对性推举运动搭配进行。

全身能量训练

这些颇具爆发性的运动需要你调动全身肌肉来积聚力量，做上肢推举动作时会使力量达到最大值。这些运动被归在针对性训练的范畴内。

药球垂直蹲抛举

准备

双脚分开站立，大致与肩同宽；将一只重量为3~6千克的药球抱在胸前，且肘关节位于球体下方。

过程

身体下蹲，大腿与地面大致平行，同时躯干挺直（如图a所示），在动作最低点双臂和双腿同时发力，将药球垂直上抛（如图b所示）。

指导技巧

- 你可以选择橡胶材质的药球（有弹性），也可以选择弹性小或填沙的药球（无弹性）。

- 不要在空中接住药球，应该让它先着地，等再次弹起时抓住，然后为下一次重复运动做好准备。

- 当身体下蹲做好运动准备时，膝盖不能朝着身体中线下压，脚后跟不能够抬离地面且下背部要挺直。

- 每次将球抛出时，身体从开始动作迅速爆发，并尽可能地用力将球抛出。

- 每次抛球动作结束时，双脚应该脱离地面，身体应完全伸展，且双臂高举过头顶。

药球斜蹲抛举

如果说上一项运动中的垂直蹲抛举动作与蹲跳类似，那么斜蹲抛举因为动作角度发生改变，所以它更像跳远。

准备

双脚分开站立，大致与肩同宽；将一只重量为3～6千克的药球抱在胸前，且肘关节位于球体下方。

过程

模仿硬拉的姿势使身体下压，臀部后移，双膝弯曲，同时躯干微微前倾（如图a所示）。在动作最低点双臂和双腿同时发力，将药球朝身体斜上方45度角方向用力抛出（如图b所示）。在抛球的同时，前倾动作会使身体不由自主向前跳；走向药球为下一次重复运动做好准备。

指导技巧

- 每次将球抛出时，身体从开始动作迅速爆发，并尽可能地用力将球抛出。
- 每次抛球动作结束时，身体应完全伸展，且双臂高举过头顶。

药球水平抛扔

准备

　　身体成站立姿势，与实体墙大致垂直，双脚分开比肩宽，同时膝关节微微弯曲。前脚掌（靠近墙壁的那一只）大约与墙壁成45度角，后脚掌笔直伸向前方。躯干挺直，双手在胸前抱着一只重量为3～6千克的药球，肘关节向外指（如图a所示）。抛球时身体重心从靠近墙壁的那一侧向外转移；而抛球动作结束时，大部分重心转移至靠近墙壁的左腿上，且后脚脚后跟抬离地面。

过程

　　髋关节和肩关节同时用力朝墙壁旋转，同时后臂伸展将球水平抛出，就如同挥出拳头一般。当用力将球朝墙壁抛出时，双脚都朝墙壁方向转动（如图b所示）。当药球朝你反弹时，重新摆好姿势开始下一次的重复运动。身体一侧完成所有的重复运动后再调转方向，用另一侧完成动作。

指导技巧

- 每次抛球时后手肘关节都与地面大致平行。
- 你可以选择橡胶材质的药球（有弹性），也可以选择弹性小的药球。
- 如果使用的是弹性极大的橡胶药球，那么身体与墙壁就要保持足够远的距离，这样每次去接弹回来的药球时才不会感觉匆忙。身体与墙壁之间的距离至少应该允许球体反弹一次。
- 假如选择的是弹性较小的药球，那么你与墙壁间的距离就要近很多。
- 身体与墙壁之间的距离应该达到能够让你从容地去接住反弹或者滚回来的药球。

药球推抛

准备

身体成站立姿势，与实体墙大致垂直，双脚分开比肩宽，同时膝关节微微弯曲。前脚掌（靠近墙壁的那一只）大约与墙壁成45度角，后脚掌笔直伸向前方。躯干挺直，双手在胸前抱着一只重量为3~6千克的药球，肘关节向外指（如图a所示）。

过程

髋关节和肩关节同时用力朝墙壁旋转，同时双腿和后臂伸展将球朝45度角的方向，以推铅球的姿势抛出（如图b所示）。每次抛球时，身体应充分伸展，身体转动面向墙壁。等待药球朝你反弹回来，重新摆好姿势开始下一次的重复运动。身体一侧完成所有的重复运动后再调转方向，用另一侧完成动作。

指导技巧

- 如果使用的是弹性较小的药球，那么与选择橡胶药球相比，你与墙壁间的距离要近得多。身体与墙壁之间的距离应该能够让你从容地去接住反弹或者滚回来的药球。
- 假如选择的是毫无弹性的填沙药球，你可以朝45度角的方向将球抛向开阔的空地，然后走到药球前，把它扔回开始位置。

药球跨步推抛

准备

双脚分开站立，与臀同宽；将一只重量为3～6千克的药球抱在胸前，肘关节固定在身体两侧（如图a所示）。双手抱着球时，手指应当朝向目标方向，而不是向上指。

过程

右腿向前跨一步（如图b所示），然后双手用力将球从胸前推抛出去（如图c所示）。重新调整身体姿势，重复以上动作，左腿向前跨一步。两条腿轮流各做一次才是一次完整的重复运动。

指导技巧

* 推抛药球时肘关节贴近身体两侧，从而使爆发力达到最大，同时减少肘关节的压力。
* 如果使用的是弹性极大的橡胶药球，那么身体与墙壁就要保持足够远的距离，这样可以让你从容地去接弹回来的药球。身体与墙壁之间的距离应该达到在药球被接住之前，球体至少可以反弹一次。
* 如果使用的是弹性较小的药球，那么与选择橡胶药球相比，你与墙壁间的距离要近得多。身体与墙壁之间的距离应该能够让你从容地去接住反弹或者滚回来的药球。

斜角杠铃推举和抓取

准备

双脚分开站立，与肩同宽，将杠铃的一端放在墙角处或者固定装置中，单臂握住另一端（如图a所示）。

过程

用力将杠铃向上推举，使其与手掌保持一定的间距（如图b和图c所示），然后另一只手抓住它，把它放回肩部前侧（如图d所示）。再次将杠铃用力向上推，使其保持在手掌前方很近的位置；另一只手抓住，慢慢将它放回开始的那一侧肩膀附近，这样就完成了一次完整的重复运动。

指导技巧

- 每次用手抓杠铃时可以想象自己在拿一只鸡蛋。调动整个身体，双膝（小幅度）和双臂同时弯曲来缓冲下落的冲击力，保护鸡蛋不被打碎。
- 每次抓住或抛出杠铃时躯干可以小幅度地转动。

杠铃过顶推举

准备

　　双脚分开站立，与肩同宽，将杠铃举至与肩部齐平，双手间距比肩略宽。

过程

　　双膝略微弯曲（如图a所示），双手迅速用力握住杠铃，双臂和双腿互相配合将它举过头顶（如图b所示）。等到杠铃完全举过头顶，慢慢将动作再倒回去做一遍，完成一次完整的重复动作。

指导技巧

- 双手手腕伸直，任何时候都不能向后弯曲。
- 将杠铃推举过头顶时下背部不能过度伸展。

交叉身体运动

交叉身体运动训练内容是身体一侧的腿部和髋关节与另一侧的躯干和上肢互相配合。另外，该运动也重视锻炼上肢肌肉组织（主要由胸肌、肩部肌肉和肱三头肌组成）。

单臂哑铃旋转推举

准备

双脚分开站立，大致与肩同宽；单臂握住一只哑铃放在肩关节前侧。

过程

双膝略微弯曲（如图a所示），迅速将哑铃朝同侧肩关节上方推举，同时身体朝另一侧旋转（如图b所示），进行反向动作。身体一侧完成所有动作后，换另一侧重复以上动作。

指导技巧

- 为了更好地帮助髋关节旋转，身体转动时将与哑铃同侧的脚的脚后跟从地面抬起。
- 每次重复运动之初都将身体的重心略微转移到与哑铃同侧的腿上。运动过程中，身体的重心应该转移到另一条腿上。
- 尽可能迅速地将哑铃向上推举并旋转，但是往下放的动作要缓慢、有控制，这可能需要另一只手从旁协助。
- 在躯干不发生转动的情况下也可进行这项运动。

哑铃旋转肩上推举

准备

双脚分开站立，大致与肩同宽；双手各握一只哑铃放在两侧肩关节前侧（如图a所示）。

过程

身体朝一侧旋转时将一只哑铃向上推举（如图b所示），朝另一侧旋转时则推举另一只哑铃。

指导技巧

- 为了更好地帮助髋关节旋转，身体转动时脚后跟从地面抬起。
- 哑铃朝同侧肩关节正上方推举。
- 当躯干恢复正面朝前的开始姿势时，小心地将哑铃放下，然后转向另一侧，用另一只手臂完成重复运动。

斜角杠铃推举

准备

　　两腿前后分开站立，将杠铃的一端放在墙角处或者固定装置中，单臂握住另一端（如图a所示）。如果杠铃被握在右手中，那么你的右腿就是后腿。

过程

　　用力将杠铃向上推举，同时躯干保持直立且稳定（如图b所示），然后慢慢将杠铃放回肩部前侧。

指导技巧

- 不要将杠铃朝身体中线方向推举；朝斜上方推举时，杠铃与同侧肩关节保持在同一条直线上。

- 在动作最低点处，前臂应当与杠铃成90度角。

- 任何时候腕关节都不能向后弯曲，运动过程中始终保持伸直状态。

斜角杠铃旋转推举

准备

将杠铃的一端放在墙角处或者固定装置中，另一端则握在手中。杠铃保持在胸部高度，双脚分开站立比肩宽，膝关节弯曲，大腿与杠铃大致平行（如图a所示）。

过程

身体（髋关节和躯干）朝杠铃的固定点转动，同时双腿伸直，握着杠铃的手臂伸直将其向外推（如图b所示）。将杠铃慢慢放回肩部前侧，双膝弯曲，这样就完成了一次完整的重复运动。

指导技巧

* 每次重复运动之初都将身体重心稍微朝后腿（握杠铃那只手的同侧腿）转移。运动过程中身体重心应当朝前腿转移，结束动作时后脚脚后跟抬离地面并朝着杠铃方向转动。

* 在动作最低点，杠铃尽可能地贴近身体，肘关节处于腕关节下方。

* 没有握杠铃的手可以帮助放低杠铃，并在重复运动之初帮助固定杠铃。

单臂拉力器推举

准备

背朝着一台可调节的拉力器站立，左手握住拉力器手柄大致与肩齐平，双腿分开站立，右腿在前，左腿在后。

过程

将拉力器朝身体前方拉动（如图a所示）。左臂模仿划船动作恢复开始姿势，慢慢将手柄收回到身体一侧；同时另一只手臂伸直，肩关节和髋关节都尽量保持不动（如图b所示）。

指导技巧

- 后腿伸直，且运动过程中后脚脚后跟从地面抬起。
- 躯干稍微前倾，使身体能够移动更重的重物。
- 每次重复运动之初，肘关节保持约45度角。
- 为了避免拉力器弄伤胳膊，你也可以使用弹力带来代替（在攀岩设备专营店中可以买到）手柄和连接处这一段绳索。

单臂俯卧撑

准备

身体摆出单臂俯卧撑姿势，双脚分开，两脚间距比肩部宽（如图a所示）。承重臂应当固定不动，且此时腕关节位于同侧肩关节正下方；非承重臂则放在另一侧髋关节或者后背上。

过程

身体下沉成单臂俯卧撑姿势，躯干可以稍微旋转几度以离开你的承重臂。身体下压至地面（如图b所示），然后重新推举至最高点，完成一个完整的重复动作。身体一侧完成所有的重复动作后再换另一只手臂。

指导技巧

- 承重臂的手掌略微向外转动，使手指与躯干成45度角。
- 任何时候下背部都不能松弛下沉。

单臂俯卧撑锁定

准备

以俯卧撑作为开始姿势，双脚分开与肩同宽；一只手放在药球或平台上，另一只手则撑在地上。

过程

单臂放在药球或平台上完成一个俯卧撑（如图a所示）。在动作最高点，将药球或平台上那只完全伸展的手臂锁定不动，另一只手臂放在肩部（如图b所示）。

指导技巧

- 任何时候肩关节和髋关节都不能转动，运动过程中躯干与地面始终保持平行。
- 在动作最高点处暂停一两秒，然后身体再慢慢下压。

盒子交叉俯卧撑

准备

以俯卧撑作为开始姿势，双手撑在药球或平台上，两脚间距比肩略宽（如图a所示）。

过程

做俯卧撑时一只手从平台或者药球上移开（如图b所示）。完成俯卧撑后将手掌再放回平台或药球上。身体另一侧重复以上动作。

指导方针

- 任何时候头部和臀部都不能松弛下沉。
- 双脚不能移动。

复合练习

以下的推举锻炼项目能充分调动胸部、肩部和肱三头肌参与运动。

杠铃仰卧推举

准备

身体仰卧在一张举重床上，双脚平放于地面并用力向下踩，以维持身体的稳定。双手握着一个标准奥林匹克杠铃，双手间的抓距比肩略宽（如图a所示）。

过程

将杠铃慢慢地朝胸部放下，直至肘关节到达躯干下侧位置。肘关节与躯干大约保持45度角（如图b所示）。将杠铃朝胸部上方推举。

指导技巧

- 任何时候腕关节都不能向后弯曲。
- 运动过程中肘关节应始终位于腕关节正下方。

下斜式杠铃卧推

准备

身体仰卧在一张与地面成45度角的举重床上，双脚平放于地面并用力向下踩，以维持身体的稳定。双手握着一个标准奥林匹克杠铃，双手间的抓距比肩略宽（如图a所示）。

过程

杠铃慢慢地朝胸部放下，直至肘关节到达躯干下侧位置。肘关节与躯干大约保持45度角（如图b所示）。将杠铃朝胸部上方推举。

指导技巧

- 任何时候腕关节都不能向后弯曲。
- 运动过程中肘关节应始终位于腕关节正下方。

哑铃仰卧推举

准备

身体仰卧在一张举重床上，双脚平放于地面并用力向下踩，以维持身体的稳定。双手各握一只哑铃置于肩关节上方，且双臂伸直（如图a所示）。

过程

将哑铃朝身体两侧慢慢放下，直至肘关节到达躯干下侧位置（如图b所示）。将哑铃朝肩关节正上方推举。

指导技巧

- 你也可以选择采用双臂轮流运动的方式来完成哑铃仰卧推举——一只手臂进行推举动作，另一只手臂保持伸直状态。
- 当采用双臂轮流运动的方式时，要等到一只手臂完全伸直后（刚刚完成推举动作）另一只手臂才能够放下。

下斜式哑铃卧推

准备

　　身体仰卧在一张与地面成45度角的举重床上，双脚平放于地面并用力向下踩，以维持身体的稳定。双手握住一对哑铃举过头顶（如图a所示）。

过程

　　将哑铃朝身体两侧慢慢放下，直至肘关节到达躯干下侧位置（如图b所示）。将哑铃朝肩关节正上方推举。

指导技巧

- 你也可以选择采用双臂轮流运动的方式来完成下斜式哑铃卧推——一只手臂进行推举动作，另一只手臂保持伸直状态。
- 当采用双臂轮流运动的方式时，要等到一只手臂完全伸直后（刚刚完成推举动作）另一只手臂才能够放下。

哑铃过顶推举

准备

双脚分开站立，与臀同宽。双手各握一只哑铃于肩关节处，肘关节与躯干大约成45度角（如图a所示）。

过程

将哑铃垂直向上举过头顶，直至双臂基本伸直（如图b所示）。进行反向动作，将哑铃慢慢放回开始位置。

指导技巧

- 在动作最低点，肘关节应位于哑铃的正下方；前臂应当与地面保持垂直。
- 任何时候腕关节都不能向后弯曲。

哑铃前握过顶推举

准备

双脚分开站立，与肩同宽。双手各握一只哑铃举至肩膀高度，同时肘关节位于躯干前侧，且位于哑铃正下方（如图a所示）。

过程

将哑铃垂直向上举过头顶，直至双臂伸直，此时双臂与躯干成一条直线且两只哑铃互相平行（如图b所示）。进行反向动作，将哑铃慢慢放回开始位置。

指导技巧

- 在动作最低点，双手握住哑铃使其与躯干保持平行。
- 当哑铃举过头顶时，下背部不能过度伸展。

壶铃肩并肩过顶推举

准备

双脚平行站立，比肩略宽。双手握住壶铃的圆形部位置于一侧肩膀上，同时拇指放在手柄内侧（如图a所示）。

过程

将壶铃举过头顶，当双臂完全伸展时，壶铃与身体中心恰好在一条直线上（如图b所示）。做反向动作，将壶铃慢慢放至另一侧肩膀上（如图c所示）。然后再次将它举起，使其位于身体中线上，再把它放至另一侧肩膀上。

指导技巧

- 肩关节和髋关节不能转动。
- 躯干不能朝一侧弯曲，运动过程中必须始终保持直立姿势。

壶铃自下而上过顶推举

准备

双脚分开站立，大致与臀同宽，同时单臂倒举壶铃，置于肩关节上方（如图a所示）。

过程

将壶铃向上推举的同时注意保持平衡；等到肘关节刚好完全伸直就立即停止动作（如图b所示）。进行反向动作，慢慢将壶铃放回开始位置。身体一侧完成所有的重复运动后才能换另一侧。

指导技巧

- 不允许壶铃朝着运动臂的一侧转动。如果真的发生转动，那就先把它重新放回正确位置，然后重新做一遍。
- 运动过程中肘关节应始终保持在壶铃正下方。

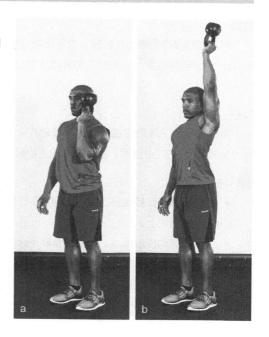

俯卧撑

准备

双手撑地，双手间距比肩略宽，肘关节伸直（如图a所示）。双手手指向外，手指指向45度角的方向。

过程

身体朝地面下压即完成一个俯卧撑动作，肘关节应保持在腕关节上方位置（如图b所示）。等到肘关节角度小于90度，身体再次向上抬起，肘关节重新伸直。

指导技巧

- 在俯卧撑动作最高点，两侧肩胛骨不能聚拢；相反，你应该拉伸（分开）肩胛骨，使身体处于一条直线上。
- 在俯卧撑动作最低点，双臂应与躯干保持45度角。

超级弹力带俯卧撑

准备

将一根超级弹力带缠在背部，双手手指（除了拇指外）自下而上放入弹力带中。双手撑地，双手间距大致与肩同宽，同时肘关节伸直（如图a所示）。手指向外转动，手指指向大约45度角的方向。

过程

身体朝地面下压即完成一个俯卧撑动作，肘关节应保持在腕关节上方位置（如图b所示）。等到肘关节角度小于90度时，身体再次向上抬起，肘关节重新伸直。

指导技巧

- 在俯卧撑动作最高点，两侧肩胛骨不能聚拢；相反，你应该拉伸（分开）肩胛骨，使身体处于一条直线上。
- 在俯卧撑动作最低点，双臂应与躯干保持45度角。

双足抬升俯卧撑

准备

以俯卧撑动作作为开始姿势，双手撑地与肩同宽，同时双脚放在一张举重床（如图a所示）或椅子上。

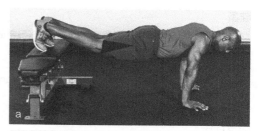

过程

胸部朝地面下压，直至两侧肘关节小于90度角，即完成一个俯卧撑动作（如图b所示）。然后身体重新向上抬起，直至肘关节伸直。

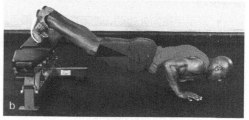

指导技巧

- 整个身体保持成一条直线，头部和臀部都不能松弛下沉。
- 双臂和双手位置与基础版俯卧撑一样。

击掌俯卧撑

虽然击掌俯卧撑运动包含一个爆发式动作，但是你不需要聚集全身力量。因此，它被归为复合练习，而非全身爆发式练习。

准备

双手撑地与肩同宽，肘关节伸直（如图a所示）。双手手指向外，手指指向大约45度角的方向。

过程

身体下压，肘关节始终保持在腕关节上方位置，双臂与躯干成45度角（如图b所示）。一旦肘关节小于90度，身体迅速向上移动，使双手能够抬离地面（如图c所示）。快速击掌一次，然后重新返回地面，着地时动作要尽可能地轻柔缓慢，同时为下一次重复运动做好准备。

指导技巧

- 在身体其他部位向上抬之前，臀部不能上移；运动过程中身体始终成一条直线。
- 在俯卧撑动作的最低点，双臂与躯干成45度角。

窄握俯卧撑

准备

以俯卧撑动作作为开始姿势，双手放在药球或平台上；双脚分开，大致与肩同宽（如图a所示）。

过程

胸部朝药球或平台下压，直至肘关节小于90度角，即完成一个俯卧撑动作（如图b所示）。然后身体抬离地面，直至肘关节伸直。

指导技巧

- 双手手指向外转动，使手指指向地面。
- 在俯卧撑动作的最低点，肘关节应紧挨身体两侧。

站姿拉力器胸部推举

准备

双腿分开站立，位于拉力十字交叉器中间的前侧。双手各握一只手柄与肩部齐平，双臂放在身体两侧，且肘关节弯曲约成90度角（如图a所示）。

过程

双臂伸展并朝着身体中线并拢，两只手柄被拉到一起（如图b所示）。慢慢进行反向动作，直至双臂重新返回身体两侧，且肘部弯曲。

指导技巧

- 两条拉力绳分开的间距越大，位于拉力器前方的你就要站得越远。
- 运动过程中后脚脚后跟始终不接触地面。
- 出于运动的需要，身体可以略微前倾。

负重弹力带跨步推拉

准备

将一根结实耐用的弹力带固定在稳定的物体或者门柱上（多数弹力带都有可固定在门柱上的装置），高度与胸部齐平，然后背对弹力带站立。双膝略微弯曲，双脚分开，大致与臀同宽。双手各握一只手柄，手臂置于身体两侧，屈曲成45度角，且前臂与地面保持平行。弹力带可以产生足够大的拉力，使躯干略微前倾（如图a所示）。

过程

一只脚向前跨一步，然后双手握住手柄做胸前推；躯干保持略微前倾姿势，后脚脚后跟从地面抬起（如图b所示）。前腿向后撤一步，恢复开始姿势，同时收回双臂。双腿交替完成一次重复运动。

指导技巧

- 要突然发力，就好像要把人推开一样。
- 选择一根张力足够大的弹力带，确保你从每次重复运动的开始（而不仅仅是运动结束时双臂伸展的那一刻）就能够维持身体姿势。

隔离练习

　　隔离练习中的运动都属于单关节运动，集中锻炼单个肌肉组织。这些运动主要由针对胸部、肩部和肱三头肌等肌肉组织的经典健身项目构成。

绳索飞鸟

准备

　　双腿前后分开站立或平行站立，站在夹胸器中心的正前方位置。两只手各握一只手柄，与肩齐平。双臂朝身体两侧伸展，肘关节弯曲（如图a所示）。

过程

　　双臂在体前并拢，同时肘关节保持略微弯曲姿势，就好像抱着一棵树，直至双手相触（如图b所示）。然后进行反向动作，双臂慢慢回到身体两侧，肘关节恰好位于肩关节后侧。

指导技巧

- 在准备运动时，站在夹胸器中心的正前方。
- 如果有必要，身体可以略微前倾。

哑铃飞鸟

准备

　　身体仰卧在举重床上，双脚平放于地面并用力向下踩，以维持身体稳定。双手各握一只哑铃，置于肩关节上方；同时双臂伸直，掌心相对（如图a所示）。

过程

　　双手肘关节略微弯曲，双臂慢慢朝身体两侧张开，直至肘关节略低于躯干（如图b所示）。做反向动作，用抱树的姿势将哑铃向上举。

指导技巧

- 如果想要增加额外的等长训练，你可以在动作的最高点将两只哑铃互相挤压，保持1~2秒。
- 每次重复运动时，哑铃向下放的动作都要缓慢、有控制。

哑铃侧肩举

准备

　　双脚分开站立，与臀同宽；同时双臂放在身体两侧，双手各握一只哑铃（如图a所示）。

过程

　　肘关节略微弯曲，双臂朝身体两侧上抬，直至哑铃略高于肩关节，手臂与地面大约成30度角（如图b所示）。然后将哑铃慢慢放回身体两侧。

指导技巧

* 在动作最低点，哑铃不能靠在两侧髋关节上；双手应位于髋关节外侧，使肩关节保持一定的张力。
* 哑铃与地面大致保持平行，手臂与地面成一定的夹角，这有助于保障肩关节的安全。

哑铃前肩举

准备

　　双脚分开站立，与臀同宽；同时双臂放在身体两侧，双手各握一只哑铃（如图a所示）。

过程

　　肘关节略微弯曲，双臂朝身体前侧抬至哑铃略高于肩关节（如图b所示）。然后将哑铃慢慢放回身体两侧。

指导技巧

* 哑铃不能摇摆，将哑铃抬高或放下时要下意识地控制动作。
* 运动过程中，两只哑铃始终互相平行。

哑铃宽臂上提

准备

双脚分开站立，比臀略宽；双手各握一只哑铃靠在大腿上（如图a所示）。

过程

将哑铃向上提且置于身体两侧，直至肘关节大致与肩齐平（如图b所示）。然后将哑铃慢慢放回开始位置，为下一次重复运动做好准备。

指导技巧

- 为了保证肩关节的安全，两只哑铃的间距要比传统方式（两只手靠近的方式）略宽。
- 运动过程中手腕始终保持伸直状态。

哑铃仰卧臂屈伸

准备

身体仰卧在举重床上，双手各握一只哑铃，同时双臂朝肩关节上方伸展（如图a所示）。

过程

肘关节弯曲，哑铃朝着头顶方向放下，同时掌心相对（如图b所示）。当肘关节略小于90度角时，肘关节重新伸展，直至双臂伸直，完成一次重复运动。

指导技巧

- 为了避免头部被哑铃砸中，哑铃向下放的动作一定要缓慢。
- 你也可以借助曲杠铃完成运动。

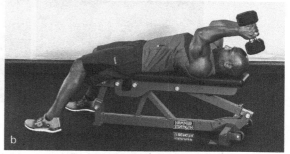

拉力器肱三头肌屈伸

准备

　　站在一台可调节的拉力器前，绳索固定在略高于眼睛的位置。双手各握住绳索的一端，双臂位于身体两侧，肘关节弯曲小于90度角（如图a所示）。

过程

　　双膝略微弯曲，肘关节朝身体两侧伸展直至双臂伸直（如图b所示）。

指导技巧

* 每次将绳索向下拉时，肩关节都不能弯曲。
* 运动过程中，肘关节始终保持在身体两侧。

悬空臂屈伸

准备

　　找一台悬挂式拉力器，背对着固定点站立；双手抓住手柄，身体前倾，肘关节大约成45度角（如图a所示）。

过程

　　肘关节弯曲，前额朝着手腕下压；调转方向，肘关节伸直（如图b所示）。与肱三头肌屈伸动作一样，完成整套动作。

指导技巧

- 运动过程中整个身体都保持挺直状态。
- 为了增大运动难度，可以将身体朝地面方向下压；固定点下方的双臂间距越小，运动难度越大。
- 为了减小运动难度，可以将身体角度增大。

过顶拉力器肱三头肌屈伸

准备

你需要一台可调节的拉力器才能完成这项运动。站在拉力器前，绳索固定在高于头顶的位置。背对着绳索固定点，双腿前后分开站立，躯干略微前倾；双手各握住绳索的一端，肘关节位于双耳外侧，肘关节弯曲大致为90度（如图a所示）。

过程

肘关节伸展直至双臂伸直（如图b所示）。慢慢地将动作倒着做一遍，重复以上运动。

指导技巧

- 每次伸展双臂时肩关节都不能下压。
- 运动过程中后脚脚后跟始终不与地面接触。

如果说每个动作都有反作用力，那么推举运动就需要有相应的拉力，尤其是对那些坐办公室的人来说更是如此。这正是我们第5章要探讨的内容。

第**5**章

上肢运动——拉伸

拉伸运动可以提升你移动物体（比如目标或对手）的能力，将物体朝身体方向移动，以便更好地控制或握住。尽管上肢拉伸动作恰好与推举动作相对，但它们经常被一起使用，如摆动或挥击运动（比如在组合运动中左刺拳后紧接着就是一个右勾拳）。与第4章介绍的推举运动一样，本章所涉及的运动包括不同步距以及身体位置下的水平拉伸、斜推以及上下拉伸，还有单臂（单侧）和双臂（双侧）动作。

全身能量训练

这些颇具爆发性的运动需要你调动全身肌肉来积聚力量，做上肢拉伸动作时会使力量达到最大值。这些运动被归在针对性训练的范畴内。

药球跨步过顶抛

准备

双脚分开站立，与臀同宽，将一只2~5千克重的药球举过头顶（如图a所示），同时身体略微后倾，拉伸腹肌（如图b所示）。

过程

一只脚向前跨一步，同时突然发力将药球朝墙上抛（如图c所示）。瞄准墙壁上的一个目标，其应与身高一致。身体与墙壁之间的距离要足够远，保证球在被抓到手中，开始下一轮运动之前至少可以弹跳一次。双腿交替前跨。

指导技巧

- 在每次重复运动之初，躯干后倾的幅度不应超过下背部，确保双臂能够在体前舒展开即可。
- 如果你使用的是弹性较小的药球，你可以站得距离墙壁稍近一点。身体与墙壁之间的距离应保证药球有足够的反弹时间，让你能够从容地接住球。

药球彩虹猛击

准备

双脚分开站立，大致与肩同宽；将一只3～6千克重的药球举过头顶，肘关节微微弯曲（如图a所示）。

过程

将药球向45度角的方向用力扔到地上，使其恰好位于一侧脚的外侧。同时将身体重心转移到同一侧（如图b所示）。允许球体小小地弹跳，抓住球，然后身体另一侧进行反向动作——双臂在头顶摆出像彩虹一般的弧形，开启另一轮重复动作。身体一侧完成所有的重复动作后才能换另一侧（每侧各5～6次）。

指导技巧

- 用力扔球时允许肩关节和髋关节轻微转动。
- 当球弹起时要避免砸到脸上，不要让脸处于球落地点的正上方。
- 在动作最高点，双臂高举过头顶并尽量向上伸，使躯干肌肉组织得到充分舒展。

杠铃悬垂

准备

　　双脚分开站立，与肩同宽；双手握住杠铃，双手间距比肩略宽。臀部以上部位略微前倾，横杠抵住膝盖上部（如图a所示）。

过程

　　将杠铃向上拉动时臀部迅速朝杠铃方向移动（如图b所示）。一旦杠铃达到肩部高度，就立刻翻转位于横杠下方的肘关节并使其保持在胸部的高度（如图c所示）。

指导技巧

- 杠铃上举的同时脚后跟上抬，但是脚掌不能够完全脱离地面（这样做是为了避免用力过猛）。
- 要使用下肢的力量而不是双臂将杠铃举起。

杠铃上拉

准备

　　双脚分开站立，与肩同宽；双手握住杠铃，双手间距比肩略宽。双膝微微弯曲，臀部以上部位前倾，横杠抵住大腿（如图a所示）。

过程

　　身体向上用力，双臂和双腿都同时上抬，直至肘关节与肩齐平（如图b所示）。然后将杠铃慢慢放回大腿位置，调整好姿势，开始下一次重复运动。

指导技巧

- 杠铃向上举时，下背部不能够过度伸展。
- 要使用下肢的力量而不是双臂将杠铃举起。

哑铃上拉

准备

哑铃上拉与杠铃上拉的运动方式很像，只是两只哑铃在运动之初可以挨得较近，在动作最高点再分开。双脚分开站立与肩同宽；双手各握一只哑铃放在大腿前侧。膝关节微微弯曲，臀部以上部位前倾，哑铃手柄紧靠大腿（如图a所示）。

过程

身体向上用力，用双臂和双腿将哑铃向上拉，直至肘关节大致与肩齐平（如图b所示）。然后将哑铃慢慢放回大腿位置，调整好姿势，开始下一次重复运动。

指导技巧

- 哑铃向上举时，下背部不能够过度伸展。
- 主要使用下肢的力量而不是双臂的力量将哑铃举起。

壶铃甩摆

准备

双脚分开站立，比臀略宽，双手握住一只壶铃。

过程

背部和双臂伸直，壶铃在双腿间摆动，同时臀部以上部位向前弯曲。双膝保持15～20度的弯曲姿势（如图a所示）。一旦前臂与大腿接触，就立即做反向动作——两侧髋关节同时前移，壶铃向上摆动至双眼高度（如图b所示）。

指导技巧

- 身体前倾时臀部后移，同时避免背部拱起。
- 在摆动动作的最低点，允许前臂碰触大腿内侧。
- 每次做动作时都利用髋关节力量带动前臂向前移动，使壶铃重新向上摆动。
- 当壶铃与双目齐平时，就将其重新下拉，手掌紧紧握住手柄。

单臂壶铃甩摆

准备

双脚分开站立，比臀略宽；单臂握住一只壶铃，手臂伸直。

过程

背部和双臂保持伸直，壶铃在双腿间摆动，同时臀部以上部位向前弯曲。双膝保持15～20度的弯曲姿势（如图a所示）。一旦前臂与大腿接触，就立即做反向动作——两侧髋关节同时前移，壶铃向上摆动至头部高度（如图b所示）。身体一侧完成所有的重复运动后再换另一侧。

指导技巧

- 身体前倾时臀部后移，同时避免背部拱起。
- 每次做动作时都利用髋关节力量带动前臂向前移动，使壶铃重新向上摆动。

双壶铃利落摆动

准备

双脚分开站立，比肩略宽，双手各握一只壶铃。

过程

双膝微微弯曲，臀部以上部位向前弯曲，壶铃在双腿间摆动（如图a所示）。通过推动臀部向前移动，双臂向上拉起，迅速进行反向动作（如图b所示）。当壶铃向上运动时，快速转动壶铃下方的手肘，并且身体放软，使壶铃朝身体方向移动，尽可能做出一个缓冲动作（如图c所示）。

指导技巧

- 当壶铃朝肩部移动时，想象着自己举着两只易碎的鸡蛋；双腿略微弯曲使动作尽可能轻柔缓慢。
- 在开始下一次重复动作时，将壶铃推离躯干，使其在双腿间摆动。
- 在动作最低点，背部不能拱起。

单臂壶铃利落摆动

准备

双脚分开站立，比肩略宽，单臂握住一只壶铃。

过程

双膝微微弯曲，臀部以上部位向前弯曲，壶铃在双腿间摆动（如图a所示）。通过推动臀部向前移动，双臂向上拉起，迅速进行反向动作（如图b所示）。当壶铃向上运动时，快速转动壶铃下方的手肘，并且身体放软，使壶铃朝身体方向移动，尽可能做出一个缓冲动作（如图c所示）。

指导技巧

- 当壶铃朝胸部移动时，想象着自己举着一只易碎的鸡蛋；双腿略微弯曲使动作尽可能地轻柔缓慢。
- 在开始下一次重复动作时，将壶铃推离躯干，使其在双腿间摆动。
- 在动作最低点，背部不能拱起。

绳索猛击

准备

双脚分开站立，与臀同宽，双手各握住绳索的一端。肘关节略微弯曲，双臂在体前抬高直至越过头顶（如图a所示）。

过程

双臂突然发力将绳索朝地面猛击，同时膝关节和髋关节略微弯曲（如图b所示），然后开始下一次动作（如图c所示）。

指导技巧

- 每次运动时都将注意力放在如何竭尽全力将绳索向下猛击上。
- 将绳索上抬恢复开始姿势时并不需要太用力，只需要用正常的力气即可，这样便于为下一次运动积蓄力量，做好充分准备。

交叉身体运动

交叉身体运动训练的内容是身体一侧的腿部和髋关节与另一侧的躯干和上肢互相配合。另外，该运动也着重锻炼负责拉伸的上肢肌肉组织（主要由背阔肌、中背部和肩关节后部肌肉，以及肱二头肌组成）。

单臂独立式哑铃提拉

准备

双腿分开站立，右腿在前，左腿在后，双膝略微弯曲。左手握住一只哑铃，掌心朝向身体另一侧，右手放于前腿（右腿）膝盖外侧。臀部以上部位向前弯曲，背部挺直（如图a所示）。

过程

将哑铃朝身体方向提拉，肩关节和髋关节不发生明显旋转；当手臂移动时，肩胛骨慢慢朝脊柱方向移动（如图b所示）。将哑铃慢慢向下放但不接触地面。身体一侧完成所有的重复运动后才能换另一侧。

指导技巧

- 运动过程中保持脊柱稳定不动，背部挺直。
- 后腿脚后跟从地面抬起，确保身体重心转移至前腿。
- 每次重复运动结束时，进行提拉动作那一侧的肩关节都不能够向前移动。

单臂单腿哑铃提拉

准备

在举重床前站好，双脚分开与臀同宽；双膝略微弯曲，右手手掌放在举重床上，左手握住一只哑铃。双膝保持略微弯曲姿势不变，右腿向上抬起直至与身体大致成一条直线，即与地面基本平行（如图a所示）。

过程

将哑铃朝胸部提拉，左臂肘关节大约成90度角，同时左侧肩胛骨朝脊柱方向移动（如图b所示）。手臂伸直，将哑铃慢慢放下，哑铃不接触地面。

指导技巧

- 运动过程中臀部与地面始终保持平行。
- 站在地上的那条腿任何时候都不能挺直，承重腿的膝关节弯曲约20度。
- 每次运动结束时负责提拉的那侧肩关节都不能向前移动。

单臂哑铃提拉

准备

在举重床前站好，右手手掌放在举重床上，左手握住一只哑铃。背部挺直与地面大致平行（如图a所示）；双腿可以前后站立，左腿在前，右腿在后，也可以平行站立，双脚与臀同宽，双膝略微弯曲。

过程

将哑铃朝身体提拉，左臂肘关节大约成90度角，同时左侧肩胛骨朝脊柱方向移动（如图b所示）。手臂伸直，将哑铃慢慢放下，哑铃不接触地面。

指导技巧

- 运动过程中臀部与地面始终保持平行。
- 每次运动结束时负责提拉的那侧肩关节都不能向前移动。

单臂拉力器后拉

准备

背部挺直，双膝略微弯曲，正对一台可调节的拉力器站立；将拉力器手柄的高度调至与肩部齐平，右手采用中立式握法，握住手柄（即掌心朝向身体一侧），且双腿前后分开站立，左腿在前，右腿在后（如图a所示）。

过程

将绳索朝身体方向拉伸，完成一个后拉动作；肩胛骨向后移动（如图b所示），等到后拉动作结束时，它再被收回。背部挺直，肩关节和髋关节都只能小幅度移动。进行反向动作，慢慢让肩胛骨突出，同时手臂伸直。身体一侧完成所有的重复运动后才能换另一侧。

指导技巧

- 后脚脚后跟从地面抬起，以确保大部分身体重量都压在前腿上。
- 每次运动结束时，负责后拉的那侧肩关节都不能向前移动。

单臂拉力器后拉内旋

准备

正对一台可调节的拉力器站立，并将手柄高度调至与腰部齐平；背部挺直，双脚分开，与肩同宽，双膝略微弯曲；右手抓住手柄，且手臂在肩关节前方伸直（如图a所示）。

过程

将绳索朝身体方向拉伸，完成一个后拉动作；肩胛骨向后移动，等到后拉动作结束时，它再被收回（如图b所示）。当后拉动作完成后，左脚脚后跟从地面抬

起，以左脚前脚掌为轴进行旋转，使臀部朝负责后拉动作的那一侧转动。进行反向动作，手臂慢慢伸展，同时双脚伸直，回到开始姿势。身体一侧完成所有的重复运动后才能换另一侧。

指导技巧

- 每次后拉动作结束时，髋关节和躯干的转动幅度都不能超过45度。
- 当你拉伸绳索或弹力带时，将身体重心转移至负责后拉动作的那一侧；当手臂慢慢伸展时，身体重心转移回中心位置。

单臂复合拉力器后拉

准备

正对一台可调节的拉力器站立，并将高度调至与胸部齐平；双腿前后分开站立，左腿在前，右腿在后，同时双膝略微弯曲；右手采用中立式握法（即掌心朝向身体一侧），抓住手柄。

过程

臀部以上部位向前弯曲，右臂朝绳索的顶端前伸（如图a所示）。做反向动作，完成一个后拉动作（如图b所示）。结束后拉动作的同时恢复笔直站立姿势。臀部以上部位慢慢前倾，同时手臂前伸。把握好运动的节奏和时间，身体一侧完成所有的重复运动后才能换另一侧。

指导技巧

- 后脚脚后跟与地面不接触，以确保大部分身体重心都压在前腿上。
- 每次运动结束时，负责后拉的那侧肩关节都不能向前移动。

单臂拉力器俯身

准备

正对一台可调节的拉力器站立，双脚分开与肩同宽。右腿向后跨一大步，同时上半身向前弯曲，身体与地面大致成45度角。左腿膝关节略微弯曲，右腿（后腿）蹬直，脚后跟从地面抬起。右手采用中立式握法（即掌心朝向身体一侧），握住绳索的手柄（如图a所示），此时绳索的位置较低。

过程

将绳索朝身体方向拉伸，完成一个后拉动作；肩胛骨向后移动（如图b所示），等到后拉动作结束时，它可以恢复原状。背部挺直，肩关节和髋关节都只能小幅度移动。进行反向动作，慢慢让肩胛骨突出，同时手臂伸直。身体一侧完成所有的重复运动后才能换另一侧。

指导技巧

- 躯干和后腿应该在一条直线上，运动过程中大多数时候都要保持这一动作。
- 身体重心应该置于前腿。
- 空闲的那只手可以放在同侧髋关节处或者前腿上。

单臂防转悬挂式后拉

准备

　　正对一台悬挂式拉力器站立，右手握住手柄。身体后倾，远离固定点；身体成一条直线，左手叉腰（如图a所示）。

过程

　　身体的任何部位都不发生转动，将身体朝手柄方向拉伸（如图b所示），然后重新后倾，完成后拉动作。每次将身体朝手柄拉伸时，肘关节（做后拉动作的那一侧）都靠近身体。

指导技巧

- 运动过程中身体始终保持在一条直线上；肩部和臀部与地面保持平行，且臀部不能松弛下沉。
- 为了增加运动难度，双脚可以向外侧移动，将身体位置压低。
- 为了降低运动难度，双脚可以朝身体内侧移动，将身体位置抬高。

绳索拔河后拉

准备

将一根三股绳子固定到可调节的训练机上，高度大致与腰部齐平。双脚分开比肩略宽，同时右腿后撤一步。用抓棒球棍的方式抓住绳索，左手在前，右手在后。双膝弯曲15～20度，腰部以上部位前倾，同时双臂朝绳索固定点前伸（如图a所示）。

过程

身体慢慢挺直，上半身微微后倾。双脚固定在地上，将绳索朝身体方向拉动，直至右手手腕碰到身体右侧的肋骨（如图b所示）。左腿在前只完成了运动的一半，然后两腿位置交换，完成另一半运动。

指导技巧

- 每次进行后拉动作时，将双腿作为固定点，使躯干略微后倾。
- 每次运动之初，双臂和上背部向前伸展，同时避免下背部拱起。
- 运动的过程中，身体重心应该随着身体动作前后移动。

复合练习

复合练习中的拉伸运动由背阔肌、中背部、肩关节后部和肱二头肌共同参与完成。

反手引体向上

准备

双手反握住单杠，身体悬空（如图a所示）。

过程

身体上移，在身体不摇摆的情况下，下巴应该超过单杠（如图b所示）。然后将身体慢慢放下。

指导技巧

- 选择一个自己感觉舒服的距离握住单杠。
- 在动作最高点暂停一秒，然后再将身体慢慢放下。

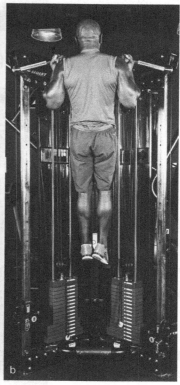

综合反手引体向上

准备

双手反握住单杠，身体悬空（如图a所示）。

过程

胸部上移至接近单杠，同时躯干后倾与地面约成45度角（如图b所示）。慢慢将身体放下，一旦双臂伸直，躯干恢复垂直于地面的姿势。

指导技巧

- 将身体向上拉动时，避免下背部过度伸展。
- 运动过程中，双膝始终保持略微弯曲的姿势。

正手引体向上

准备

双手正握住单杠，身体悬空（如图a所示）。

过程

身体上移，在身体不摇摆的情况下，下巴应该超过单杠（如图b所示）。然后将身体慢慢放下。

指导技巧

- 与正手握相比，反手握（引体向上）对大多数人来说难度较大。
- 中立式握法是一个不错的选择，即双手掌心相对（你需要有一根横杆才能摆出这样的姿势）。对那些饱受肩关节不适困扰的人们来说，中立式握法可能更加舒适。

侧面引体向上

准备

　　双手正握单杠，双手间距比肩宽（如图a所示）。

过程

　　向上拉动身体的同时，身体朝着一只手掌的方向移动，这样你应当朝着同侧手掌的前方移动（如图b所示）。身体逐渐下移至中心位置，同时双臂伸展。身体朝另一侧重新上移。

指导技巧

- 整个运动线路类似倒三角。
- 在动作最高点避免肩关节向前过渡，同时注意将胸部抬高。

颈前下拉

准备

　　坐在高拉训练机拉杠后方，在头顶上方正手握住拉杠（如图a所示）。

过程

　　将拉杠下拉至胸部上方，背部挺直，肩关节伸直成一条直线（如图b所示）。然后进行反向动作，动作缓慢、有控制。

指导技巧

- 双手间的握距要大于肩宽，找一个令你觉得舒服的握距。
- 为了增加运动多样性，可以反手握住拉杠。
- 你也可以用手柄来替代拉杠，采用双手对握的握法——双手手掌相对，两只手掌间的距离大致与肩同宽。许多肩关节有损伤的人会觉得这种握法更舒服。
- 你也可以通过改变躯干的位置来增加运动的多样性，躯干向后略微倾斜的姿势可以与直立姿势交替进行。

121

倾斜颈前下拉

准备

倾斜颈前下拉与颈前下拉的运动方式相差无几，唯一不同的就是运动时躯干略微向后倾斜。坐在高拉训练机拉杠后方，在头顶上方正手握住拉杠（如图a所示）。

过程

躯干由直立改为向后倾斜25度角的同时，将拉杠向下拉至胸部上方；双臂也顺着牵拉的方向伸展（如图b所示）。然后进行反向动作，动作缓慢、有控制。

指导技巧

- 双手间的握距要大于肩宽，找一个令你觉得舒服的握距。
- 为了增加运动多样性，可以反手握住拉杠。
- 你也可以用手柄来替代拉杠，采用双手对握的握法——双手手掌相对，两只手掌间的距离大致与肩同宽。许多肩关节有损伤的人会觉得这种握法更舒服。

拳手拉力器颈前下拉

准备

你需要一台可调节的双绳索拉力器。身体成半跪姿势，跪在头顶上方的一套绳索之间。双手各握住一只手柄，双臂伸直与躯干保持约45度角（如图a所示）。

过程

一只手朝身体方向拉伸，肘关节下移至髋部；同时下拉动作与侧卷腹动作（跟拳手的格挡动作差不多）配合进行（如图b所示）。然后进行反向动作，动作缓慢、有控制。一旦拉伸的手臂伸直，就用另一只手臂重复以上动作。

指导技巧

- 避免躯干扭转。
- 下拉过程中前臂尽量与地面垂直。

杠铃屈背提拉

准备

　　双脚分开站立，与臀同宽。反手握住杠铃，双手间距比肩略宽。臀部以上部位向前弯曲，背部挺直，躯干与地面大致平行，同时膝关节弯曲15～20度（如图a所示）。

过程

　　将杠铃朝身体方向提拉至略高于肚脐的位置，同时两侧肩胛骨收缩并拢（如图b所示）。慢慢将杠铃放下，完成整套重复运动。

指导技巧

- 你也可以采用正手握的抓握方式完成杠铃屈背提拉动作，许多人认为这种方式的难度更小。
- 在动作的最高点暂停一秒，让杠铃抵住腹部。
- 任何时候背部都不能拱起。
- 在动作的最高点时肩关节前侧不能向前弯曲。

宽握杠铃屈背提拉

准备

　　双脚分开站立，与肩同宽；正手抓住杠铃，双手间距比肩宽。臀部以上部位向前弯曲，背部挺直，躯干与地面大致平行，同时膝关节弯曲15～20度（如图a所示）。

过程

　　将杠铃朝身体方向提拉至胸部的位置，同时两侧肩胛骨收缩并拢（如图b所示）。慢慢将杠铃向下放，但是杠铃不能与地面接触，直至整套动作完成。

指导技巧

- 在动作的最高点暂停一秒，让杠铃尽可能地贴近胸部下侧。
- 任何时候背部都不能拱起。
- 肘关节始终位于手掌的上方，且手腕不能弯曲。
- 在动作的最高点时肩关节前侧不能向前弯曲。

双臂哑铃屈背提拉

准备

　　双脚分开站立，与臀同宽，双手各握一只哑铃。臀部以上部位向前弯曲，背部挺直，躯干与地面大致平行，同时膝关节弯曲15~20度（如图a所示）。

过程

　　将哑铃朝身体方向提拉，两侧肩胛骨收缩并拢（如图b所示）。慢慢将杠铃向下放，但是杠铃不能与地面接触，直至整套动作完成。

指导技巧

- 在动作的最高点暂停一秒。
- 任何时候背部都不能拱起。
- 手腕不能弯曲。
- 在动作的最高点时肩关节前侧不能向前弯曲。

坐姿划船

准备

你需要一台特别设计的坐姿划船装备，在许多健身房中可以看到它的身影。你也可以选择坐在一台高度很低的绳索拉力器前。双脚分开坐下，与臀同宽，双脚抵在哑铃上；膝关节略微弯曲，同时背部挺直。双手握住手柄，掌心相对，两手间距与肩同宽（如图a所示）。

过程

将手柄朝胸部拉伸，运动结束时肩胛骨收缩并拢（如图b所示）。慢慢完成反向动作。

指导技巧

- 在动作的最高点暂停一秒，让手柄尽可能地贴近身体。
- 避免拉伸时下背部拱起。
- 在每次重复运动结束时肩关节前侧都不能向前弯曲。

宽距坐姿划船

准备

　　你需要一台特别设计的坐姿划船装备，在许多健身房中可以看到它的身影。你也可以选择坐在一台高度很低的绳索拉力器前。双脚分开坐下，与臀同宽，双脚抵在哑铃上；膝关节略微弯曲，同时背部挺直；正手握住拉杠，手臂伸直，手掌放在胸部前方（如图a所示）。

过程

　　将拉杠朝胸部拉伸，运动结束时肩胛骨收缩并拢（如图b所示）。慢慢完成反向动作。

指导技巧

- 在动作的最高点暂停一秒，让拉杠尽可能地贴近胸部。
- 拉伸时手腕不能弯曲，运动过程中肘关节始终位于手掌正后方。
- 在每次重复运动结束时肩关节前侧都不能向前弯曲。

悬空划船

准备

找一台悬挂式拉力器，正对着固定点站立。双手抓住手柄，掌心相对或朝上，双臂在肩关节前侧伸直（图a中双手掌心相对）。身体后倾，从头部到脚趾成一条直线。

过程

肘关节弯曲，将身体朝着手掌方向提拉。肘关节靠近身体两侧，完成一个提拉动作，直至手腕内侧贴近肋骨底部，这样就完成了一整套动作（如图b所示）。在动作最高点暂停一秒，然后慢慢将自己放下，直至肘关节伸直。

指导技巧

- 整个身体成一条直线，并且将身体向上提拉时不能用髋关节带动身体。
- 将身体向上提拉时，手腕不能弯曲；运动过程中肘关节始终位于手掌正后方。
- 在每次重复运动结束时肩关节前侧都不能向前弯曲。
- 为了增大运动难度，在开始运动时可以增大背部倾斜角度，使身体与地面贴得更近。

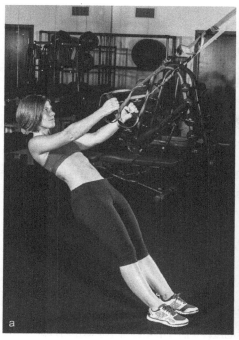

史密斯杆反手提拉

准备

　　史密斯杆反手提拉是悬空划船的替换运动。找一台史密斯机器，身体面对杠铃，杠铃高度大致与肚脐齐平。反手握住杠杆，双臂在肩关节前部伸直，身体后倾，从头到脚大致成一条直线（如图a所示）。

过程

　　将身体朝着杠杆方向提拉，肘关节弯曲并与身体靠近；完成一个提拉动作，直至胸部与杆子相触（如图b所示）。在动作最高点暂停一秒，然后慢慢将自己放下，直至肘关节伸直。

指导技巧

- 整个身体成一条直线，并且将身体向上提拉时不能用髋关节带动身体。
- 在每次重复运动结束时肩关节前侧都不能向前弯曲。
- 为了增大运动难度，在开始运动时可以增大背部倾斜角度，使身体与地面贴得更近。

宽肘悬空提拉

准备

　　找一台悬挂式拉力器，正对着固定点站立；双手抓住手柄，拇指相对，双臂在肩关节前侧伸直，身体后倾，从头到脚大致成一条直线（如图a所示）。

过程

　　将身体朝着手掌方向提拉，肘关节弯曲，完成一个提拉动作（如图b所示）。在动作最高点暂停一秒，然后慢慢将自己放下，直至肘关节伸直。

指导技巧

- 整个身体成一条直线，并且将身体向上提拉时不能用髋关节带动身体。
- 将身体向上提拉时，手腕不能够弯曲；运动过程中肘关节始终位于手掌正后方。
- 在动作最高点，肘关节与身体应成90度夹角。
- 在每次重复运动结束时肩关节前侧都不能向前弯曲。
- 为了增大运动难度，在开始运动时可以增大背部倾斜角度，使身体与地面贴得更近。

宽肘史密斯杆提拉

准备

宽肘史密斯杆提拉是宽肘悬空提拉的替换运动。找一台史密斯机器，身体面对杠铃，杠铃高度大致与肚脐齐平。正手握住杠杆，双臂在肩关节前部伸直，身体后倾，从头到脚大致成一条直线（如图a所示）。

过程

将身体朝着杠杆方向提拉，肘关节弯曲，完成一个提拉动作（如图b所示）。在动作最高点暂停一秒，然后慢慢将自己放下，直至肘关节伸直。

指导技巧

- 整个身体成一条直线，并且将身体向上提拉时不能用髋关节带动身体。
- 将身体向上提拉时，手腕不能够弯曲；运动过程中肘关节始终位于手掌正后方。
- 在每次重复运动结束时肩关节前侧都不能向前弯曲。
- 为了增大运动难度，在开始运动时可以增大背部倾斜角度，使身体与地面贴得更近。

隔离练习

隔离练习是单关节运动，着重锻炼单个肌肉组织。这些运动主要由经典的健身运动组成，锻炼目标是背阔肌、后肩部以及肱二头肌。

俯身哑铃肩上飞鸟

准备

双脚分开站立，与臀同宽，双手各握一只哑铃。臀部以上部位向前弯曲，背部挺直，躯干与地面大致成45度角，同时双膝弯曲15～20度（如图a所示）。

过程

肘关节轻微弯曲，双臂朝身体两侧向上抬升，直至与地面平行，肩胛骨收缩并拢。在动作最高点，双臂应与躯干保持90度角（如图b所示），将哑铃慢慢放到身体前方。

指导技巧

- 在动作的最高点暂停一秒。
- 无论任何时候都应该避免背部拱起。
- 不要向上挥动哑铃。

哑铃 Y 形肩

准备

双脚分开站立，与臀同宽，双手各握一只哑铃。臀部以上部位向前弯曲，背部挺直，躯干与地面大致平行；同时双膝弯曲 15 ~ 20 度（如图 a 所示）。

过程

肘关节轻微弯曲，双臂向外抬升至肩部高度，拇指向上指。在动作最高点，双臂应与躯干保持 45 度角，与躯干组成一个 Y 形（如图 b 所示）。在动作的最高点暂停一秒，然后将哑铃慢慢放到身体前方。

指导技巧

- 无论任何时候都应该避免背部拱起。
- 不要向上挥动哑铃。

哑铃 A 形肩

准备

双脚分开站立，与臀同宽，双手各握一只哑铃。臀部以上部位向前弯曲，背部挺直，躯干与地面大致平行；同时双膝弯曲 15 ~ 20 度（如图 a 所示）。

过程

肘关节轻微弯曲，双臂朝身体两侧抬起，恰好置于臀部外侧，拇指向下指。在动作最高点，双臂应与躯干保持 15 度角，与躯干组成一个 A 形（如图 b 所示）。在动作的最高点暂停一秒，然后将哑铃慢慢放到身体前方。

指导技巧

- 无论任何时候都应该避免背部拱起。
- 不要向上挥动哑铃。
- 肩胛骨在动作最高点收缩并拢。

哑铃 T 形肩

准备

双脚分开站立，与臀同宽，双手各握一只哑铃。臀部以上部位向前弯曲，背部挺直，躯干与地面大致平行；同时双膝弯曲 15～20 度（如图 a 所示）。

过程

肘关节轻微弯曲，双臂朝身体两侧抬高。在动作最高点时，双臂应与躯干保持 90 度角，与躯干组成 T 形（如图 b 所示）。在动作的最高点暂停一秒，然后将哑铃慢慢放到身体前方。

指导技巧

- 无论任何时候都应该避免背部拱起。
- 肩胛骨在动作最高点收缩并拢。
- 不要向上挥动哑铃。

W 形肩

准备

双脚分开站立，与臀同宽。臀部以上部位向前弯曲，背部挺直，从而使躯干尽量与地面平行，同时膝关节弯曲。双臂朝躯干方向弯曲，手掌大致与肩齐平（如图 a 所示）。

过程

双臂朝身体两侧抬高，恰好位于躯干外侧，拇指向上指。在动作最高点，双臂与躯干应该组成一个W形（如图b所示）。在动作的最高点暂停一秒，然后双臂慢慢放下，重新放回身体前侧。

指导技巧

- 无论任何时候都应该避免背部拱起。
- 双手各握一只哑铃可以增加运动负荷，提升运动难度。
- 肩胛骨在动作最高点收缩并拢。

悬空Y形提拉

准备

找一台悬挂式拉力器，正对着固定点站立；双手抓住手柄，掌心朝下，双臂在肩关节前方伸直（如图a所示）。身体后倾，从头到脚成一条直线。

过程

在肘关节不弯曲的情况下，双臂张开，与躯干组成Y形（如图b所示）。在动作最高点，身体应该与双臂保持在一条直线上，暂停一秒；然后做反向动作。身体慢慢恢复开始姿势，完成一整套运动。

指导技巧

- 躯干保持在一条直线上，将身体向上提拉时不能用髋关节带动身体。
- 将身体向上提拉时，手腕不能够弯曲。
- 运动过程中始终拉紧手柄，尤其是在动作的最高点时。
- 为了增大运动难度，在开始运动时可以增大背部倾斜角度，使身体与地面贴得更近。

绳索面拉

准备

站在一台可调节的复合拉伸机前，绳索与双目齐平或略高。双手各握住绳索的一端，同时肘关节朝向身体两侧（如图a所示）。

过程

将绳索朝面部方向提拉，同时双臂分开，双手置于两耳外侧（如图b所示）。然后做反向动作，慢慢恢复开始姿势。

指导技巧

- 下背部不能拱起。
- 每次运动结束时肘关节应略高于肩部。
- 每次运动结束时绳索中部应该恰好位于前额前方。

缆绳反飞鸟

准备

身体成站立姿势，脊柱挺直，双脚分开与臀同宽，膝关节略微弯曲，站在一台可调节的复合拉伸机前，绳索大致与肩膀同高。右手抓住左侧的手柄，左手则握住右侧手柄。双臂在体前交叉，掌心朝下（如图a所示）。

过程

肘关节伸展，双臂朝身体两侧张开，水平地牵拉手柄。运动结束时肩胛骨收缩并拢（如图b所示）。然后做反向动作，慢慢恢复开始姿势。

指导技巧

- 脊柱保持稳定不动，下背部尽可能地不要拱起。
- 整个运动过程中双臂始终与躯干保持90度角。

绳索复合直臂下拉

准备

正对一台可调节的复合拉伸机站立，双脚分开与臀同宽，固定于器械上的绳索比双目略高。双手各握住绳索的一端，掌心相对。臀部以上部位向前弯曲，膝关节略微弯曲，双臂高举过头顶（如图a所示）。

过程

放正身体，保持挺直，同时肘关节略微弯曲，将绳索下拉，直至手柄触碰两侧大腿外侧（如图b所示）。慢慢进行反向动作，臀部以上部位向前弯曲，双臂重新举过头顶。

指导技巧

- 在动作的最高点，肩关节不能向前弯曲。
- 双臂向下移动时躯干上移，双臂向上移动时躯干下移。运动动作要自然流畅。

绳索旋转直臂下拉

准备

你需要一台可调节的复合拉伸机来完成运动。正对器械站立，双脚分开与臀同宽，绳索固定的位置比双目略高。双臂大致与肩同高，同时肘关节略微弯曲（如图a所示）。

过程

拉伸绳索并略微向右侧倾斜，同时提起左脚脚后跟，使躯干向右转动（如图b所示）。慢慢进行反向动作，恢复中立姿势。将绳索朝左侧下拉，同时旋转右脚，使躯干向左转动。

指导技巧

- 在动作的最高点，肩关节不能向前弯曲。
- 在双臂拉伸、躯干转动的过程中动作要流畅，要把握好运动的节奏和时间。

哑铃臂弯举

准备

双脚分开站立，与臀同宽；双手各握一只哑铃置于大腿外侧（如图a所示）。

过程

将一侧手臂的肘关节向上，而非向前弯曲，使哑铃朝肩部方向上举（如图b所示）。等到哑铃举至肩关节前侧时，进行反向动作，慢慢将哑铃放回身体一侧。另一只手臂重复以上动作，然后双臂继续交替动作。

指导技巧

- 避免通过过度拉伸下背部将哑铃向上举。
- 这项运动也可以通过同时弯曲双臂完成。
- 你也可以通过使哑铃手柄与地面保持垂直来进行哑铃臂弯举动作。

曲杠铃臂弯举

准备

双脚分开站立，与臀同宽；反手握住一根曲杠铃，双手放在髋关节附近（如图a所示）。

过程

将肘关节向上，而非向前弯曲，使曲杠铃朝肩部方向上举（如图b所示）。等到手掌举至肩关节前侧时，进行反向动作，慢慢将杠铃放下。

指导技巧

- 避免通过过度拉伸下背部将哑铃向上举。
- 你也可以正手握住杠铃完成动作。

绳索胸前臂弯举

准备

站在一台可调节的复合拉伸机前，绳索的固定点低于膝盖。双手分别握住绳索两端的手柄，掌心相对，双臂置于身体前侧，同时肘关节略微弯曲（如图a所示）。

过程

将肘关节向上，而非向前弯曲，使绳索朝肩部方向举起（如图b所示）。等到手掌举至肩关节前侧时，进行反向动作，慢慢将绳索放下直至双臂几乎伸直。

指导技巧

- 为了增加运动的多样性，你可以选择使用曲杠铃。
- 你也可以双手掌心向下抓住手柄，用曲杠铃完成反向绳索弯曲动作。

悬挂臂弯举

准备

　　找一台悬挂式拉力器，正对着固定点站立；双手抓住手柄，掌心朝上。身体后倾，从头到脚成一条直线，肘关节伸直，双臂在肘关节正前方伸展（如图a所示）。

过程

　　全身仅肘关节弯曲，完成一个臂弯举动作，并将身体向上拉起，直至指关节触及头部侧面（如图b所示）。做反向动作，完成整套运动。

指导技巧

- 运动过程中整个身体保持挺直状态。
- 为了增大运动难度，可以增加身体后倾角度，使身体与地面贴得更近。

　　现在你已经完成了各式各样的针对上肢的推举和拉伸动作，第6章将会向你介绍另一系列运动，帮助你使下肢变得强壮、健美，增强其运动能力。

第**6**章

下肢运动

田径运动、球类运动、格斗运动以及日常活动都要依靠特定的动作完成。当谈到下肢时，所有这些动作都涉及下蹲、髋关节铰链、弓步、跨步、跑步或跳跃中的一种或综合运动。本章介绍的下肢运动可以帮助你提升进行这些基础活动的能力。

这里提到的运动会以三维的方式——平行站立、分腿站立或单腿站立的姿势来锻炼你的下肢，以确保你在任何姿势下都有能力朝任何方向移动。这就是增强功能能力的意义。请记住，正如我的朋友兼铁人三项运动员理查德·索林（Richard Sorin）所说的那样："运动员及运动爱好者们来健身房不是想成为举重运动员，他们只是想让自己变得更健壮罢了。"

对部分运动员和运动爱好者来说，传统的杠铃硬拉、下蹲以及仰卧推举并不只是简单的运动，它们是工具箱里的工具，本身也包含很多帮助自己实现目标的手段。然而，对力量运动员（即举重运动员）来说，传统的杠铃硬拉、下蹲以及仰卧推举并非工具，它们本身就是比赛项目，即本身就是目标。但是令人失望的是，许多教练、健身指导和健身爱好者对于这一点都知之甚少。结果，他们都没能运用特定性原则：不同的训练目标需要匹配不同的训练方式。

因此，让我们一起来探讨下肢运动，因为它与那些并非要立志成为举重运动员的健身爱好者息息相关。如果你不想成为一名举重运动员，这里的每一项运动对你来说都不是非做不可的；当涉及进行杠铃硬拉等传统运动项目时，你只需要用安全的方式来完成这些运动，让它们帮助你增强肌肉，提升整体的力量水平。你需要拥有一些基本的推举能力，但是你并不需要学习或者练习那些成为举重运动员所必需的力量运动技巧。

你能够举起什么也不重要，因为非举重运动员并不追求特定的重量，他们追求的是进步。能举起特定的重量的杠铃并不意味着就能在举重比赛中一鸣惊人，它仅意味着在不牺牲整体健康和保持参加其他喜欢运动的体力的前提下，你的身体变得更加强壮。同样地，当提及增加肌肉体积（即肌肉膨胀），进步并不是根据你能在健身房中举起多少重量来衡量的，而是根据你完成举重运动方式的质量以及体形变化（在健身房之外产生的效果）来衡量的。

单腿和双腿训练

在本书的其他章我曾说过，将负重器械和健身机械作对比，就如同拿水果和蔬菜作比较。同样地，讨论该进行单腿还是双腿训练就像是争论一个人应该只吃胡萝卜还是只吃花椰菜一样可笑。事实上，每一种蔬菜都有独一无二的味道，也含有特定的营养，所以你只需要把胡萝卜和花椰菜都引入自己的日常饮食中，就可以既得到美味又得到营养。

说到单腿和双腿训练，双腿训练（比如下蹲、硬拉）的双脚间距更大，迫使你要同时调动双腿和两侧髋关节，使众多肌肉互相协调，共同移动重物，加快新陈代谢。相反，单腿训练的双脚间距非常小，因此双腿和髋关节的运动方式也稍有不同。单腿训练方式下，双腿状态更接近运动中的双腿状态，因为许多运动（比如跑步）都由单腿占主导地位。当然，它也会锻炼你关注动作控制，每次只调动身体一侧参与运动，这样对强化能力较弱、协调能力差的那一侧非常有帮助。

因此，同时进行两种类型的训练会让你获得更多好处；另外，可供选择的运动类型增多也可以增加下肢训练的运动多样性。总而言之，既然单腿和双腿训练都可以帮助你增强肌肉和提升体力，并且二者都可以给你独一无二又互为补充的好处，那么为了使锻炼更全面、效果更显著，将它们都纳入你的健身计划中是有意义的。

全身能量训练

极具爆发力的运动需要你通过调动所有的肌肉，尤其是通过调动下肢肌肉来积聚力量。

25码冲刺跑

准备

将两个锥形体分开放置，中间间隔约25码。

过程

慢跑至第一个锥形体，然后全速奔跑至下一个。等到你跑过第二个锥形体后，慢跑几步之后再停下。返回开始的那个锥形体，重复以上动作。

指导技巧

- 跑步过程中，肘关节弯曲成90度角，并且要用双臂带动身体动作。
- 刚开始时要慢跑（不要从静止姿势立马就开始快速奔跑），这样可以最大限度地确保运动的安全性。
- 步伐不能太小或长短不一，在不超过能力范围的前提下（步幅过大）可以大跨步。

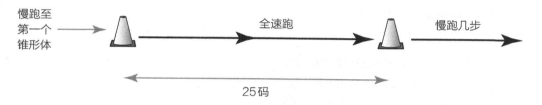

30码折返跑

30码折返跑涉及转向，因此比25码冲刺跑的运动难度更大。

准备

将三个锥形体依次摆开，中间间隔5码。

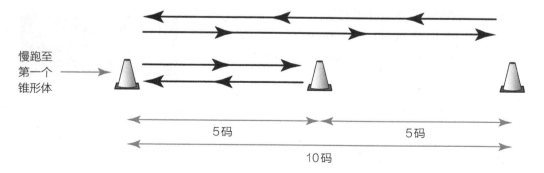

过程

慢跑至第一个锥形体，然后全速奔跑到达中间的锥形体；快速返回至第一个锥形体，然后快跑至最远的锥形体；再次转过身返回开始位置。在奔跑过程中，要用手去触碰路上遇到的每一个锥形体。这项训练要求你转向（改变方向）四次，你最终的快速跑距离为30码：5码向前、5码向后，10码向前、10码向后。

运动与休息的时间比例为1∶3或1∶4，可视你的体质水平而定。举个例子，如果你使用的是1∶3，花15秒时间完成30码的折返跑，那么开始下一轮跑步训练前就休息45秒。

指导技巧

- 你也可以将运动顺序颠倒一下：10码向前，10码向后；然后5码向前，5码向后。
- 跑步过程中用双臂带动身体动作。
- 每次在锥形体处调转方向时，都要控制好下肢动作。

爆发性跨步跳

准备

指定两端间的距离为30～40码。

过程

慢跑至第一个端点，然后进行跨步跳。运动的同时，躯干挺直，右膝弯曲将腿抬高，直至大腿与地面大致平行；同时，左腿伸直并用力向下踩，从而使身体获得最大的爆发力（如图所示）。轻轻落地，然后身体另一侧迅速完成相同动作。等到跳过第二个端点，停下并返回开始位置，然后重复以上动作。跳跃的距离要尽可能长，到达第二个端点的步数要尽可能少。

指导技巧

- 与绳索跳的动作相似，这项运动中的跨步跳需要你接触地面的同时，双脚同时跳起。
- 双臂要配合双脚的弹跳动作摆动。
- 如果你的活动空间较小，那么两端的距离可以为15～20码。向前、向后各跳一次就可以达到30～40码的运动距离。

横向能量跳

准备

指定两端间的距离为20～30码。双脚分开站立，比肩略宽，摆出运动姿势，膝关节和髋关节同时略微弯曲（如图a所示）。

过程

身体重心向右移动，左脚抬起，右脚猛力下踩，同时身体重心开始向左转移（如图b所示）。继续按照同样的方式将身体重心向左侧移动（如图c所示），左脚抬起并向左跨步，同时右脚用力下踩（如图d所示），产生力量并获得侧向运动的冲力。双脚仍然保持大致平行姿势，脚趾朝前。等你到达另一个端点时，就调转方向，将身体重心从右腿转移，然后左脚蹬离地面，开始返回出发点。运动的距离要尽可能长，到达第二个端点的步数要尽可能少。

指导技巧

* 两只脚不允许互相接触，双脚之间应保持一定的距离。
* 每次完成大跨步，双脚落地时的动作都要尽可能轻柔；落地时双腿可以略微弯曲。

手臂驱动蹲踞跳

准备

双脚分开站立，大致与肩同宽。

过程

双腿膝关节和髋关节弯曲，大腿在地面平行线上略微靠上一点的位置。双臂略微朝臀部后方伸展，同时双侧肘关节保持微微弯曲（如图a所示）。身体笔直向上跳的同时双腿伸直，双臂朝头顶上方摆动（如图b所示）。落地时的动作要尽可能地轻柔，然后恢复开始姿势。

指导技巧

- 每次重复运动时都是跳得越高越好。
- 每次身体下蹲时，双腿膝盖都与脚趾在一条直线上；无论什么时候，膝盖都不能内扣。
- 在动作的最低点，下背部不能拱起。
- 为了增大运动负荷，你可以穿一件沙背心。

180度横臂蹲踞跳

准备

双脚分开站立，大致与肩同宽。

过程

双腿膝关节和髋关节弯曲，大腿在地面平行线上略微靠上一点的位置。双臂移动至右腿膝盖外侧（如图a所示）。身体向上跳，在空中向左完成180度转体，与此同时，双腿伸直，双臂朝头顶上方摆动（如图b所示）。落地时的动作要尽可能地轻柔，面朝另一个方向站立。身体下压成蹲踞姿势，双臂放下，移至左腿膝盖外侧（如图c所示）。身体向上跳，重复以上动作，然后向右进行180度转体。

指导技巧

- 每次重复运动时都是跳得越高越好。
- 每次身体下蹲时，双腿膝盖都与脚趾在一条直线上；无论什么时候，膝盖都不能内扣。
- 在动作的最低点，下背部不能拱起。

双臂驱动硬拉跳

准备

双脚分开，大致与肩同宽，臀部以上部位向前弯曲。背部挺直，双膝弯曲15～20度。双臂悬于体前，肘关节略微弯曲（如图a所示）。

过程

同时伸展髋关节和膝关节，双臂高举过头顶，身体笔直向上跳（如图b所示）。落地时的动作要尽可能地轻柔，然后恢复开始姿势。

指导技巧

- 每次重复运动时都是跳得越高越好。
- 在动作的最低点，下背部不能拱起。
- 每次身体为下一次跳跃做准备时，膝盖都与脚趾在一条直线上；无论什么时候，两侧膝盖都不能内扣。
- 为了增大运动负荷，你可以穿一件沙背心。

跳远

准备

　　双脚分开，大致与肩同宽；臀部以上部位向前弯曲。背部挺直，双膝弯曲15～20度。双手置于髋关节稍后一点的位置，肘关节略微弯曲（如图a所示）。

过程

　　身体重心向前移动，等到你感觉自己马上要倒下时就用力向前跳，髋关节和膝关节同时伸展（如图b所示），双臂向上挥（如图c所示）。落地时的动作要尽可能地轻柔（如图d所示）。然后重新调整身体姿势，开始下一次运动。

指导技巧

- 在动作的最低点，背部不能拱起。
- 每次身体落下后，准备下一次跳跃时，膝盖都应与脚趾保持在一条直线上；无论什么时候，两侧膝盖都不能内扣。
- 如果运动空间较小，那么每完成一次运动后就转过身体，返回开始位置，而不是朝同一个方向连续跳跃。

前倾弓步剪刀跳

准备

双腿前后分开站立，后脚脚后跟抬离地面，将全身大部分重量都压在前腿上。

过程

屈髋俯身，双臂下伸并固定在脚趾稍后一点的位置，整个躯干前倾（如图a所示）。身体尽可能地用力向上跳的同时双腿成剪刀状（如图b所示），这样双脚着地时就能恢复开始姿势，但是前后腿位置要互换（如图c所示）。再次向上跳起并重复以上动作。

指导技巧

- 着地的动作要尽量地轻缓，且每一次着地时都要为下一次跳跃做好准备。
- 双脚每次着地时，膝盖应与脚趾保持在一条直线上；无论什么时候，两侧膝盖都不能内扣。
- 每次着地时都屈髋俯身，同时脊柱挺直。
- 身体每次向上跳起时，躯干都尽量上提。

侧向跳跃

准备

右腿单脚站立，左腿从地面抬起，膝关节弯曲，脚后跟在身后抬高（如图a所示）。身体下蹲，左臂横在身前。

过程

身体朝左侧开始做动作，朝45度角方向用力朝远处跳（如图b所示）。以左脚单腿下蹲姿势轻轻落地，同时右臂横在身前（如图c所示）。重新朝身体右侧跳跃，重复以上动作。

指导技巧

- 落地时膝关节放松，身体成蹲踞姿势，确保身体能够获得最大的缓冲力，并为下一次跳跃积蓄最大的力量。
- 双脚每次着地时，膝盖应与脚趾保持在一条直线上；无论什么时候，两侧膝盖都不能内扣。
- 身体朝45度角方向跳起，每次运动时都竭尽全力。

交叉身体运动

这里所介绍的交叉身体运动着重锻炼下肢肌肉——主要由臀肌、腘绳肌、股四头肌以及小腿肌肉组成。

单腿单臂哑铃罗马尼亚硬拉

准备

单脚站立，对侧手握住一只哑铃，置于髋关节附近（如图a所示）。

过程

背部伸直，屈髋俯身，承重腿弯曲15～20度。身体前倾的同时，非承重腿向上抬起，与躯干保持成一条直线（如图b所示）。等到躯干和非承重腿与地面大致平行时，臀部前移，身体重新站直，这样就完成了一次重复动作。身体一侧完成所有的重复动作后再换另一侧。

指导技巧

- 屈髋俯身时下背部不能拱起。
- 在动作的最低点（即当躯干与地面大致平行时），臀部和肩部都不能转动。
- 在动作的最低点，非承重腿的脚趾应该指向地面。

单腿45度拉力器罗马尼亚硬拉

准备

　　单腿45度拉力器罗马尼亚硬拉的运动方式与单腿单臂哑铃罗马尼亚硬拉的运动方式相差无几，除了这里使用的是一台绳索固定位置较低的拉力器，绳索与地面成45度角。单脚站立，对侧手握住绳索（如图a所示）。

过程

　　背部和手臂伸直，屈髋俯身，承重腿弯曲15~20度。身体前倾的同时，非承重腿向上抬起，与躯干大致在一条直线上（如图b所示）。等到躯干和非承重腿与地面大致成45度角时，臀部前移，身体重新站直，这样就完成了一次重复动作。身体一侧完成所有的重复动作后再换另一侧。

指导技巧

- 屈髋俯身时下背部不能拱起。
- 在动作的最低点（即当躯干与地面大致成45度角），臀部和肩部都不能转动。
- 在动作的最低点，非承重腿的脚趾应该指向地面。
- 与使用哑铃相比，使用绳索时动作幅度更小，因为前者动作阻力的发出点更高。哑铃会使身体朝地面方向拉伸，而绳索则是将身体朝与地面成45度角方向的固定点方向牵拉。

单腿单臂斜角杠铃罗马尼亚硬拉

准备

将杠铃的一端放在墙角处或者固定装置中,站在杠铃的另一端,使墙角或固定装置位于身体的右侧。右手握住杠铃的顶端,将其置于右侧大腿前方,同时左腿单脚站立(如图a所示)。

过程

背部和手臂伸直,左侧髋关节屈曲,左膝弯曲15~20度。身体前倾的同时,非承重腿向上抬起(如图b所示)。等到躯干与地面大致平行时,臀部前移,将杠铃从地面抬起。身体一侧完成所有的动作后站到杠铃的另一侧,双腿交换进行重复动作。

指导技巧

- 在动作的最低点(即当躯干与地面大致平行时),臀部和肩部都不能转动。
- 与使用哑铃或绳索拉力器不同,在这项运动中当你将杠铃抬起时,你可以将其向前推动,使身体朝杠铃方向倾斜,这样可以在运动中使髋关节外展。

侧弓步交叉转体

准备

双脚分开站立，与臀同宽；左手握住一只哑铃，将其置于身体左侧（如图a所示）。

过程

右腿朝一侧横跨一步，右膝弯曲20度，同时将身体重心转移至右腿，左臂在右小腿或脚踝前方伸展；左侧髋关节屈曲，身体前倾，手臂在体前交叉时背部不拱起（如图b所示）。等到躯干与地面大致平行时，身体迅速恢复开始姿势。身体一侧完成所有动作后，哑铃换到另一只手中，另一条腿向一侧横向跨出。

指导技巧

- 每次一条腿向一侧横跨成弓步时，拖拽腿都应该保持伸直状态。
- 每次运动时两只脚的脚尖都要指向正前方。
- 进行手臂交叉伸直动作时肩关节不能过度旋转。肩关节只需要稍微旋转，将哑铃带至小腿或脚踝前侧即可。

单腿悬空反弓步

准备

站在标准奥林匹克铃片较平坦的那一面或者有氧踏板上，双脚与臀同宽。右手握住一只哑铃，置于肩关节处（如图a所示）。

过程

右腿向后跨一步，前脚掌踩地，同时双膝弯曲，身体下压成弓步（如图b所示）。等到后腿膝盖轻轻碰到地面时，前跨一步重新回到踏板上。一条腿完成所有动作后哑铃转移至身体另一侧的肩关节处，同时左腿后跨一步。

指导技巧

- 不允许肩关节朝哑铃一侧旋转或倾斜；运动过程中，肩关节始终保持不动。
- 踏板不能太高，要保证后腿膝盖能够碰到地面。
- 如果想要进一步增强下肢力量，那么你要选择单臂无法举起的重量，这项运动也可以通过将两只重量不一的哑铃放至髋关节处完成，其中较重的那一只放在运动腿的对侧。假如右腿向后跨一步，那么右手握住的就是较重的那只哑铃。
- 如果你使用的是两只重量不一的哑铃，那么较轻的那只哑铃的重量应该为较重哑铃的35%～65%。

单腿正压腿

准备

双脚分开站立，与臀同宽。右手握住一只哑铃，置于肩关节处（如图 a 所示）。

过程

左腿前跨做弓步，同时膝关节弯曲（如图 b 所示）。等到后腿膝盖轻轻碰触地面时，后腿前伸，身体重新站直（如图 c 所示）；然后左腿前跨做弓步（如图 d 所示）。身体一侧完成所有动作后再换另一侧。

指导技巧

- 不允许肩关节朝哑铃一侧旋转或倾斜；运动过程中，肩关节始终保持不动。
- 每次做弓步时步子都不能跨得太大，动作要流畅，并且控制好力度。
- 如果想要进一步增强下肢力量，那么你要选择单臂无法举起的重量，这项运动也可以通过将两只重量不一的哑铃放至髋关节处完成，其中较重的那一只放在运动腿的对侧。假如右腿向后跨一步，那么右手握住的就是较重的那只哑铃。
- 如果你使用的是两只重量不一的哑铃，那么较轻的那只哑铃的重量应该为较重哑铃的 35% ~ 65%。

斜角杠铃跨肩反弓步

准备

将杠铃的一端放在墙角处或者固定装置中。杠铃位于身体正前方，双脚分开站立，与臀同宽。双手上下交叠，握住杠铃的一端，杠铃抵住右侧肩关节前方（如图a所示）。

过程

右脚向后跨一步，身体下压成反弓步，后腿膝盖轻轻碰触地面（如图b所示）。然后进行反向动作，右脚前伸恢复开始姿势。身体一侧完成所有动作后再将杠铃放在另一侧肩关节前方。

指导技巧

- 双手握住杠铃时手部抵住胸部。
- 你也可以采用轮换的方式完成这项运动——将杠铃挪到后撤腿的同侧。

复合练习

复合练习中的下肢运动能够调动臀肌、腘绳肌、股四头肌、小腿肌肉以及下背部肌肉共同参与到运动中。

杠铃罗马尼亚硬拉

准备

双脚分开站立，与臀同宽；杠铃拉举至大腿前侧，双臂伸直；双手握住杠铃，手掌恰好位于髋关节外侧（如图a所示）。

过程

背部挺直，屈髋俯身，双膝弯曲15~20度（如图b所示）。当躯干与地面大致平行时，臀部朝杠铃方向前移；然后进行反向动作，身体重新站直，这样就完成了一次动作。

指导技巧

- 屈髋俯身时，臀部向后移动，背部不能拱起。
- 通过拉伸髋关节，而不是过度伸展下背部的方式将杠铃举起。
- 运动过程中杠铃始终贴近身体；在动作最低点，杠铃应与胫骨相触，并且在做重复运动时杠铃应该顺着双腿前侧移动。

杠铃相扑硬拉

准备

双脚分开站在杠铃前方，两脚的间距比肩膀宽，且双脚向外旋转45度。背部挺直，屈髋俯身，双膝弯曲。躯干下压，与地面保持约45度角；双手握住杠铃，两只手掌的间距与肩同宽（如图a所示）。

过程

背部挺直，臀部朝杠铃方向前移并将杠铃从地上抬起，直至双腿伸直（如图b所示）。进行反向动作，将杠铃慢慢放回地面，完成一次动作。

指导技巧

- 屈髋俯身，双膝弯曲时，臀部向后移动，且背部不能拱起。
- 通过拉伸髋关节，而不是过度伸展下背部的方式将杠铃举起。
- 运动过程中杠铃始终贴近身体；在动作最低点，杠铃应与胫骨相触。
- 你也可以采用混合抓握法，一只手正握，另一只手反握。这种抓握方法在举更重的杠铃时效果更好。

杠铃混合硬拉

准备

　　杠铃混合硬拉综合了罗马尼亚硬拉和杠铃相扑硬拉两种运动方式。双脚分开站在杠铃前方，两脚的间距比肩略宽，且双脚向外旋转15度。背部挺直，屈髋俯身，双膝弯曲。躯干下压至与地面保持约45度角；双手握住杠铃，两只手掌的间距与肩同宽（如图a所示）。

过程

　　背部挺直，臀部朝杠铃方向前移并将杠铃从地上抬起，同时双腿伸直（如图b所示）。进行反向动作，将杠铃慢慢放回地面，完成一次动作。

指导技巧

- 屈髋俯身时，臀部向后移动，且背部不能拱起。
- 通过拉伸髋关节，而不是过度伸展下背部的方式将杠铃举起。
- 运动过程中杠铃始终贴近身体；在动作最低点，杠铃应与胫骨相触，并且在做重复运动时杠铃应该顺着双腿前侧移动。
- 在硬拉动作的最低点，手臂应当贴近双腿内侧。

杠铃后深蹲

准备

将杠铃横放于后肩上（不要放在颈部），双脚分开站立，比肩略宽，双脚向外旋转10～15度（如图a所示）。

过程

膝关节和髋关节同时弯曲，整个身体朝地面下压；身体尽可能地压低，但下背部依然保持挺直姿势（如图b所示）。等到身体已经无法继续压低时，做反向动作，重新站起来。

指导技巧

- 脚后跟不能抬离地面，且下背部应始终保持挺直姿势。
- 双腿膝关节不能朝身体中线内扣；膝盖与脚趾应保持在同一条直线上。
- 你可能需要稍微调整双脚间的距离，找到一个适合自己的站位。

杠铃下蹲提踵

准备

　　杠铃下蹲提踵与杠铃后深蹲的运动机制一致，唯一不同之处在于动作最高点处的结束动作。将杠铃横放于后肩上（不要放在颈部），双脚分开站立，比肩略宽，双脚向外旋转10～15度（如图a所示）。

过程

　　膝关节和髋关节同时弯曲，整个身体朝地面下压；身体尽可能地压低，但下背部依然保持挺直姿势（如图b所示）。等到身体已经无法继续压低时，做反向动作，重新站起来。在动作的最高点，通过脚趾用力下踩、脚后跟用力上抬的方式完成提踵动作，前脚掌着地（如图c所示）。然后脚后跟触地，使身体慢慢落下，并恢复下蹲姿势，完成整套动作。

指导技巧

- 身体恢复下蹲姿势时脚后跟不能抬离地面，只有当身体站直并且在动作最高点时脚后跟才能从地面抬起。
- 流畅地完成整套动作。
- 双腿膝关节不能朝身体中线内扣；膝盖与脚趾应保持在同一条直线上。
- 你可能需要稍微调整双脚间的距离，找到一个适合自己的站位。

杠铃前蹲

准备

杠铃前蹲和杠铃后深蹲的运动机制相同，唯一不同的就是杠铃的位置。将一根标准奥林匹克杠铃放在前肩上；双脚分开站立，比肩宽，双脚向外旋转10～15度（如图a所示）。身体站直，胸部上抬，用身体托起杠铃，而不是靠双臂力量将杠铃托起来。

过程

膝关节和髋关节同时弯曲，身体朝地面下压；身体尽可能地压低，但下背部依然保持挺直姿势（如图b所示）。等到身体已经无法继续压低时，双腿伸直，恢复站立姿势，完成整套动作。

指导技巧

- 身体下压成蹲踞姿势时，双臂上举。
- 脚后跟不能抬离地面，且下背部应始终保持挺直姿势。
- 两侧膝关节要保持一定的距离，保持膝盖和脚趾的方向一致；双腿膝关节不能朝身体中线内扣。

杠铃负重躬身

准备

双脚分开站立,与臀同宽;两手握住杠铃置于后肩上,抓握的位置在肩关节外侧(如图a所示)。

过程

背部挺直,屈髋俯身,膝关节弯曲15~20度(如图b所示)。身体前倾的同时,臀部后移。等到躯干大致与地面平行时,臀部朝杠铃方向前移,身体重新站直,完成整套动作。

指导技巧

- 背部不能拱起。
- 通过拉伸髋关节而非过度伸展下背部将杠铃举起。
- 除了双手抓握杠铃的位置不同,这项运动与杠铃罗马尼亚硬拉的动作完全一致。由此看来,将杠铃负重躬身归类为隔离训练,而把杠铃罗马尼亚硬拉划分为复合练习是互相矛盾的。

高架杠铃反弓步

准备

站在标准奥林匹克铃片较平坦的那一面或者有氧踏板上，双脚与臀同宽。两手握住杠铃置于后肩上，抓握的位置在肩关节外侧（如图a所示）。

过程

右腿后跨一步，前脚掌踩地，同时双膝弯曲，身体下压成弓步（如图b所示）。等到后腿膝盖轻轻碰到地面时，后腿前跨一步重新回到踏板上。另一条腿重复以上动作。

指导技巧

- 运动过程中，当膝关节弯曲时，你可以屈髋俯身，躯干前倾；同时背部挺直，以便能够更好地调动臀部肌肉组织，保护膝盖。
- 踏板不能太高，要保证后腿膝盖能够碰到地面。
- 如果需要减小运动幅度，你也可以选择不站在踏板上完成运动。

六角杠深蹲

准备

进行这项运动时,你需要一种被称作"六角杠"的特制器械。站在六角杠中,双手握住手柄;双脚分开,大致与肩同宽(如图a所示)。

过程

双脚平放在地上,保持膝盖与脚趾的方向一致;同时下背部挺直,身体下压成蹲踞姿势(如图b所示)。身体站直,双手置于髋关节外侧。身体慢慢下压成蹲踞姿势,直至六角杠碰触地面。

指导技巧

- 脚后跟不能抬离地面,且下背部应始终保持挺直姿势。
- 双腿膝关节不能朝身体中线内扣,膝盖和脚趾都应朝着同一个方向。
- 尽管一些人更习惯把这项运动称作"六角杠硬拉"而非"六角杠深蹲",但是躯干和髋关节位置更接近杠铃深蹲而不是杠铃硬拉。话虽如此,进行这项运动时你也可以减少膝关节弯曲度,增大躯干前倾的角度,这样你就可以称这项运动为"六角杠硬拉"了。

酒杯深蹲

准备

酒杯深蹲与杠铃后深蹲的运动机制相同,唯一的不同之处就是在进行这项运动时,双手会握住哑铃并将其放在胸部前侧。双手握住哑铃的一端,哑铃抵住胸部上方,两侧肘关节则夹住哑铃的另一端。双脚分开站立,比肩略宽,双脚向外旋转10～15度(如图a所示)。

过程

膝关节和髋关节弯曲,身体用力朝地面下压,同时下背部依然保持挺直姿势(如图b所示)。等到成下蹲姿势的身体已经无法继续下压时,伸直双腿,重新恢复站立

姿势，完成整套动作。

指导技巧

- 脚后跟不能抬离地面，且下背部应始终保持挺直姿势。
- 两侧膝关节要保持一定的距离，膝盖和脚趾都应朝着同一个方向；双腿膝关节不能朝身体中线内扣。
- 你也可以在颈后互扣双手，完成一个自重下蹲动作。

器械压腿

准备

要完成这项运动，你需要一台通常被称作"腿部推蹬机"的器械。身体坐直，双脚平放于踏板的中央；两脚分开，大致与肩同宽（如图a所示）。

过程

膝关节和髋关节尽可能地用力弯曲，同时双脚仍然平放在踏板上，维持开始的姿势（如图b所示）。等到腿部已经无法继续弯曲时，双腿伸直还原，并且动作结束时膝盖不锁死。

指导技巧

- 两侧膝关节要保持一定的距离，膝盖和脚趾朝同一个方向；双腿膝关节不能朝身体中线内扣。
- 调整双脚间距，找到适合自己的距离。
- 你可以通过调整放在踏板上的脚的位置来改变想锻炼的目标肌肉。
- 双脚位置较高就可以更好地锻炼臀肌和腘绳肌，而双脚位置较低则可以更好地锻炼股四头肌。

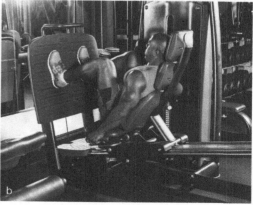

单腿点膝下蹲

准备

站在一块8～13厘米厚的有氧踏板前，也可以站在一堆上面放着一块垫子的铃片前或站在缓冲垫前。左腿单脚站立，右脚从地面抬起，膝关节弯曲，置于左腿后侧。双手在体前伸展，维持身体平衡（如图a所示）。

过程

承重腿弯曲，臀部后坐，使身体慢慢朝地面下压，直至后腿膝盖与有氧踏板相触（如图b所示）。做反向动作，还原单脚站立姿势。身体一侧完成所有动作后再换另一侧。

指导技巧

- 后脚（非承重脚）不允许与地面接触。
- 在完成动作的过程中，你也可以双手各握一只哑铃置于肩关节处。

保加利亚式分腿蹲

准备

身体站直，双手各握一只哑铃垂落于身体两侧。左脚踩在身后的举重床或长凳上，做出分腿下蹲姿势（如图a所示）。

过程

身体朝地面下压，后腿膝盖不能与地面接触（如图b所示）。身体下压的同时，背部挺直，躯干向前倾斜45度。承重腿脚后跟用力向下压，身体上抬恢复开始姿势，完成整套动作。身体一侧完成所有动作后再换另一侧。

指导技巧

- 在动作的最低点，哑铃应分别放在前脚掌的两侧。
- 运动过程中身体重心始终放在前脚掌上。
- 前腿应与长凳保持足够远的距离，这样每次身体下压时，胫骨可以与身体尽量保持垂直。
- 你也可以将双手放在两侧髋关节上，凭借自身体重完成运动。

保加利亚式分腿蹲以及罗马尼亚硬拉混合运动

准备

　　身体站直，双手各握一只哑铃垂落于身体两侧。左脚踩在身后的举重床或长凳上，做出分腿下蹲姿势（如图a所示）。

过程

　　身体朝地面下压，后腿膝盖不能与地面接触。身体下压的同时，背部挺直，躯干向前倾斜45度（如图b所示）。承重腿脚后跟用力向下压，身体上抬恢复开始姿势（如图c所示）。然后背部保持挺直状态，屈髋俯身，前腿膝关节弯曲15～20度。等到躯干与地面大致平行（如图d所示），身体重新站直，完成整套动作。身体一侧完成所有动作后再换另一侧。

指导技巧

- 运动过程中身体重心始终放在前脚掌上。
- 无论任何时候背部都不能拱起。

哑铃反弓步

准备

双脚分开站立，与臀同宽，双手各握一只哑铃垂落于身体两侧（如图a所示）。

过程

左腿向后跨一步，前脚掌着地，同时双膝弯曲，身体下压成弓步。当双膝弯曲时，屈髋俯身，肋骨下侧与前侧大腿顶部接触（如图b所示）。当后腿膝盖轻轻碰到地面时，后退一步恢复开始姿势。另一条腿后跨一步重复以上动作。

指导技巧

- 背部挺直，同时屈髋俯身，以便更好地调动臀部肌肉，保护膝盖。
- 在弓步的最低点，由于躯干前倾，哑铃应当放在前腿的两侧。
- 你也可以将双手放在两侧髋关节上，凭借自身体重完成运动。

哑铃抬升反弓步

准备

站在标准奥林匹克铃片较平坦的那一面或者有氧踏板上，双脚与臀同宽。双手各握一只哑铃垂落于身体两侧（如图a所示）。

过程

右腿后跨一步，前脚掌踩地，同时双膝弯曲，身体下压成弓步（如图b所示）。在膝关节弯曲的同时，屈髋俯身，肋骨下侧与前侧大腿顶部接触。等到后腿膝盖轻轻碰到地面时，前跨一步重新回到踏板上。另一条腿重复以上动作。

指导技巧

- 运动过程中，当膝关节弯曲时，你也可以屈髋俯身，躯干略微前倾，背部挺直，以便更好地调动臀部肌肉，保护膝盖。
- 踏板不能太高，要保证后腿膝盖能够碰到地面。

- 如果要减小运动幅度，你也可以站在踏板上完成运动。
- 你也可以将双手放在两侧髋关节上，凭借自身体重完成运动。

哑铃拳手弓步

准备

哑铃拳手弓步由于与拳手的膝攻击动作类似而得名。身体站直，双脚分开站立，与臀同宽，双手各握一只哑铃。左手握住的哑铃应当位于左大腿侧面，右手握住的哑铃则垂落于右大腿前侧（如图a所示）。

过程

右腿后跨一步做反弓步，右腿膝盖轻轻触碰地面（如图b所示）。恢复站立姿势时，右大腿与哑铃手柄相触。当哑铃抵住右大腿中部位置时，髋关节屈曲，膝关节抬高，小腿与地面成90度角（如图c所示），就如同发起了一次膝攻击。右腿再次后跨一步，重复以上动作。身体一侧完成所有动作后再换另一侧。

指导技巧

- 当后腿抬高至与哑铃相触时，哑铃应置于大腿中部。
- 髋关节屈曲时，膝盖上抬，略高于髋关节；然后放下，开始下一次动作。
- 用髋关节而非手臂将哑铃提起。
- 哑铃应该轻轻触碰大腿，而不是用力猛击，否则会导致身体有不适感。

正压腿

准备

双脚分开站立，与臀同宽。双手各握一只哑铃，垂落于身体两侧（如图a所示）。

过程

右腿向前跨一大步，身体下压，后腿膝盖接近地面，躯干略微前倾（如图b所示）。后腿向前伸，身体重新站直（如图c所示），对侧腿（上一个动作时放在身后的那条腿）向前跨一步（如图d所示）。

指导技巧

- 背部挺直，同时屈髋俯身，以便更好地调动臀部肌肉，保护膝盖。
- 在弓步的最低点，由于躯干前倾，哑铃应当放在前腿的两侧。
- 每次做弓步时步子都不能跨得太大，动作要流畅，并且控制好力度。
- 你也可以将双手放在两侧髋关节上，凭借自身体重完成运动。

171

哑铃前弓步

准备

双脚分开站立，与臀同宽。双手各握一只哑铃，垂落于身体两侧（如图a所示）。

过程

一条腿向前迈一步，前膝弯曲15～20度，同时后腿膝关节伸直或略微弯曲。前脚掌着地时，屈髋俯身，后脚脚跟从地面抬起（如图b所示）。躯干不能低于平行位置，同时背部挺直。前腿后退一步，身体恢复直立姿势。然后另一条腿向前迈一步，重复以上动作。

指导技巧

* 运动过程中哑铃不能着地。
* 在弓步的最低点，背部不能拱起。
* 把握好运动节奏和时间，腿迈出的同时臀部以上部位下压，并且以同样流畅且协调的动作进行反向运动。

举重床踏台阶

准备

站在举重床前，右腿踏在举重床上，左脚撑地，脚跟抬起；双手各握一只哑铃，垂落于身体两侧（如图a所示）。

过程

右膝伸直登上举重床（如图b所示）。等双脚站在举重床上时，左脚可以轻轻靠在举重床边，以便维持身体平衡；然后进行反向动作，左脚从举重床上下来。右脚回到地面，左腿放在举重床上，重复以上动作。这一运动的实质是用同一条腿踏在举重床上又放下来，然后运动腿（即放在举重床上的那条腿）回到地面——并不是双腿站在举重床上。

指导技巧

* 运动过程中躯干略微前倾，将大部分身体重心转移至前脚，保护膝盖。
* 动作要流畅、有控制，每次运动时都要避免躯干猛地向前冲。

- 你也可以将双手放在两侧髋关节上，凭借自身体重完成运动。

重物雪橇前推

准备

要想完成这项运动，你需要一个重物雪橇，上面有直立的把手。双脚前后分开站立在雪橇前。双手握住手柄顶部，身体与地面大致成45度角（如图a所示）。

过程

双腿用力蹬地，大步将雪橇向前推（如图b和图c所示）。

指导技巧

- 任何时候背部都不能拱起，头部也不能下垂；运动过程中躯干和双臂始终保持挺直。
- 避免步伐短促，起伏不定。运动过程中要使用足够重的重物，从而使身体前倾并缓慢前移。步子要大，双手用力前推，双脚每迈出一步都用力向下踩。

重物雪橇前拉

准备

要想完成这项运动，你需要一个带有手柄腕带的重物雪橇。将雪橇放在身后两码处，双手各握一只手柄，置于髋关节两侧。身体与地面成45度角，双腿前后分开站立，双臂与躯干保持平行（如图a所示）。

过程

双腿用力下蹬，双腿依次向前移动，步子要足够大（如图b和图c所示）。

指导技巧

* 任何时候背部都不能拱起，头部也不能下垂；运动过程中躯干和双臂始终保持挺直。
* 双臂不能被牵拉至躯干后侧，运动过程中双臂应始终放在身体两侧。
* 不能拉着雪橇奔跑，同时也应避免步伐短促，起伏不定。运动过程中要使用足够重的重物，从而使身体前倾并缓慢前移。步子要大，双手用力前拉，双脚每迈出一步都用力向下踩。

重物雪橇后拉

准备

要想完成这项运动，你需要一个带有手柄腕带的重物雪橇。将雪橇放在身前两码处，双手各握一只手柄，双臂伸直，与肩同宽。身体成下蹲姿势，大腿与地面成45度角（如图a所示）。

过程

双腿用力下蹬，双腿依次向后移动（如图b所示）。

指导技巧

- 任何时候背部都不能拱起，运动过程中躯干和双臂始终保持挺直。
- 选择的重物的重量要恰当，既不能太轻，以至于轻轻松松就能拉着它跑；又不能过重，以至于身体后倾45度才能拉得动。要选择一个能够让你从容不迫拉动的重物。

重物雪橇侧拉

准备

　　要想完成这项运动，你需要一个带有手柄腕带的重物雪橇。将雪橇放在身体左侧两码处，双脚分开，与臀同宽，身体与雪橇垂直。膝关节略微弯曲，左手握住两只手柄，左臂朝雪橇方向伸展。右脚脚后跟稍微抬离地面，将身体重心转移至左脚（如图a所示）。

过程

　　左腿用力下蹬，右腿朝身体右侧横跨一步并将身体重心迅速转移至右腿，将雪橇朝身体右侧拉动（如图b所示）。然后左腿朝身体右侧跨一步恢复开始姿势（如图c所示）。朝着同一个方向完成所有动作后再转过身，朝右侧移动。

指导技巧

- 运动过程中躯干和双臂始终挺直。
- 选择的重物不能太轻，以至于你能拖着它向一侧跑动；运动过程中要使用适度重的重物，使身体保持一定的倾斜角度且动作流畅。

隔离练习

隔离练习是单关节运动，着重锻炼单个肌肉组织。这些运动主要由经典的健身运动组成，锻炼目标是臀肌、腘绳肌、股四头肌或小腿肌肉。

单腿哑铃卧姿伸髋

准备

坐在地上，两侧肩关节放在举重床或椅子上。左臂沿着举重床向外伸展或放在左侧髋关节处；右手握住一只哑铃置于右侧髋关节前侧。双膝弯曲成90度角，右脚脚掌放在膝关节正下方。右膝保持90度的弯曲姿势不变，左腿膝盖上抬至超过髋关节的位置，同时臀部上提，使膝盖到鼻子成一条直线（如图a所示）。

过程

左腿保持抬起姿势不变，臀部用力下压直至轻轻触碰地面或无法继续下压为止（如图b所示）。然后臀部恢复原位，完成一次运动。

指导技巧

- 每次运动时都要借助脚后跟的力量将身体向上推举；在动作最高点，脚后跟不能从地面抬起。
- 找一个舒服的姿势把哑铃放在髋关节上。
- 在动作的最高点暂停1~2秒。
- 从髋关节而非下背部开始伸展。
- 你也可以借助自身体重完成这项运动。

伸髋腿弯举组合运动

准备

身体仰卧在两张举重床之间。肩关节抬起，同时双臂放在其中一张举重床上，朝两侧张开，掌心朝上。两脚搭在另一张床上，膝关节弯曲成90度角，踝关节背屈，脚趾向上翘起，脚后跟靠在举重床上（如图a所示）。

过程

髋关节用力上抬，大腿与躯干成一条直线（如图b所示）。臀部朝地面下压，直至轻轻触碰地面或无法继续下压为止，这样就完成了一次运动。

指导技巧

- 在动作的最高点暂停1～2秒。
- 从髋关节而非下背部开始伸展。
- 你也可以将一根举重杠放在髋关节处以增加运动负荷，建议使用带有保护衬垫的举重杠。

单腿伸髋腿弯举组合运动

准备

身体仰卧在两张举重床之间。肩关节抬起，同时双臂放在其中一张举重床上，朝两侧张开，掌心朝上。两脚搭在另一张床上，膝关节弯曲成90度角，踝关节背屈，脚趾向上翘起，脚后跟靠在举重床上。右膝保持姿势不变并向上抬高到臀部以上位置（如下页图a所示）。

过程

右腿保持抬举姿势不变，髋关节用力上抬，使左大腿与躯干成一条直线（如下页图b所示）。臀部朝地面下压，直至轻轻触碰地面或无法继续下压为止，这样就完成了一次运动。一条腿完成所有动作后再换另一条腿。

指导技巧

- 在动作的最高点暂停1~2秒。
- 从髋关节而非下背部开始伸展。

单腿举髋

准备

　　身体成仰卧姿势，双腿并拢，膝关节弯曲15度，双脚放在举重床或椅子上。一只脚从举重床上或椅子上抬起，髋关节屈曲，膝关节弯曲小于90度角。双手握住一只铃片，将其放在弯曲腿的胫骨处（如图a所示）。

过程

　　一条腿保持弯曲姿势不变，髋关节尽可能地向上抬高，同时非弯曲腿膝关节略微弯曲（如图b所示）。慢慢进行反向动作，允许臀部与地面轻微接触。身体一侧完成所有动作后再换另一条腿。

指导技巧

- 任何时候下背部都不能过度拉伸。
- 运动过程中髋关节不能转动。
- 你也可以借助自身体重完成这项运动。

横向迷你弹力带拖拽步

准备

将一根迷你弹力带缠在脚踝上方。双手撑在髋关节处，双脚分开，与臀同宽，身体向下蹲（如图a所示）。

过程

小碎步朝身体左侧横向移动，弹力带始终保持紧张状态（如图b和图c所示）；然后用同样的方式朝右侧移动。

指导技巧

- 躯干不能左右摇摆不定，运动过程中脊柱和骨盆都始终稳定不动。
- 膝盖不能朝身体中线内扣，运动过程中始终保持膝关节和双脚在一条直线上。

低位横向迷你弹力带拖拽步

准备

将一根迷你弹力带缠在膝盖上方。双手撑在髋关节处，双脚分开，与臀同宽，身体向下蹲直至大腿在与地面平行略微靠上一点的位置（如图a所示）。

过程

小碎步朝身体左侧横向移动，弹力带始终保持紧张状态（如图b和图c所示）；然后朝身体右侧移动。

指导技巧

- 躯干不能左右摇摆不定，运动过程中脊柱和骨盆都始终稳定不动。
- 膝盖不能朝身体中线内扣，运动过程中始终保持膝关节和双脚在一条直线上。

仰卧位臀桥迷你弹力带抬腿

准备

仰卧，双腿分开，与臀同宽，膝关节略微弯曲，双脚放在举重床或椅子上，迷你弹力带缠在双脚上。臀部抬高至与躯干成一条直线（如图a所示）。

过程

一侧髋关节弯曲，同侧膝盖朝头部方向移动，直至髋关节弯曲小于90度（如图b所示）。进行反向动作，脚重新放回举重床或椅子上，然后另一条腿重复以上动作。

指导技巧

- 整个运动过程中脚趾始终朝鼻子方向拉动，从而使踝关节保持背屈姿势不变。
- 下背部不能过度伸展，躯干保持在一条直线上。
- 任何时候与未移动膝盖同侧的髋关节都不能转动。

45度髋关节伸展

准备

要想完成这项运动，你需要一台被称为"45度背部伸展训练机"的特殊装置。双脚分开，与臀同宽，大腿抵在髋骨下方的垫子上，双臂在胸前交叉（如图a所示）。

过程

屈髋俯身，背部挺直（如图b所示）。进行反向动作，髋关节伸展，避免下背部拱起，躯干撑起来，使肩部、臀部、脚踝成一条直线。

指导技巧

- 你也可以只放一条腿放在护踝垫上，完成单侧运动。
- 为了增大运动难度，你可以双手握住一只铃片，举至腹部或胸部。
- 虽然这项运动通常被称作45度背部伸展，但是这些动作要通过髋关节伸展完成，因此这里称其为"45度髋关节伸展"。

北欧腿部弯举

准备

你需要一位同伴或者合适的健身器械帮助你把小腿固定住。双腿分开，与臀同宽，做出高位屈膝姿势（如图a所示）。

过程

髋关节和背部挺直，双膝伸展使身体慢慢朝地面下压（如图b所示）。等到身体到达极限，无法继续下压时，可以允许身体俯卧在地上——用双手控制动作，身体成跪姿俯卧撑姿势（如图c所示）。双手将身体从地面撑起（如图d所示），做反向动作，逐步恢复高位屈膝姿势（如图e所示），这样就完成了一次运动。

指导技巧

* 运动过程中，膝关节和肩关节大致在一条直线上。

健身球屈腿

准备

躺在地板上成仰卧姿势，双腿分开，与臀同宽；脚后跟放在一只直径为55～65厘米的健身球上，同时双臂朝身体两侧伸展，维持身体平衡。臀部从地面抬起，直至腿和躯干在一条直线上（如图a所示）。

过程

脚后跟将健身球朝身体方向移动，同时髋关节上抬，直至双脚移动至身体下方（如图b所示）。慢慢恢复开始姿势并重复以上动作，臀部不能与地面接触。

指导技巧

- 无论任何时候下背部都不能过度伸展。
- 在动作最高点，从肩部到膝盖应该成一条直线。
- 如果运动过程中双脚不小心从健身球上滑下来，那就根据运动需要重新调整脚部姿势。

单腿健身球屈腿

准备

躺在地板上成仰卧姿势，双腿分开，与臀同宽；脚后跟放在一只直径为55～65厘米的健身球上，同时双臂朝身体两侧伸展，维持身体平衡。臀部从地面抬起，直至腿和躯干在一条直线上，然后一条腿从健身球上抬起，髋关节和膝关节同时弯曲（如图a所示）。

过程

单腿保持弯曲姿势，用放在球上的那只脚的脚后跟将健身球朝身体方向牵拉，同时髋关节上抬，直至这只脚移动至身体下方（如图b所示）。慢慢恢复开始姿势并重复以上动作，臀部不能与地面接触。身体一侧完成所有动作后再换另一条腿。

指导技巧

- 无论任何时候下背部都不能过度伸展。

- 在动作最高点，从肩部到膝盖应该成一条直线。
- 如果运动过程中双脚不小心从健身球上滑下来，那就根据运动需要重新调整脚部姿势。

伸髋滚轴屈腿

准备

要想完成这项运动，你需要伸髋滚轴。身体成仰卧姿势，双腿分开，与臀同宽，双脚脚后跟放在伸髋滚轴中央，膝关节弯曲成90度角，双臂朝身体两侧伸展。臀部从地面抬起，直至肩部、髋关节和膝盖成一条直线（如图a所示）。

过程

慢慢伸展双腿直至膝关节大致伸直，臀部不接触地面（如图b所示）。进行反向动作，脚后跟朝身体方向拉伸，同时髋关节抬高，直至双脚重新回到身体下方。

指导技巧

- 无论任何时候下背部都不能过度伸展。
- 你也可以进行难度更大的单腿版本，按照上文提到过的单腿健身球屈腿方式使一侧髋关节弯曲成90度角。

器械坐姿腿弯举

准备

要想完成这项运动，你需要一台腿部伸展机。身体坐直，将小腿放在两根海绵轴中间。双腿分开，与臀同宽，膝关节后部贴着坐垫（如图a所示）。

过程

握住手柄，弯曲膝关节使海绵轴移动，双腿在身体下方尽可能地弯曲（如图b所示）。慢慢进行反向动作，完成重复运动。

指导技巧

- 每次重复运动时都要控制好力度。

器械腿伸展

准备

要想完成这项运动，你需要一台腿部伸展机。身体坐直，小腿放在两根海绵轴中间，下方海绵轴位于胫骨下方，双腿分开，与臀同宽，膝关节后部贴着坐垫（如图a所示）。

过程

握住手柄，小腿用力向前、向上推海绵轴，同时双腿伸展，踝关节背屈，直至膝关节完全伸展（如图b所示）。进行反向动作，完成一次运动。

指导技巧

● 每次重复运动时都要控制好力度。

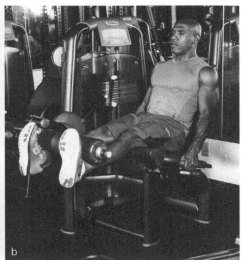

杠铃提踵

准备

前脚掌踩住较轻的杠铃片。双脚分开站立，与臀同宽，杠铃横放于颈后肩部。

过程

脚趾用力压铃片，脚后跟尽可能地从地面抬起（如图b所示）。慢慢将身体放下，直至脚后跟触碰地面。

指导技巧

- 双脚不要向上跳，每次运动时都要缓慢、有控制。
- 每次身体向下放时（速度异常缓慢）脚后跟轻轻触碰地面（不是完全踩在地上）。

第7章将带着你了解"核心肌群四大训练"，向你介绍许多效果显著的运动，这些运动能帮你增强核心肌群力量并改善运动表现。另外，第7章也会澄清一些关于这个热门话题的错误观念及误解。

第7章

核心肌群

几乎每一个对健身感兴趣的人都会用到"核心肌群"这个术语，核心肌群是用来描述身体核心部位的肌群，它控制着头部、颈部、肋骨、脊柱和骨盆[1]。换句话说，核心肌群并不仅仅包括腹肌和下背部肌肉，它由所有的躯干肌群组成，包括胸部、肩部、背阔肌、中背部、臀部、下背部、腹肌以及腹斜肌。

本书第4章包括大量针对胸大肌和肩部肌肉的训练，第5章包括针对背阔肌以及中背部肌群的训练，第6章包括针对臀肌和下背部肌肉的训练。本章所介绍的运动项目的核心是帮助你将腹肌和腹斜肌的力量最大化，增强旋转强度和力量。

核心肌群四大训练

核心肌群四大训练包括四种类型的运动，旨在加强腹肌、腹斜肌、下背部肌肉以及臀肌的力量。

- 前侧核心训练
- 侧向核心训练
- 旋转核心训练
- 后侧核心训练

为了确保训练内容的全面性，你的核心训练计划要包括这四种训练。一个全面的健身方案通常会包括由躯干以及运动辅助肌肉共同完成的主要运动类型。

以这种方式锻炼核心肌群的重要性由于持续但错误的信念（下蹲和硬拉运动已经给予了前侧核心肌群以及后侧核心肌群足够的刺激）得以凸显。尽管研究已经表明杠铃后深蹲及传统的杠铃硬拉都是不错的核心肌群运动，但这里的问题是：核心肌群的哪一方面得到了锻炼？

　　研究表明，下蹲和硬拉等运动可以有效地激活后侧核心肌肉（即背伸肌、腰椎稳定肌），但是与专门的前侧核心训练运动[2, 3]相比，它们对前侧核心肌群（即腹肌）的锻炼效果差很多。这一事实显而易见，因为下蹲和硬拉运动会使躯干向前弯曲，这会迫使背伸肌持续工作来抵御这一力量，维持脊柱的中立位。

　　因此，下蹲和硬拉运动并不能够给予前侧以及后侧核心肌群足够的刺激。尽管如此，下肢力量在产生和改善最大旋转力方面起着不可小觑的作用。简而言之，强健的下肢以及核心肌群可以增强身体的旋转力量。反过来，这种旋转力量在运动中又发挥着重要作用，如在打高尔夫球、拳击、投掷运动中。投掷、出拳或转动不仅与手臂力量有关，而且与髋关节、躯干和单臂（或双臂）的旋转动作所释放出的力量有关。总之，如果你想要提升身体的旋转力量，那么你不仅要增强上肢力量，下肢及核心肌群力量的锻炼也不能忽略。

全身能量训练

　　这些爆发力极强的运动需要你通过调动全身与旋转动作有关的肌肉来积聚力量。其中一部分运动在其他章中也有涉及。

药球水平抛扔

准备

身体成站立姿势，与实体墙大致垂直，双脚分开，比肩宽，同时膝关节微微弯曲。前脚（靠近墙壁的那一只）大约与墙壁成45度角，后脚掌笔直伸向前方。躯干挺直，双手在胸前抱着一只重量为3~5千克的药球，肘关节向外指（如图a所示）。

过程

髋关节和肩关节同时用力朝墙壁旋转，同时后臂伸展将球水平抛出（如图b所示），就如同挥出拳头一般。当药球朝你反弹时，重新摆好姿势开始下一次的动作。身体一侧完成所有动作后再调转方向，用另一侧完成动作。

指导技巧

- 将球抛出时允许后脚朝墙壁方向转动。
- 抛球时身体重心从靠近墙壁的那一侧向对侧转移；而抛球结束时，大部分重心则转移至靠近墙壁的左腿上，且后脚脚跟抬离地面。
- 竭尽全力将球朝墙壁抛出。
- 每次抛球时后臂都与地面大致平行。
- 如果使用的是弹性极大的橡胶药球，那么身体与墙壁就要保持足够远的距离，这样每次去接弹回来的药球时才不会感觉匆忙。身体与墙壁之间的距离至少应该允许球体反弹一次。
- 假如选择的是弹性较小的药球，那么你与墙壁间的距离就要近很多。身体与墙壁之间的距离应该达到能够让你从容地去接住反弹或者滚回来的药球。

药球推抛

准备

身体成站立姿势，与实体墙大致垂直，双脚分开，比肩宽，同时膝关节微微弯曲。前脚（靠近墙壁的那一只）大约与墙壁成45度角，后脚掌笔直伸向前方。躯干挺直，双手在胸前抱着一只重量为3～5千克的药球，肘关节略微向外指（如图a所示）。

过程

髋关节和肩关节同时用力朝墙壁旋转，同时双腿和后臂伸展将球以推铅球的姿势往45度角方向抛出（如图b所示）。每次抛球时，双脚脚后跟都应抬离地面，身体转动至面向墙壁。等药球朝你反弹回来，重新摆好姿势开始下一次动作。身体一侧完成所有动作后再调转方向，用另一侧完成动作。

指导技巧

- 每次将球抛出时后脚脚后跟都要抬离地面，并且依靠身体的旋转力面向墙壁。
- 如果使用的是弹性较小的药球，那么与选择橡胶药球相比，你与墙壁间的距离要近得多。身体与墙壁之间的距离应该达到能够让你从容地去接住反弹或者滚回来的药球。
- 假如选择的是毫无弹性的填沙药球，你可以往45度角方向将球抛向开阔的空地，然后走到药球前，把它扔回开始位置。

药球侧舀水平抛

准备

身体成站立姿势，与墙壁垂直，双脚分开，比肩宽，膝关节略微弯曲。双手抱着一只重量为3~5千克的药球置于身体左侧，同时屈髋俯身。右脚脚后跟从地面抬起，右脚轻轻转动，指向身体左侧（如图a所示）。

过程

臀部用力朝身体右侧旋转，同时髋关节和肩关节合力将药球水平抛出，此时双手成舀水姿势（如图b所示）。身体一侧完成所有动作后，用另一侧完成动作。

指导技巧

- 每次抛球时背部都要完全挺直。
- 运动过程中肘关节轻微弯曲。
- 抛球时后脚脚后跟从地面抬起，以前脚掌为轴朝同一方向转动。
- 如果使用的是弹性较小的药球，那么与选择橡胶药球相比，你与墙壁间的距离要近得多。身体与墙壁之间的距离应该达到能够让你从容地去接住反弹或者滚回来的药球。

药球侧舀斜抛

准备

身体成站立姿势，与墙壁垂直，双脚分开，比肩宽，膝关节略微弯曲。双手抱着一只重量为3～5千克的药球置于身体左侧，同时将身体重心转移至左腿，屈髋俯身（如图a所示）。

过程

臀部用力朝身体右侧旋转，同时髋关节和肩关节合力将药球往45度角方向抛出，此时双手成舀水姿势（如图b所示）。墙壁上的扔抛目标位置与身高大致相同。身体两侧交替进行，共重复进行8～10次。

指导技巧

- 每次抛球时双腿伸直的同时旋转躯干，运动过程中肘关节始终保持略微弯曲姿势。
- 每次将球抛出时后脚脚后跟都要抬离地面，并且依靠身体的旋转力面向墙壁。
- 如果使用的是弹性较小的药球，那么与选择橡胶药球相比，你与墙壁间的距离要近得多。身体与墙壁之间的距离应该达到能够让你从容地去接住反弹或者滚回来的药球。
- 假如选择的是毫无弹性的填沙药球，你可以往45度角方向将球抛向开阔的空地，然后走到药球前，把它扔回开始位置。

药球前舀水平抛

准备

面对墙壁站立，双脚大致与肩同宽，身体大部分重心转移到左腿上。肩关节朝身体左侧旋转，将一只重量为3～5千克的药球放在左大腿外侧。右脚脚后跟从地面抬起，右脚掌旋转，脚趾指向身体左侧（如图a所示）。

过程

身体重新恢复中立位，用力将药球朝着墙壁水平抛出。与药球侧舀水平抛运动一样，以舀水姿势将球抛出（如图b所示）。身体与墙壁之间的距离应当保证让你能够从容地抓住它。身体一侧完成所有动作后换另一侧完成动作。

指导技巧

- 不要只凭借双臂力量将球抛出，要借助双腿、髋关节和躯干的力量来产生旋转力。
- 每次抛球时背部都要完全挺直。
- 运动过程中肘关节轻微弯曲。
- 如果使用的是弹性较小的药球，那么与选择橡胶药球相比，你与墙壁间的距离要近得多。

药球向下劈抛

准备

身体成站立姿势，与墙壁垂直，双脚分开，比肩宽。双手抱着一只重量为3～5千克的药球斜放左肩上方，身体大部分重心都转移至左侧（如图a所示）。

过程

身体重心迅速向右转移，同时转动髋关节和肩关节往45度角方向将药球向下抛（如图b所示）。抛球时双手成舀水姿势，瞄准墙壁前方地面上的某一点。药球落到地上，然后接住球并重新调整身体姿势开始下一次动作。身体一侧完成所有动作后换另一侧完成动作。

指导技巧

- 运动准备时双臂抬高，身体轻微前倾。
- 运动过程中肘关节略微弯曲。
- 抛球时后脚脚后跟从地面抬起，以前脚掌为轴朝同一方向转动。

交叉身体运动

在本书第4、5、6章中，所有的交叉身体运动都调动了身体的核心肌群。即便如此，这些运动强调的依然是推举、拉伸或下肢动作。相反，下面介绍的交叉身体运动着重锻炼进行旋转动作或者抵抗旋转和侧屈的躯干肌肉组织。

哑铃平板划船

准备

双手各握一只哑铃，身体成平板支撑姿势，双脚分开，大致与肩同宽（如图a所示）。

过程

在平板支撑姿势的最高点时，左手拿起哑铃并朝身体方向提拉（如图b所示）。慢慢将哑铃重新放回地面，然后右手重复以上动作。双手继续交替，直至完成特定数量。

指导技巧

- 头部和臀部不能下沉。
- 每次提拉哑铃时身体不能左右摆动。
- 每次提拉哑铃时髋关节不能转动。
- 提拉哑铃时动作要小心，有控制地将哑铃慢慢放回地面。
- 为了确保哑铃不会在地面滚动，双手要放在肩关节正下方。

单臂哑铃农夫行走

准备

身体成直立姿势，左手握住一只较重的哑铃并放在左侧髋关节处。

过程

在房间中来回走动，哑铃始终位于髋关节处，同时身体维持直立姿势（如图所示）。然后双手交替，另一只手握住哑铃重复以上动作。

指导技巧

- 这项运动可以有效地提升握力。握力与核心力量一样，都可能成为限制你负重能力的因素。
- 如果握力不够无法进行这项运动，你可以将哑铃放在肩关节前侧。

自下而上绳索伐木

准备

站立在复合拉伸机前，身体与其保持垂直。双手各握住绳索一端，绳索则固定在器械的最低点处；双臂朝固定点处伸展，双脚分开站立，比肩略宽。

过程

身体微微下蹲，重心转移至左腿，同时双臂向下，朝绳索固定点处伸展（如图a所示）。身体站直，重心朝右腿转移，将绳索向身体右上方斜拉。在动作最高点时结束运动，双臂在右侧高举过头顶（如图b所示）。进行反向运动，恢复开始姿势，然后重复以上动作。身体一侧完成所有动作后再换另一侧。

指导技巧

- 躯干即使在动作最高点时也不能过度向外转动，因为向外转动会极大地减弱躯干肌肉的旋转张力。
- 运动过程中脊柱始终保持中立位；在动作最低点，臀部向后坐。

自上而下绳索伐木

准备

站立在复合拉伸机前，身体与其保持垂直，绳索则固定在器械的最高点处；双臂朝固定点处伸展，双脚分开站立，比肩略宽。

过程

双臂在身体左侧高举过头顶，重心转移至左腿（如图a所示）；将绳索向身体右下方斜拉，重心朝右腿转移（如图b所示）。等到绳索触碰手臂，慢慢进行反向动作。

指导技巧

- 躯干即使在动作最低点时也不能过度向外转动，因为这样会极大地减弱躯干肌肉的旋转张力。
- 运动过程中脊柱始终保持中立位；在动作最低点，臀部轻微后坐。

铃片伐木

准备

身体下蹲，髋关节和躯干朝左腿膝盖外侧旋转，同时双手握住一只重量为4.5～20千克的铃片。

过程

站直并朝右侧旋转，向身体右上方举起铃片，运动结束时铃片举过头顶（如图b所示）。进行反向动作，沿着同样的路径将铃片放至左腿膝盖外侧。身体一侧完成所有动作后再换另一侧。

指导技巧

- 动作要流畅、有节奏，上肢和下肢要互相配合。
- 运动过程中脊柱始终保持中立位；在动作最低点，臀部轻微后坐。

绳索或弹力带紧绷旋转

准备

双脚分开站立，与肩同宽，膝关节略微弯曲，双手握住绳索或弹力带两端的手柄，并拉伸至左侧肩关节处。绳索或弹力带应当固定在一个稳定的结构上或门柱内侧（许多弹力带都有这样的固定装置）。双手握住手柄位于身体左侧，肘关节略微弯曲（如图a所示）。

过程

将手柄经过身体朝右侧拉伸，直至双臂伸至右侧肩关节外侧（如图b所示）。反方向（朝着绳索固定点方向）水平移动双臂，直至双臂伸至左侧肩关节外侧。这项运动的动作幅度很小，与肩部宽度差不多。身体一侧完成所有动作后再换另一侧。

指导技巧

- 运动过程中身体始终挺直。
- 允许髋关节小幅度转动，转动时应该与肩关节保持同一方向和速度。

绳索或弹力带抗旋转按压

准备

双膝跪地，上身与固定在一个稳定的结构上或门柱内侧的与肩同高的绳索手柄或弹力带垂直。双膝大致与肩同宽，双手握住弹力带置于胸部中间（如图a所示）。

过程

双臂在体前伸展，躯干不能朝绳索或弹力带固定点方向旋转（如图b所示）。然后慢慢进行反向动作，双手重新放回胸部中间。

指导技巧

- 运动过程中身体始终保持挺直。
- 双臂伸展时不能低于胸部高度。

单臂平板支撑

准备

以平板支撑作为开始姿势，双手与肩同宽，双脚间距比肩略宽。

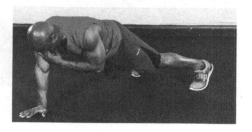

过程

一只手臂抬离地面，并放在胸部，肩关节和髋关节不允许转动，头部和腹部也不能松弛下垂（如图所示）。暂停几秒后换另一只手。

指导技巧

- 你也可以肘关节着地完成这项运动；如果采用这种运动方式，就将护垫、枕头或者叠好的毛巾放在肘关节下方进行保护。
- 为了增加运动难度，将抬高的手臂朝身体外侧伸展，而不是从胸前经过。
- 为了降低运动难度，刚开始时双手间距可以小于肩宽，这样就会使活动臂变短。

斜角杠铃紧拉彩虹

准备

将杠铃的一端放在墙角处或者固定装置中，双手握住杠铃另一端，双脚分开站立，与肩同宽。

过程

将杠铃沿着彩虹的弧度从一侧肩膀转移到另一侧（如图a和图b所示）。

指导技巧

- 脊柱挺直。
- 避免躯干扭动；当你将杠铃左右来回移动时，躯干应始终保持正对杠铃被固定那一端的姿势。
- 运动过程中肘关节始终保持轻微弯曲。
- 移动杠铃的力量应从肩关节发出而非肘关节。

复合核心训练

举重训练的一个原则就是重视复合（多关节）运动，将隔离（单关节）训练作为补充。正如你所了解的那样，功能谱训练系统通过引入交叉身体运动，进一步发展了这一训练原则。

许多常见的腹肌运动都是隔离训练。事实上，复合练习原则很少能够应用于腹肌训练中。然而，如果我们回忆一下本章一开始提到的核心肌群的定义就会明白，研究发现要使腹肌和腰椎肌肉在运动中得到最大限度的锻炼，三角肌和臀肌就要参与到运动中[4]。这一发现构成了核心训练的原则之一，即与其他肌群一样，综合的核心训练常规应当更加关注综合性、复合性运动，将隔离练习作为补充。这正是功能谱训练系统对核心训练做出的贡献。现在你可以了解到这样一个重要事实：在涉及推举、拉伸和下肢运动章中所有的交叉身体运动项目同样都是极好的核心训练运动，因为它们能够促使在肩关节和对侧髋关节之间产生交叉力量。

复合练习

下面的前侧和后侧核心训练（即腹肌以及腹斜肌训练）整合了肩关节和髋关节运动。

健身球蹲踞

准备

身体成俯卧撑姿势，手掌撑在肩关节正下方，双脚和小腿放在健身球（直径为55～65厘米）上（如图a所示）。双脚分开，与臀同宽。

过程

双腿膝盖朝胸部拉伸（如图b所示）。进行反向动作并重复以上动作。

指导技巧

* 头部和下背部不能朝地面方向松弛下垂。
* 控制力度，动作要流畅自然。

健身球滑行

准备

跪在垫子上，双膝分开，与臀同宽；双臂尽量挺直，双手手掌放在健身球（直径为55～65厘米）上，双手与肩同宽（如图a所示）。

过程

像跳入游泳池一样将双臂举过头顶，把健身球推开。将球体尽可能地向远处推，同时避免头部和下背部朝地面松弛下垂（如图b所示）。等到健身球被推到最远时，进行反向动作，将健身球拉回开始位置。

指导技巧

* 为了降低运动难度，运动开始时只需要将前臂放在健身球上，然后按照以上步骤完成运动。
* 无论任何时候髋关节都不能弯曲。

健身球曲臀直腿

准备

　　身体成俯卧撑姿势，手掌撑在肩关节正下方，双脚和小腿放在健身球（直径为55～65厘米）上（如图a所示）。

过程

　　利用腹肌力量将臀部向上抬起，同时双腿伸直。臀部上抬直至到达肩部上方（如图b所示）。身体慢慢放下恢复开始姿势，在这一过程中躯干挺直。

指导技巧

- 为了降低运动难度，运动开始时可以缩小健身球和肚脐间的距离。
- 恢复开始姿势的过程中，臀部和头部都不能朝地面松弛下垂。

健身球曲臀直腿滑行

准备

健身球曲臀直腿滑行结合了健身球滑行和健身球曲臀直腿两项运动，是一项综合的腹肌运动。身体成俯卧撑姿势，手掌撑地，膝盖放在健身球（直径为55～65厘米）上（如图a所示）。

过程

双腿伸直，手掌撑在肩关节正下方，臀部上推，直至臀部到达肩部上方（如图b和图c所示）。髋关节伸展恢复开始姿势后，身体向后推直至双臂在体前充分伸展，双腿在体后完全伸直。进行反向动作，重复以上动作。

指导技巧

- 为了降低运动难度，运动开始时可以缩小健身球和肚脐间的距离。
- 双臂伸展身体向后推时，臀部和头部都不能朝地面松弛下垂。
- 进行曲臀直腿动作时，臀部上抬直至到达肩部上方。

健身球搅拌

准备

两只前臂放在健身球上，身体成平板支撑姿势，身体在一条直线上，双脚分开，比肩略宽（如图a所示）。臀部肌肉收缩，前侧髋骨朝头部、尾椎骨朝双脚拉伸，使骨盆向后旋转。换句话说，如果你把骨盆想象成一桶水，骨盆后倾就会使水桶倾斜，水从背部流出；相反，骨盆前倾就会使水从前侧流出。

过程

双臂以小椭圆弧度移动（如图b所示）。朝顺时针和逆时针两个方向移动，头部和臀部不能朝地面松弛下垂。

指导技巧

- 运动过程中身体始终成一条直线；臀部和头部都不能朝地面松弛下垂。
- 双臂不能按照圆形弧度移动，要使纵向移动的距离超过球体直径，这样你就不会从球体的任何一侧落下。
- 双臂向外伸展时臀部肌肉用力收缩。
- 在保证下背部感觉舒适的情况下，双臂用力外伸。

迷你弹力带平板支撑行走

准备

将一根迷你弹力带缠在双脚上，身体成平板支撑姿势，双腿分开，与臀同宽，腕关节在肩关节正下方（如图a所示）。

过程

身体成一条直线，一侧髋关节弯曲，膝关节朝头部方向移动直至髋关节弯曲成90度角，同时避免脚趾与地面接触（如图b所示）。进行反向动作，将脚掌放回开始位置，然后另一条腿重复以上动作。

指导技巧

- 运动过程中将脚趾朝鼻子方向拉伸，确保腕关节弯曲。
- 髋关节弯曲时，避免背部拱起。

手臂行走

准备

　　身体成跪撑姿势，双手手掌平放于地面，双手位于肩部前方，双臂在肩关节下方伸直（如图a所示）。头部到膝盖大致成一条直线。你可能需要将护垫、枕头或叠起来的毛巾放在膝盖下方保护身体。

过程

　　双臂尽可能地朝身体前侧移动（如图b所示），同时下背部不能过度伸展（如图c所示）。进行反向动作，双手原路返回，并最终停在肩部前方。

指导技巧

- 运动过程中头部到膝盖始终成一条直线；臀部和头部都不能朝地面松弛下垂。

- 每次双臂向身体前侧移动时，臀部肌肉都要用力收紧。

- 在保证下背部感觉舒适的情况下，双臂尽可能地向身体前侧移动。

药球行走

准备

　　身体成跪撑姿势，双手放在橡胶药球或者填沙药球上，双手位于肩部前方，双臂在肩关节下方伸直（如图a所示）。头部到膝盖大致成一条直线。你可能需要将护垫、枕头或叠起来的毛巾放在膝盖下方保护身体。

过程

　　双臂交替将药球尽可能地朝身体前侧滚动，同时下背部不能过度伸展（如图b所示）。进行反向动作，双手向后移动使药球原路返回，并最终停在肩部前方。

指导技巧

- 运动过程中头部到膝盖始终成一条直线；臀部和头部都不能朝地面松弛下垂。
- 每次双臂向身体前侧移动时，臀部肌肉都要用力收紧。
- 在保证下背部感觉舒适的情况下，双臂尽可能地向身体前侧移动。
- 如果你使用的是橡胶药球（大部分健身房中都有这种），那就挑选一只充满气的、尺寸足够大的且至少3.5千克重的药球。
- 假如选择的是填沙药球，那么球体越重，运动难度越大。

悬空腹肌沉降

准备

　　找一台悬挂式拉力器，背对着固定点站立；双手握住手柄，身体重心前倾，双臂与肩同宽（如图a所示）。

过程

　　肘关节伸直，双臂伸过头顶（如图b所示）。手臂收回即完成一次运动。

指导技巧

- 髋关节不能朝地面松弛下垂。
- 为了增加运动难度，开始运动时可以增大身体前倾角度，使身体与地面贴得更近。

209

腹肌缓慢移动

准备

你需要将双脚脚后跟放在可供双脚滑动的地面上，或者你可以将双脚脚后跟放在纸板上。坐在地上，双腿在体前伸展，双手放在臀部后方撑住地面，手指向后指（如图a所示）。

过程

双手用力撑地，臀部从地面抬起（如图b所示）。借助双臂力量使髋关节尽可能地上抬（如图c所示），然后再慢慢放回地面。双手放在身体后方，重复以上动作，每次运动时身体都沿着地面移动。

指导技巧

- 每次运动之初，双臂都不能在身后过度伸展。双手手掌应放在臀部后方且靠近臀部的位置。
- 等你借助双臂力量将髋关节向上抬时，短暂停留一两秒，然后髋关节下移，并且重新调整双手位置开始下一次运动。
- 双臂撑住地面尽可能抬高髋关节。

侧肘平板支撑

准备

身体侧卧，右前臂撑在地面上，肘关节在肩关节正下方，双脚前后分开或者上下叠放。左手放在左侧髋关节处。

过程

臀部从地面抬起（如图所示）。在给定时间内维持这一姿势，然后换身体另一侧重复以上动作。

指导技巧

- 从鼻子到肚脐再到双腿保持成一条直线。
- 在肘关节下放一个垫子或毛巾卷，维持身体舒适。

隔离练习

隔离训练都是关注单个肌群的运动。这些运动主要由传统的健身运动组成，再加上一些不那么传统的、针对腹肌和腹斜肌的运动。

健身球铃片卷腹

准备

身体成仰卧姿势，健身球放在下背部拱起处，双手握住一只铃片放在胸部正上方，双臂伸直（如图a所示）。

过程

完成一个卷腹动作，将铃片向上举起（如图b所示）。慢慢进行反向动作，让腹部肌肉在球体上方伸展。

指导技巧

- 任何时候健身球都不允许滚动。
- 不要一直坐在球上（躯干与地面垂直），否则会减小腹肌的拉力。
- 在动作最低点颈部不能过度伸展；运动过程中颈部始终保持中立位。
- 在动作最高点短暂停留1~2秒。

反向卷腹

准备

仰卧在地板上，双膝弯曲，髋关节朝腹部弯曲。肘关节弯曲，双手握住一只哑铃、壶铃或者药球放在头部后方（如图a所示）。

过程

完成一个反向卷腹动作，下背部从地面卷起，双膝朝下巴方向拉伸（如图b所示），保持动作流畅、有控制。慢慢进行反向动作，背部缓缓朝地面下压，每次只有一块椎骨与地面相触。

指导技巧

- 不要凭借冲力或者猛拉身体完成动作。
- 任何时候都不允许双腿伸展，头部从地面抬起。
- 找一只足够重的哑铃、壶铃或者药球，让你无法将其从地面抬起。随着腹肌力量增强，你对固定物的依赖也就越来越小，这就意味着你可以选择一个更轻的哑铃、壶铃或者药球，但是依然不能将其抬离地面。

弹力带双腿下压

准备

　　身体仰卧在地板上，双膝弯曲，髋关节弯曲成90度角，双臂在身体前侧伸展。双手各握住弹力带两端的手柄（如图 a 所示），弹力带则固定在与双臂同高的一个固定物上或者身体后方的门柱内侧。

过程

　　双臂用力拉伸弹力带，双腿朝地面慢慢放下。双膝弯曲，同时下背部不能从地面抬起（如图 b 所示）。等到脚后跟轻轻触碰地面，进行反向动作，膝盖重新回到髋关节上方。

指导技巧

- 为了使运动更具挑战性，当双腿朝地面下压的同时也向远处伸展——双腿伸得越远，运动难度就越大；脚后跟与髋关节贴得越近，运动难度就越小。
- 任何时候下背部都不能抬离地面。

　　既然你已经见到了功能谱训练系统中各式各样的运动，现在是时候向你介绍热身和舒缓放松的方法了，有了它们的帮助，你就能从本书后面介绍的健身方案中获得更大的收益。

第8章

热身和舒缓放松

动态热身是从常规活动到体育运动的过渡活动。而舒缓放松却恰好相反——它是从体育运动到常规活动的过渡活动。本章将会向你介绍热身运动的方法以及舒缓放松的技巧，以此来开启或结束你的功能谱训练运动。

热身运动

如同功能谱训练系统中既有复合练习也有专项运动一样，热身运动也分为复合性和针对性两类。针对性热身运动事实上就是前期准备工作，因为与你即将要进行的运动相比，它们只是运动负荷更轻、强度更小而已，它们被用作逐步增大运动强度的手段。举个例子，如果你准备进行冲刺跑训练，那么先做一些轻松跑练习，然后再逐渐加快速度。假如你要做举重练习，那先做几组较轻的训练，逐步累加重量。

这里所介绍的热身运动属于复合练习，因为它们由几项常见的体育运动和协调性锻炼组成。它们不仅可以使你的心跳加速，而且能够让整个身体为即将开始的功能谱训练做好充分准备。热身程序包括那些可以帮助你维持和增强全身关节灵活性的运动，有助于促进关节健康。关节虽然主要进行中等活动度运动，但是为了维持健康和现有的关节活动度，它们也需要进行全活动度运动。常言道："如果你不使用，就将失去它。"

以下热身程序中所包含的移动性训练则是针对肌肉、力量和速度（即能量）的补充运动。具体来说，它们需要你的关节进行全活动度练习，而本书所采用的力量训练原则为了能够最大限度地确保安全则竭力避免这种运动。另外，这里所介绍的移动性训练也可以提升其他领域的运动（如深蹲、直背硬拉以及自由舒适地进行抬高运动）的成绩。

正如你所见，这些热身运动不仅使你的身体发热，还被用于功能谱训练系统中来增加运动的多样性。另外，它们也有助于身体的全面发展，还有助于使身体更加强壮、健美与灵活。这一点是跑步机和自行车无法比拟的。

功能谱训练系统主要使用三种类型的热身运动：原地、大空间和药球。你可以从中选择，为之后执行功能谱训练计划做好准备。虽然每个训练计划只推荐一种类型的热身运动，但是你也可以多种热身运动交替进行，以便增加训练的多样性，更好地适应训练环境。另外，尽管热身程序中已经涵盖了各种各样的热身运动类型，但你同样可以进行混合搭配，创造出自己专属的热身程序。

一旦你精通了这些热身运动，那么以下的每一套热身程序都可以在7分钟内完成。不过刚开始时花的时间可能要多一点。

原地热身运动

原地热身运动可以随处进行，因为它们占用的空间很小，并且只需要一种设备：一个垫子。从下列热身程序中选择一种来增加训练的多样性，或者当空间有限时进行选择。

原地热身运动1

这套程序包括下列运动。

单腿臀桥	单侧1组×10～15次*
单臂四足跪姿髋关节划圈	单侧顺时针1组×10～12次 单侧逆时针1组×10～12次
慢动作登山者	每条腿1组×6或7次
横向瑜伽堆叠	单侧1组×3～5次
Y形肩	1组×12～15次
并拢杰克跳跃	1组×20～25次

*1组×10～15次是指做1组，每组做10～15次。余类推。

1. 单腿臀桥

准备

身体仰卧在地面上，双腿分开，与臀同宽，膝关节屈曲。右膝成90度角，并提升至髋关节上方（如图a所示）。

过程

臀部抬高，膝盖到鼻子成一条直线（如图b所示）。右腿维持抬高姿势不变，臀部朝地面下压。身体一侧重复进行10～15次训练，身体一侧完成所有动作后再换另一侧。

指导技巧

- 运动过程中承重脚平放于地面。
- 身体不要弹起；运动动作要流畅、有控制，在下背部不过度伸展的情况下，臀部尽可能地向上抬高，完成运动。

2. 单臂四足跪姿髋关节划圈

准备

身体成四肢着地跪趴姿势，膝关节位于髋关节正下方，腕关节在肩关节正下方。背部挺直，右手从地面抬起，放在左侧肩关节处（如图a所示）。

过程

左腿膝关节大致弯曲成90度角，左腿髋关节顺时针旋转，动作幅度要尽可能大，同时背部挺直（如图b所示）。等到完成10～12次顺时针旋转，调转方向，进行10～12次逆时针旋转。然后身体两侧交换，左手放在右侧肩关节处，右侧髋关节旋转。

指导技巧

- 运动过程中背部尽量保持挺直，从而确保旋转力量由髋关节而非脊柱发出。
- 颈部伸直；头部不能朝地面松弛下垂。

3. 慢动作登山者

准备

以俯卧撑最高位作为开始姿势，双脚分开，与臀同宽，手腕在肩关节正下方（如图a所示）。

过程

右腿膝盖朝右侧肩关节用力拉伸（如图b所示）。保持这一姿势2秒，然后恢复开始姿势。双腿交替完成12～14次重复动作（每条腿各做6～7次）。

指导技巧

- 头部和臀部都不能朝地面松弛下垂；运动过程中躯干始终保持成一条直线。
- 膝盖朝肩部方向拉伸时，脚趾不能接触地面。

4. 横向瑜伽堆叠

准备

以俯卧撑最高位作为开始姿势，手腕在肩关节正下方，双脚分开，比肩宽一些，双腿伸直（如图a所示）。

过程

左脚上跨一步踩在左臂外侧15厘米处，躯干与右腿成一条直线（如图b所示）。躯干朝身体右侧旋转，同时右臂向上伸直（如图c所示）。进行反向动作身体两侧各重复进行3~5次。

指导技巧

- 每次你伸出脚踩在双手手掌外侧时，脚掌应平放于地面。如果脚掌无法做到平放于手掌外侧，那么你也可以双手撑在平台上（比如有氧运动踏板）以降低运动难度。

- 任何时候停留时间都不要超过一秒；动作要流畅。

5. Y形肩

准备

　　双脚分开站立，与臀同宽，膝关节略微弯曲，屈髋俯身，身体前倾直至与地面大致平行，双臂从肩关节处垂下（如图a所示）。

过程

　　双臂抬升至肩关节高度，双臂伸直，与躯干组成一个Y形，拇指向上指（如图b所示）。双臂慢慢放回原处，重复进行12～15次。

指导技巧

- 双臂不能向上摆动。
- 在动作最高点暂停1～2秒。
- 运动中髋关节和背部姿势与罗马尼亚硬拉姿势事实上完全一致；任何时候背部都不能拱起。

6. 并拢杰克跳跃

准备

　　双脚并拢站立，双臂在体前伸展，双手并拢（如图a所示）。

过程

　　当双臂朝身体两侧水平张开时，身体向上跳起，双脚张开（如图b所示）。身体不做任何停顿，迅速进行反向动作。重复进行20～25次。

指导技巧

- 脚步要尽可能轻盈。
- 将双脚与地面接触的时间减到最短。
- 动作要流畅、协调，双腿和双臂同时张开或并拢。

原地热身运动2

这套程序包括下列运动。

手臂交叉	单侧1组 ×6～8次
侧卧髋关节内收内旋	单侧1组 ×10～12次
四足跪姿T形脊柱旋转	单侧1组 ×6～8次
超级狗	单侧1组 ×12～15次
L形肩	1组 ×12～15次
原地高抬腿跳	每条腿1组 ×20～25次

1. 手臂交叉

准备

身体右侧卧于地面，膝关节和髋关节恰好弯曲成90度角，双臂在体前伸展，掌心相对（如图a所示）。

过程

右臂和双腿保持固定不动，躯干尽量朝左侧转动，直至左手和上背部平放于地面（如图b所示）。坚持1～2秒，然后恢复开始姿势。身体两侧各重复进行6～8次，一侧完成所有动作后再换另一侧。

指导技巧

- 躯干旋转时尽力即可，不能强求。
- 如果进行旋转的肩关节无法接触地面，那么就在膝盖下方放一只小小的网球或者卷起来的毛巾，以增大动作幅度。

2. 侧卧髋关节内收内旋

准备

身体右侧卧于地面，头部枕靠在右手臂（处于下方的那只手臂）上，右臂伸展与躯干大致成135度角。同时右腿（处于下方的那条腿）伸直与躯干成一条直线。左腿（处于上方的那条腿）弯曲并向上抬高，直至脚掌平放于右腿膝关节前方的地面上。左手抓住左脚脚踝（如图a所示）。

过程

右腿膝关节保持伸直，脚踝背屈；右腿向内旋转的同时从地面抬起，脚趾朝上（如图b所示）。慢慢进行反向动作，右腿重新放回地面上。身体两侧各重复进行10～12次，一侧完成所有动作后再换另一侧。

指导技巧

- 保证在髋关节不弯曲的情况下，处于下方的那条腿尽量抬高并旋转；运动过程中这条腿应与躯干始终成一条直线。
- 任何时候躯干都不能转动；肩关节和髋关节与地面垂直。

3. 四足跪姿T形脊柱旋转

准备

成跪趴姿势，双臂分开，与肩同宽，右手撑在头部前方的地面上。双腿膝盖分开，臀部向后坐。左手放在颈后。

过程

上背部旋转，左臂用力上举，左手肘关节向上指（如图a所示）。慢慢进行反向动作，上背部向下转动，左臂肘关节朝右臂（承重臂）肘关节方向靠近（如图b所示），这样就完成了一次动作。身体两侧各重复进行6～8次，然后两侧交换。

指导技巧

- 每次抬高的那只手臂朝天花板方向旋转时，要保证身体的舒适性，不要过度强求。
- 动作要缓慢、有控制，在动作的最高点暂停1～2秒。

4. 超级狗

准备

双膝跪地且肘关节扶地。左手手掌向前滑动的同时右腿后蹬，直至左臂和右腿尽量伸直（如图a所示）。

过程

左臂和右腿同时用力向上抬，尽量从指尖到脚趾成一条直线，这一过程中臀部只能轻微抬高（如图b所示）。坚持1秒，然后恢复开始姿势。这样就完成了一次动作，身体单侧各重复进行12～15次，一侧完成所有动作后再换另一侧。

指导技巧

- 在屈起的膝盖下方放一张垫子或卷起的毛巾，增加运动舒适性。
- 运动过程中臀部不能抬高，躯干也不能向前移动。

5. L形肩

准备

　　双脚分开站立，与臀同宽，膝关节略微弯曲，屈髋俯身，身体前倾直至背部与地面大致平行；双臂向两侧抬高至上臂与肩齐平，肘关节弯曲成90度角，拇指朝下（如图a所示）。

过程

　　肘关节保持稳定不动，双臂尽可能地向上转动（如图b所示）。慢慢进行反向动作，恢复开始姿势。这样就完成了一次动作，重复进行12～15次。

指导技巧

- 在动作最高点短暂停留1～2秒。
- 运动中髋关节和背部姿势与罗马尼亚硬拉姿势事实上完全一致；任何时候背部都不能拱起。

6. 原地高抬腿跳

准备

　　身体站直，双脚分开，与臀同宽，肘关节大致弯曲成90度角。

过程

　　左腿膝盖抬至与髋关节同高，同时右臂举起，左臂向后移动（如图所示）。迅速转换手臂姿势，同时左腿下伸，右腿抬高，好像跳绳一样。每条腿重复进行20～25次。

指导技巧

- 这并非原地跑步；进行原地跳跃时手臂和双脚动作要互相配合。
- 运动过程中躯干始终挺直。

原地热身运动 3

这套程序包括下列运动。

蜘蛛桥过顶伸展	单侧1组 ×6～8次
动态鸽子	单侧1组 ×6～8次
瑜伽堆叠	单侧1组 ×4～6次
半跪膝盖上提	单侧1组 ×4～6次
双臂前平举侧弓步	单侧1组 ×4～6次
T形肩	1组 ×12～15次
交叉杰克跳跃	1组 ×20～25次

1. 蜘蛛桥过顶伸展

准备

坐在地上，双腿弯曲成90度角，双脚平放于地面；双手手掌撑地，置于肩关节后方，手指朝后指（如图a所示）。

过程

双脚与双手用力下压，臀部抬高，躯干成平坦的桌面姿势。臀部抬起的同时，一只手臂举过头顶并横过身体（如图b所示）。慢慢进行反向动作，完成一次动作。每次运动时双臂交替；单侧各重复进行6～8次。

指导技巧

- 每次臀部上抬时脚后跟都用力向下踩。
- 在动作最高位，手腕应当在肩关节正下方。

2. 动态鸽子

准备

　　动态鸽子是瑜伽运动中鸽子式的动态版本。四肢着地，手掌在肩关节正下方，同时膝关节也在髋关节下方。

过程

　　左腿伸展并与右腿交叉（如图a所示）。臀部后坐，同时左腿也尽可能地向后移动，双手不能抬离地面（如图b所示）。进行反向动作，将左腿膝盖重新放回左侧髋关节下方。左腿膝盖放回原位后，右腿向后伸展，完成同样的动作。双腿交替，每条腿重复进行6～8次。

指导技巧

- 运动过程中肩部始终与地面平行。
- 臀部向后坐时，双臂可以完全伸展，但手掌不能抬离地面。
- 动作要流畅、有控制，中途不能停顿。

3. 瑜伽堆叠

准备

以俯卧撑作为开始姿势，手腕在肩关节正下方，双脚分开，与臀同宽（如图a所示）。

过程

左脚朝左手上跨一步（如图b所示），同时左手手掌离开地面并向上举起，与躯干和右腿大致成一条直线（如图c所示）。左脚平放于地面，躯干朝左侧旋转，同时左臂朝天花板方向以顺时针划圈的姿势抬高并伸直（如图d所示）。继续划圈动作直至左臂重新放回左脚位置（如图e所示）。左脚向后迈一步，左手放下，恢复开始姿势（如图f所示）。身体另一侧重复以上动作，右脚上前迈一步，右臂顺时针划圈。身体一侧完成以上动作后换另一侧，单侧各重复进行4～6次。

指导技巧

- 动作要流畅；任何时候停留时间都不要超过一秒。
- 每次你伸出脚踩在手掌旁边时，脚掌应平放于地面。如果脚掌无法做到平放于手掌外侧时，那么你可以双手撑在平台（比如有氧运动踏板）上以降低运动难度。

4. 半跪膝盖上提

准备

身体成半跪姿势，躯干挺直，双膝弯曲成90度角，为了保证运动的舒适性，可以跪在垫子或卷起的毛巾上。双手交叉置于颈后，肘关节向外指（如图a所示）。

过程

躯干挺直，髋关节弯曲的同时前脚掌从地面抬起，膝关节弯曲大致成90度角（如图b所示）。脚掌放回地面并重复以上动作。身体两侧各重复进行4～6次。

指导技巧

- 躯干不允许前倾或后倾；运动过程中躯干与下方的膝盖应当始终成一条直线。
- 每次运动时膝盖都尽量上抬。
- 每次运动只需要花费1～2秒，因为当前脚掌抬起时很难维持身体平衡。

5. 双臂前平举侧弓步

准备

双脚分开站立，与臀同宽；双臂在体前伸展，与肩同高（如图a所示）。

过程

横跨一步，身体下压成侧弓步（如图b所示）。此时双臂应保持体前伸展姿势。恢复开始姿势，身体另一侧重复以上动作。身体两侧继续交替进行运动，单侧各重复进行4～6次。

指导技巧

- 把握好运动节奏和时间，不管是向一侧跨步还是做反向动作时都应如此；动作要平稳，起伏不宜过大。
- 朝一侧跨步时腿要伸直，同时两只脚的脚掌都要平放于地面。

6. T形肩

准备

双脚略分开站立,髋关节弯曲,躯干下压直至与地面大致平行,双臂从肩关节处垂下(如图a所示)。

过程

肘关节略微弯曲,拇指指向身体外侧,双臂朝身体两侧抬高,大致与地面平行,与躯干成T字形(如图b所示)。慢慢进行反向动作,完成运动。重复进行12~15次。

指导技巧

- 在动作最高点暂停1~2秒。
- 运动中髋关节和背部姿势与罗马尼亚硬拉姿势事实上完全一致;任何时候背部都不能拱起。

7. 交叉杰克跳跃

准备

双脚分开站立,比臀略宽,双臂朝身体两侧伸展,与肩齐平(如图a所示)。

过程

双臂在胸前交叉,同时向上跳起,双腿前后交叉(如图b所示)。不做任何停顿,迅速做反向动作恢复开始姿势。重复动作,但左右互换位置。每次运动中左右两侧都要交替,共重复进行20~25次。

指导技巧

- 脚步要尽可能轻盈。
- 将双脚与地面接触的时间减到最短。
- 动作要流畅、协调,双腿和双臂同时张开或交叉。

原地热身运动4

这套程序包括下列运动。

T形旋转俯卧撑	单侧1组×4～6次
双臂划圈	顺时针1组×10～12次 逆时针1组×10～12次
旋转臂摆动	单侧1组6～8次
单腿髋关节划圈	顺时针1组×10～12次 逆时针1组×10～12次
双臂前平举深蹲双臂伸展	1组6～8次
杰克跳跃	1组×20～25次

1. T形旋转俯卧撑

准备

身体成俯卧撑姿势，双手处于肩关节外侧，双脚分开，与肩同宽（如图a所示）。

过程

做一个俯卧撑（如图b所示）。在动作最高点，整个身体旋转90度，使身体一侧正对地面，以同样的运动速度移动髋关节和肩关节，然后处于身体上方的那只手臂向上伸展（如图c所示）。恢复开始姿势，身体另一侧重复以上动作。身体两侧各重复进行4～6次。

指导技巧

- 如果你完成一组俯卧撑有困难，可以将运动中的俯卧撑部分去掉，只进行T形旋转训练并维持开始的俯卧撑姿势。头部和臀部都不能松弛下垂。

- 当身体进行T形旋转或恢复原状时，髋关节和肩关节同时转动，运动速度保持一致。

2. 双臂划圈

准备

身体成站立姿势，双臂举过头顶，双脚分开，与肩同宽。

过程

双臂伸直，用力摆动双臂划圈（如图a到图c所示）。顺时针划10～12个圈，逆时针划10～12个圈。

指导技巧

- 在保证没有任何不适感的前提下，圈划得越大越好。
- 动作要流畅且富有节奏。
- 尽管双臂都处于伸直状态，但肘关节不能锁定不动。

3. 旋转臂摆动

准备

身体成站立姿势，双脚分开，与肩同宽，双臂在肩部前侧伸展（如图a所示）。

过程

身体迅速向一侧转动，左侧髋关节和左臂同时朝身体后方移动，同时右脚的脚后跟从地面抬起，前脚掌点地从而能够自由旋转（如图b所示）。恢复开始姿势，身体另一侧重复以上动作。动作迅速且充满力量，身体两侧各重复进行6～8次。

指导技巧

- 为了使髋关节更好地旋转，身体转动时脚后跟从地面抬起。
- 同时转动髋关节和肩关节，运动速度保持一致。

4. 单腿髋关节划圈

准备

右腿单脚站立，左腿膝关节弯曲成90度；十指相扣置于颈后，双臂肘关节向外指（如图a所示）。

过程

左膝保持弯曲姿势不变，左侧髋关节旋转，左腿顺时针划10～12个圈，然后逆时针划10～12个（如图a到图c所示）。然后双腿交换，重复以上动作。

指导技巧

- 在保证没有任何不适感的前提下，圈划得越大越好。
- 动作要流畅且富有节奏。
- 运动过程中尽量保持躯干挺直，且肩关节与地面平行。

5. 双臂前平举深蹲双臂伸展

准备

双脚分开站立，比肩略宽，脚掌轻微外旋。双臂从双腿中间穿过，膝关节微微弯曲（如图a所示）。

过程

躯干直起的同时髋关节弯曲，身体成下蹲姿势。双臂在体前伸展，与肩齐平（如图b所示）。做反向动作，恢复开始姿势，重复进行以上动作6～8次。

指导技巧

- 每次运动时都尽可能地深蹲。
- 脚后跟平放于地面，下蹲时膝盖不能内扣。
- 如果想尝试这项运动的高阶版本，依然按照原来的运动方式，不过每次下蹲时双臂举过头顶与躯干成一条直线。

6. 杰克跳跃

准备

双脚并拢站立，双手自然垂落
于身体两侧（如图a所示）。

过程

双臂高举过头顶，身体向上跳
起，双脚张开（如图b所示）。不
做停顿，迅速进行反向动作。重复
进行20~25次。

指导技巧

- 脚步要尽可能轻盈。
- 将双脚与地面接触的时间
  减到最短。
- 动作要流畅、协调，双腿
  和双臂同时张开或并拢。

大空间热身运动

进行以下介绍的热身程序时并不需要使用特定的器械，但是要有20码的空地以便进行移
动训练。这些热身程序可以增加运动多样性，或者当运动空间足够大时你也可以将其纳入训
练中。

大空间热身运动1

这套程序包括下列运动。

抱膝行走	1组×15~20码
后伸反弓步	1组×15~20码
髋关节横向拖步	每个方向1组×15~20码
手臂划圈跳跃	每个方向1组×15~20码
双臂交叉横向拖步	每个方向1组×15~20码
卡里奥克舞	每个方向1组×15~20码
鳄鱼爬行	1组×15~20码

1. 抱膝行走

准备

身体成站立姿势，双脚分开，与臀同宽，双手垂落于身体两侧。

过程

左脚向前跨一步，右腿膝盖举过髋关节。双手抓住膝盖下方，轻轻地将腿抱于身体前方，同时将膝盖略微上抬（如图所示）。右腿返回地面并向前跨一步。另一条腿重复以上动作。双腿交替，共移动15~20码。

指导技巧

- 每抱膝盖一次就移动三小步；由于三是基数，所以双腿要轮流进行。
- 运动过程中躯干始终保持挺直状态。
- 膝盖朝双臂方向抬升而不是手臂下伸抓腿。

2. 后伸反弓步

准备

身体成站立姿势，双脚分开，与臀同宽，双手垂落于身体两侧。

过程

一只腿后跨一步成弓步，同时双臂举过头顶，躯干略微后倾（如图a所示）。身体重新站直，前腿后伸与后腿并拢，前一次运动中的前腿向后迈步（如图b和图c所示）。双腿共移动15~20码。

指导技巧

- 每做一个弓步就移动三小步；由于三是基数，所以双腿要轮流做弓步。
- 身体后倾时不要过度拉伸；双臂只是略微向后伸，身体不能有任何不适感。

3. 髋关节横向拖步

准备

双脚分开站立，脚间距为1.31码，双脚脚尖方向相同，双臂交于体前。

过程

髋关节朝右侧移动且臀部下压（如图a所示）。然后，身体保持下压姿势不变，身体重心转移到左侧（如图b所示）。等到全部重心都转移到身体左侧时，左脚用力蹬地，左腿向右横跨一步使身体朝右侧移动；然后右腿迅速向右横跨一步，此时双脚可以轻微抬离地面（如图c所示）。恢复原来的站姿，按照同样的方法继续向右移动15～20码。之后进行反向动作，朝反方向移动15～20码。

指导技巧

- 运动顺序是移动、移动、拖步。
- 如果你朝右侧移动时向屋内走，那么每次运动时髋关节都要朝右侧移动。
- 双脚应当彼此平行，不管移动还是拖步时脚趾都要向前。
- 每次拖步时双脚都轻轻着地。

4. 手臂划圈跳跃

准备

身体成站立姿势，双脚分开，与臀同宽，同时双臂高举过头顶。右腿膝盖上抬，恰好抬至髋关节上方。

过程

身体前跳的同时双臂朝前划圈（如图a到图d所示）。与跳绳运动一样，跳跃需要双脚同时着地或者左右脚依次跳跃。等到你移动了15～20码时，身体向后跳的同时双臂朝后划圈，再移动15～20码。

指导技巧

- 手臂划圈动作要与双脚跳跃动作互相配合。
- 运动过程中躯干始终保持挺直状态。

5. 双臂交叉横向拖步

准备

身体站直，双膝略微弯曲，双臂在体前交叉，肘关节微微弯曲（如图a所示）。

过程

将身体重心转移至左脚，且左脚用力下蹬，左腿朝右侧横跨一步（如图b所示），从而使身体朝右侧拖步；然后右腿迅速向右侧横跨一步（如图c所示），此时双脚可以轻微抬离地面。按照同样的方法继续向右移动。右脚从地面抬起并放在身体右侧，同时左脚用力蹬地，为侧向移动积聚力量和冲力；与此同时，双臂交叉并朝身体两侧打开（如图d所示）。调转方向朝身体左侧拖步，回到开始位置。朝每个方向分别移动15～20码。

指导技巧

- 双脚应当彼此平行，拖步时脚趾要向前。
- 双脚着地动作要轻。
- 手臂摆动和跨步动作要协调，动作流畅且富有节奏。

6. 卡里奥克舞

准备

　　以运动预备姿势作为开始姿势，双脚分开，比臀略宽，膝关节放松。

过程

　　右脚蹬离地面，然后双腿交叉，右脚在前，左脚在后（如图a所示），身体重心也随之转移到左脚。右脚朝身体一侧移动直至恢复最初的站立姿势。现在左脚在前，右脚朝身体一侧移动（如图b、图c所示）。左右脚前后位置不断交替，移动15～20码。然后调转方向，再移动15～20码。

指导技巧

- 朝左右两侧移动时脸都朝同一个方向。
- 双脚着地动作要轻。
- 当肩部正对前方时允许髋关节转动。

7. 鳄鱼爬行

准备

　　身体摆出俯卧撑姿势，双脚分开，与肩同宽，双手在肩关节正下方。肘部略微弯曲，胸部朝地面轻轻下压。

过程

　　右臂前伸，同时左膝朝左手肘关节靠拢（如图a所示）。然后左臂在体前伸展，左腿伸直（如图b所示），右膝朝右手肘关节靠拢（如图c所示）。继续两侧交替的爬行动作，移动15～20码。

指导技巧

- 每跨一步时拖拽腿都能完全伸直。
- 髋关节应当朝伸展臂的一侧旋转。

大空间热身运动2

这套程序包括下列运动。

高踢腿	1组×15~20码
大步向后跑	1组×15~20码
前移弓步扭动	1组×15~20码
单腿向后罗马尼亚触地硬拉	1组×15~20码
交叉弓步移动	每个方向1组×15~20码
臀部打开跳跃	每个方向1组×15~20码
低位侧向拖步	每个方向1组×15~20码
蜘蛛爬	每个方向1组×10码

准备

　　身体成站立姿势，双脚分开，与臀同宽，双手垂落于身体两侧。

过程

　　右腿用力向上踢，开始朝前走，膝关节保持略微弯曲的姿势；同时左臂在体前伸展与肩齐平（如图a所示）。继续向前走（如图b所

示），双腿交替，每次腿向上踢的同时摆动对侧手臂（如图c所示）。身体两侧继续交替动作，向前移动15～20码。

指导技巧

- 每做一次高抬腿就向前移动三小步；由于三是基数，所以双腿要轮流向上踢。
- 运动过程中躯干始终保持挺直。
- 踢腿时踝关节背屈。

2.大步向后跑

准备

　　背对跑步区域站立。以运动预备姿势作为开始姿势，双脚分开，与臀同宽，膝关节放松，髋关节略微弯曲（如图a所示）。

过程

　　大步向后跑15～20码，同时双臂上下摆动（如图b、图c所示）。

指导技巧

- 跑步动作要流畅且有力，同时双臂配合双腿动作。
- 在能力可控范围内步伐要尽可能大。

3. 前移弓步扭动

准备

双脚分开站立，与臀同宽，手指在胸部前侧成钩状，同时肘关节指向身体两侧（如图a所示）。

过程

向前迈一大步，身体下压，后腿膝盖尽量碰触地面。向前跨步的同时，躯干朝前伸腿同侧方向旋转（如图b所示）。身体重新站直，后腿前移，躯干恢复正面向前的姿势（如图c所示）。另一侧腿（上一次运动中在身体后侧的那条腿）重复以上动作，躯干朝前伸腿同侧旋转（如图d所示）。两条腿共移动15~20码。

指导技巧

- 在弓步最低点，躯干可以略微前倾，脊柱挺直，这样可以减小膝盖的压力（躯干略微前倾有助于调动臀部肌肉）。
- 躯干旋转时，你可以用与前伸腿同侧的手臂轻轻带动躯干。
- 每做一次弓步就向前移动三小步；由于三是基数，所以双腿要轮流做弓步。

4. 单腿向后罗马尼亚触地硬拉

准备

身体成站立姿势，双脚分开，与臀同宽，双手垂落于身体两侧（如图a所示）。

过程

屈髋俯身，身体朝地面方向前倾的同时一条腿抬高，承重腿膝关节弯曲15~20度。与此同时，非承重腿抬高，大致与躯干成一条直线（如图b所示）。等到指尖碰到地面，或者身体无法继续下压时，重新恢复站立姿势，非承重腿落在身体后方，并向后走三步。另一条腿支撑身体，重复以上动作。身体向后移动时双腿不断交替，共移动15~20码。

指导技巧

- 每做一个弓步就迅速走三小步；由于三是基数，所以双腿要轮流做弓步。
- 当你屈髋俯身、双臂向下伸时，后脚（非承重脚）始终指向地面。
- 躯干下压时后腿应当抬高。

5. 交叉弓步移动

准备

双腿前后站立，左腿在前，右腿在后；双臂在体前伸展，与肩齐平（如图a所示）。

过程

左腿向右后方跨一步，两条腿交叉（如图b所示），右腿膝关节朝地面下压（如图c所示）；恢复站立（如图d所示）；然后右腿朝一侧横跨一步，重新做一个弓步；继续朝身体右侧移动。然后双脚位置交换，右脚在前，左脚在后，调转运动方向。朝每个方向移动15~20码。

指导技巧

- 步距要恰当（不能过大），这样做弓步时你就能更好地控制身体。
- 每次做弓步时前脚掌都平放于地面。

6. 臀部打开跳跃

准备

双脚分开站立，与臀同宽，肘关节弯曲成90度角。

过程

与跳绳运动一样，跳跃需要双脚同时着地或者是左右脚依次跳跃。在运动的同时，左腿膝盖上抬至略高于髋关节（如图a所示）；左腿朝身体中间移动（如图b所示），转动髋关节时就如同关门一般。左腿迅速下伸，同时右腿膝盖上抬至略高于髋关节。继续这一动作，双腿以从外向内的姿势运动。等移动了15～20码时，进行反向动作，身体向后移动，两条腿以从内向外的姿势移动15～20码。

指导技巧

- 双脚着地动作要轻。
- 运动过程中躯干始终保持挺直。

7. 低位侧向拖步

准备

以运动预备姿势作为开始姿势，双脚分开，与臀同宽，膝关节弯曲，身体重心后移，同时髋关节屈曲。

过程

身体重心转移至左脚并用力朝地上猛蹬，左腿横跨一步，然后右腿迅速朝左侧横跨一步，同时双脚脚后跟稍微抬离地面（如图a至图c所示）。按照这种方式继续朝左侧移动；右脚从地面抬起朝左侧移动，同时左脚用力下蹬为侧向运动积聚力量。然后调转方向，拖步返回开始位置。身体左右侧各移动15～20码。

指导技巧

- 双脚保持平行，脚趾向前。
- 双脚着地动作要轻。
- 拖步时脚掌内侧不能与地面接触。

8.蜘蛛爬

准备

身体成俯卧撑姿势，双脚并拢，双手比肩略宽（如图a所示）。

过程

右腿朝一侧跨出，向右侧移动，同时左右手交叉，左脚移动并与右脚并拢，同时右臂向右移动（如图b和图c所示）。重复这种方式，继续朝右侧移动10码。之后再反方向移动10码。

指导技巧

- 横向移动时双手交叉而非双腿交叉。
- 整个身体都不能松弛下垂。
- 臀部位置不能高于肩部。

药球热身运动

做以下热身运动时会借助一只重2~3千克的药球。由于你需要保持在原地，所以需要的空间很小。当你需要增加训练的多样性或者当运动空间有限时，可以从这些运动中任意挑选一个。

药球热身运动1

这套程序包括下列运动。

共进行2轮，中间有30秒休息时间。	
药球旋转	身体两侧各15~20次
药球对角斜切	身体两侧各10~12次
药球飘带侧弓步	身体两侧各6~8次
药球跪式深蹲摇摆组合训练	10~12次

1. 药球旋转

准备

身体成站立姿势，双手握住药球举至胸部高度，双脚分开，比肩略宽（如图a所示）。

过程

躯干朝右侧旋转，同时左脚脚后跟从地面抬起，以前脚掌作为轴心旋转（如图b所示）。迅速进行反向动作，身体另一侧重复以上动作。身体两侧各重复15～20次。

指导技巧

- 运动过程中不能停顿；有意识地控制好身体，迅速移动。
- 每次运动时不参与转动的那只腿应该保持伸直。
- 髋关节和肩关节以同样的速度共同旋转，同时双目直视前方。

2. 药球对角斜切

准备

双脚分开站立，与臀同宽。膝关节略微弯曲，髋关节和躯干以右脚前脚掌为轴心旋转，同时双手握住药球放在左腿膝关节处（如图a所示）。

过程

躯干朝右侧旋转时保持挺直姿势，同时左脚脚后跟从地面抬起，双手握住药球横跨身体，最终在头部高度处停止（如图b所示）。迅速进行反向动作，直至药球位于左腿膝关节处。身体一侧完成所有动作后再换另一侧，身体两侧各进行10～12次。

指导技巧

- 动作要流畅且富有节奏，在每次重复运动中的举高和放下阶段，上下肢要互相配合。
- 运动过程中肘关节始终保持略微弯曲姿势。
- 身体重心始终与药球保持在身体的同一侧。

3. 药球飘带侧弓步

准备

双脚分开站立，间距为一码（或者稍长）。左腿伸直，右脚平放于地面；身体重心转移至右腿，同时右腿膝关节略微弯曲，臀部后坐；双手握球置于右腿胫骨前方（如图a所示）。

过程

左脚用力蹬地，右脚朝身体中线跨步，此时双脚大致与臀同宽。跨步的同时双手握着药球朝身体左侧划圈（如图b所示）。继续转动球体直至高举过头顶（如图c所示）。左腿横跨一步的同时将药球转动至左腿胫骨前方（如图a插图所示），然后做反向动作，动作结束时药球再次高举过头顶。身体两侧继续交替动作，单侧各进行6～8次。

指导技巧

- 在弓步动作最低点，背部不能拱起。
- 做手臂和跨步动作时要把握好运动节奏和时间，并且要连贯流畅。

4. 药球跪式深蹲摇摆组合训练

准备

双脚分开站立，与肩同宽，脚掌向外旋转10度。将药球置于颈后，肘关节指向身体两侧。

过程

膝关节弯曲，臀部后坐，完成一个下蹲动作（如图a所示），身体要尽可能地压低。从蹲踞姿势站起来时将药球从颈后举起，抓住它在双腿之间摆动，就仿佛提着一个足球（如图b和图c所示）。屈髋俯身，膝关节弯曲15~20度。进行反向动作，将药球重新举起并置于颈后，完成一次运动。重复进行10~12次。

指导技巧

- 身体下蹲时脚后跟不能抬离地面，并且膝盖也不能内扣。
- 任何时候背部都不能拱起。

药球热身运动2

这套程序包括下列运动。

共进行2轮，中间有30秒休息时间。	
药球摇摆	12~14次
药球U形摇摆	身体两侧各6~8次
药球反弓步扭动	身体两侧各6~8次
药球髋部交替下蹲	身体两侧各6~8次

1. 药球摇摆

准备

双脚分开，比臀略宽；双手在体前握住一只药球，双臂伸直。

过程

屈髋俯身，膝关节弯曲15～20度。将药球置于双腿间（如图a所示）。等到前臂触及大腿部位，迅速做反向动作，髋关节前伸，药球向上摆动（如图b所示）。动作结束时药球与眼齐平，然后做反向动作完成一次运动。共重复进行12～14次。

指导技巧

- 动作要流畅且富有节奏，在每次重复运动中的举高和放下阶段，上下肢要互相配合。
- 在动作最低点，下背部不能拱起。
- 动作要干净利落，中间没有停顿。

2. 药球U形摇摆

准备

身体成运动预备姿势，双脚分开，与肩同宽，髋关节和膝关节弯曲，双手握住一只药球置于两腿之间（如图a所示）。

过程

双臂伸直，将药球向上举起的同时髋关节和肩关节朝右侧旋转，双腿伸展，以左脚前脚掌作为轴心旋转（如图b所示）。迅速进行反向动作，药球重新移动至两腿之间，然后按照U形轨迹继续摆动，最终在身体左侧停止。身体单侧各重复进行6～8次。

指导技巧

- 动作要流畅且富有节奏，在每次重复运动中的举高和放下阶段，上下肢要互相配合。
- 在动作最低点，下背部不能拱起。
- 动作要干净利落，中间没有停顿。
- 为了使髋关节更好地转动，当脚掌随着药球的摆动而旋转时，脚后跟从地面抬起。

3. 药球反弓步扭动

准备

双脚分开站立，与臀同宽，双手握住药球举至胸前（如图a所示）。

过程

右脚后跨一步，身体下压使膝盖轻触地面，同时躯干朝身体左侧旋转（如图b所示）。进行反向动作，右脚前伸，恢复开始姿势。另一只腿重复同样的动作，这时躯干转向另外一侧。身体两侧继续交替动作，单侧重复进行6～8次。

指导技巧

* 动作要流畅且富有节奏，在每次重复运动中的举高和放下阶段，上下肢要互相配合。

* 运动过程中始终面朝前方；换句话说，发生转动的是你的肩部而非头部。这种方法可以避免头晕，并且有助于维持颈部的活动范围。

4. 药球髋部交替下蹲

准备

双脚分开站立，与肩同宽，双手握住药球举至胸前（如图a所示）。

过程

膝关节弯曲，臀部朝左后方坐，同时双手握住药球朝右侧伸展，与肩部成45度角（如图b所示）。进行反向动作，恢复开始姿势。身体另一侧重复同样的动作，单侧各重复进行6～8次（共重复进行12～16次）。

指导技巧

* 每次从蹲踞变为站立姿势时都将药球举至胸前。

* 要控制好动作幅度，不能有任何不适感。

* 注意力不要放在下蹲的幅度上，而应放在两侧髋关节的交替动作上。

舒缓放松运动

功能谱训练系统将自我按摩方法作为舒缓放松运动，有助于你在高强度的体能训练后感到松弛、舒缓。自我按摩时可以借助泡沫轴、橡胶药球或者网球。

由于自我按摩可以提升关节柔韧性和活动度，有些人会在运动开始前将它作为"提前热身运动"进行练习，然后再进行正式的热身活动。如果你愿意，这也是一个不错的选择。不过我们这里推荐的是在运动结束后再进行自我按摩，这是因为作为一种按摩方式，它可以使你的身体放松，因此可以帮助你从高度紧张的运动中恢复正常状态。相反，本章所介绍的热身运动程序不仅可以改善关节活动度，还可以让身心为即将开始的运动做好准备。

在对身体的特定部位进行自我按摩之前，务必牢记下面几条指导原则。

- 沿着准备按摩的肌肉（上下）滚动15~20次；如果你更喜欢用时间来衡量，每个部位滚动30~40秒。
- 将球或泡沫轴放在准备按摩部位的中心位置，并从此处开始运动。
- 有刺痛（轻微的不适感）是正常的，但要避免剧痛感。
- 施加的压力要恰当，这可以让你保持放松并维持正常的呼吸频率。
- 在受伤和发炎部位（比如发炎的肌腱）不能进行滚动按摩。

当然你并不需要把参与运动的所有身体部位全部滚动按摩一遍。在进行某项锻炼后，只需要挑选几处需要进行按摩的部位即可。另外，如果你认为自我按摩可以让本章没有提及的身体部位感觉更好，那么你只需要将一只网球放在那个部位，迅速有效地按摩。牢记上面提到的几条指导原则。谨记避开发炎部位，因为在这些部位进行滚动按摩只会适得其反。

自我按摩：双脚

准备

身体大部分重心转移至右腿，左脚踩住一只网球（如图所示）。

过程

网球沿着脚底滚动。每只脚滚动15～20次，一只脚完成所有动作后再换另一只脚。

指导技巧

- 如果有需要，你可以抓住其他东西来维持身体平衡。
- 为了增大按摩力度，可以对网球施加更大的压力。

自我按摩：小腿

准备

坐在地上，双腿在体前伸展，左右腿上下交叠且右脚在上，泡沫轴放在左小腿中间部位（如图所示）。

过程

臀部略微抬离地面，沿着泡沫轴移动左小腿；放在上面的那条腿（右腿）起增大运动压力的作用。身体两侧各滚动15～20次，一侧完成所有动作后再换另一侧。

指导技巧

- 运动开始时泡沫轴要放在小腿中间部位下方。
- 为了减小按摩压力，双腿可以恢复伸展姿势，两只小腿都放在泡沫轴上。

自我按摩：中背部

准备

身体仰卧在放于中背部的泡沫轴上，双臂在胸前交叉。

过程

臀部稍微抬离地面，利用双腿使泡沫轴在中背部或胸椎部位上下移动（如图所示）。重复滚动15～20次。

指导技巧

- 从肋骨底部一直滚动至肩部下方。
- 如果你需要额外的颈部支撑，那么就十指交扣置于颈后，双手肘关节向外指。

自我按摩：背阔肌

准备

身体左侧卧，左侧背阔肌放在泡沫轴上，泡沫轴则放在腋窝下方几厘米处，左臂在身体上方伸展，左手掌心朝上，右腿膝关节略微弯曲，右脚放在左膝前方的地面上（如图所示）。

过程

利用右腿移动泡沫轴，使其在腋窝下方几厘米处和胸腔底部之间移动。身体一侧滚动15～20次，一侧完成所有动作后再换另一侧。

指导技巧

- 泡沫轴滚动时躯干与地面保持平行。
- 为了维持身体的稳定或减少按摩压力，身体上方的那只手掌可以撑在躯干前方的地面上（泡沫轴下方）。

自我按摩：股四头肌

准备

双手肘关节触地，左大腿中部放在泡沫轴上，同时右腿膝关节弯曲远离躯干。

过程

用双臂使整个身体（包括左大腿）上下移动（如图所示）。身体两侧各滚动15～20次，一侧完成所有动作后再换另一侧。

指导技巧

- 任何时候腹部都不能松弛下垂。
- 为了减少按摩压力，可以将身体重心向双臂转移。

自我按摩：臀部

准备

左侧臀部坐在泡沫轴或药球上，左手手掌撑在身后的地面上，左小腿横放右大腿上（如图所示）。

过程

泡沫轴在左臀部滚动。等到身体左侧完成所有的滚动动作后，身体两侧交换动作，右小腿横放在左大腿上，泡沫轴在右臀部滚动。身体两侧各滚动15～20次。

指导技巧

- 为了减少按摩压力，可以将身体重心向撑在地上的手掌转移。
- 如果使用的是药球，你可以做圆周运动，并重点关注目标部位。

自我按摩：胸肌和肱二头肌

准备

身体成跪撑姿势，双腿分开，右侧上臂放在弹性极佳的橡胶药球上（如图所示）。右臂朝身体一侧伸展，左手手掌扶地，为身体提供支撑。

过程

药球沿着右手臂水平滚动，从肱二头肌一直到右胸部位。身体右侧完成所有的滚动动作后再换左侧，身体两侧各滚动 15～20 次。

指导技巧

- 身体重心朝药球倾斜。
- 为了减少按摩压力，可以将身体部分重心转移至髋关节。
- 正在进行滚动按摩的那只手臂不能朝地面下压；相反，用另一只手臂（非滚动侧）支撑身体。

现在，让我们来研究一下健身方案，先进行有助于你打好训练基础的运动，然后再安全且有效地使用功能谱训练系统。

第Ⅲ部分

健身方案

第 **9** 章

基础运动锻炼规划

本章可以让你为之后第10～12章中的锻炼计划打下坚实的基础。更确切地说，第10章重点关注提升运动成绩的锻炼，第11章强调肌肉锻炼，第12章则强调运动成绩与肌肉锻炼并重。因此，不论你的目标是什么（肌肉增长、提升运动成绩，或者两者兼有），本书满足你需求的锻炼计划应有尽有。

不管你选择哪种健身方案，其中都会包括3S功能谱训练系统：速度、力量和尺寸。由于功能谱训练系统针对每一种类型的运动都要求苛刻，因此如果没有坚实的训练基础，并不适合使用。换句话说，理智训练意味着要通过不断增大运动强度循序渐进地奠定训练基础，从而确保自己不断获得改善（即提高），降低受伤或过度伸展的可能性。

这就是本章基础运动存在的原因。它们帮助你建立训练基础，确保身体已经为安全地进行强度更大的3S运动做好充分准备。因此，不论你选择的是哪一个训练系统，在运动之初进行渐进的基础运动是明智、安全的做法。

基础运动锻炼指南

本章所提供的四个健身方案按照强度的大小分为不同的阶段。每个训练阶段都有助于为下一个阶段安全、有效地实施打下基础。这种渐进的训练方式为充分利用功能谱训练系统打下了基础，因为正如你所了解到的那样，这一训练系统需要满足各式各样的健身需求。

这里所呈现的每个训练阶段都由两项锻炼组成：锻炼A和锻炼B。两项锻炼交替进行，由于它们都属于全身运动，每周共完成二至四次即可，不能连着两天进行，这样可以给身体足够的休息恢复时间。等到你按照运动要求的练习组数和重复次数，将运动重复进行六次，那么你就可以开始进入下一阶段的训练。至于每个训练阶段的运动指南则参照表格9.1。

表格9.1　　　　　　　　　　　　　周训练频率

训练频率	持续期	周训练示例
2×每周	6周	示例1 周一（A），周四（B） 示例2 周二（A），周六（B）
3×每周	4周	示例1 第1周：周一（A），周三（B），周五（A） 第2周：周一（B），周三（A），周五（B） 示例2 第1周：周二（A），周四（B），周六（A） 第2周：周二（B），周四（A），周六（B）
4×每周	3周	示例1 周一（A），周二（B），周四（B），周五或周六（B） 示例2 周二（A），周三（B），周五（A），周六或周日（B）

基础运动方案

以下运动可以增强你的训练基础。这些运动有助于确保你的身体已经准备好安全且高效地完成以下三章中的功能谱训练计划。它们被分为四个阶段：磨合期、肌肉基础、力量基础和能量基础。基于对每个阶段的介绍和描述，选择可以满足目前训练水平的阶段作为开始。

关于这些运动方案必须要关注的几个要点如下。

- 把运动划分为a和b两类，每次锻炼必须同时包含这两种。按照规定完成所有的组数和重复次数后才能换另外一项或一组。
- 如果有必要，你可以延长推荐的休息时间，以便能够更好地完成规定的运动次数。这一方案既强调运动的质量，也重视运动的次数。
- 关注每项运动的运动技巧，每次运动时要控制好力度。
- 开始运动之前，进行之前选择的动态热身运动程序（第8章有相关介绍）。
- 为了使锻炼具有针对性，更好地满足个人需求，可以参考第12章的内容。

磨合期运动方案

如果你刚开始健身，或者已经有一段时间没有进行过力量训练，那么我建议你先进行磨合期运动。相反，假如你一直定期进行中等强度的阻力训练，那么你可以直接开始下个阶段的运动（肌肉基础运动），这一点在下一节会重点论述。

顾名思义，磨合期的主要训练目标就是让身体熟悉完成这些基础训练的各种需求——在运动初期阶段如何帮助大脑学会更有效地调动肌肉。神经适应性有助于大幅度提升体力，研究同样发现，在阻力训练[1, 2]开始的三到四周，肌肉体积也有着较为显著的变化。

在这个训练阶段，你的重点并不是让身体完全进入运动疲劳状态，而是要改善运动技术和增强运动时的肌肉意识。牢记这一目标，选择的重量既对你有足够大的挑战，又能让你很好地控制自己的动作，运动结束时肌肉有轻微的疲劳感。也就是说，从每组运动中挑选的重量既可以让你按照要求完成所有的运动，又可以让你在身体达到极限之前还能够额外进行几组（两三组）练习。磨合期的运动方案A和方案B如表格9.2和表格9.3所示（2×10～12为练习3组，每组做10～12次。余类推）。

表格9.2 　　　　　　　　　　 **磨合期运动：方案A**

运动组*	页码	第1天	第2天	第3天	第4天	第5天	第6天
1a.反弓步	35	单侧2×8	单侧2×9	单侧2×10	单侧2×12	单侧3×8	单侧3×10
1b.单臂拉力器后拉	114	单侧2×10	单侧2×12	单侧2×14	单侧3×10	单侧3×12	单侧3×14或15
2a.杠铃罗马尼亚硬拉	156	2×10	2×12	2×14	3×10	3×12	3×14或15
2b.负重弹力带跨步推拉	95	2×18	2×20	2×22	2×24	3×22	3×24
3a.Y形肩	218	2×10	2×12	2×14或15	3×10	3×12	3×14或15
3b.拉力器肱三头肌屈伸	100	2×10	2×12	2×14或15	3×10	3×12	3×14或15
4a.单腿哑铃卧姿伸髋	177	单侧2×10～12	单侧2×12～14	单侧2×15	单侧3×10～12	单侧3×12～14	单侧3×14或15
4b.健身球滑行	204	2×8～10	2×8～10	2×11或12	3×11或12	3×13～15	3×13～15

*每对组中间休息60～90秒。

表格9.3　　　　　　　　　　　　　**磨合期运动：方案B**

运动组*	页码	第1天	第2天	第3天	第4天	第5天	第6天
1a.哑铃前弓步	172	单侧2×8	单侧2×9	单侧2×10	单侧2×12	单侧3×8	单侧3×10
1b.俯卧撑**	91	2×8~10	2×10~12	2×12~15	2×15	3×15	3×15~20
2a.酒杯深蹲	164	2×10	2×12	2×14	3×10	3×12	3×14或15
2b.颈前下拉	121	2×10	2×12	2×14	3×10	3×12	3×14或15
3a.T形肩	226	2×10	2×12	2×14或15	3×10	3×12	3×14或15
3b.哑铃臂弯举	136	2×8	2×9	2×10	3×8	3×9	3×10
4a.健身球屈腿	184	2×8~10	2×10~12	2×12~15	2×15	3×15	3×15~20
4b.侧肘平板支撑	210	单侧2×10秒	单侧2×12秒	单侧2×14或15秒	单侧2×14或15秒	单侧3×15~17秒	单侧3×17~20秒

*每对组中间休息60~90秒。

**为了完成规定的运动次数，如果有需要，双手或双脚可以放在练习凳上，根据自己的能力水平调整俯卧撑姿势。

如果你已经完成了磨合期运动或者一直都在坚持进行中等强度的阻力训练，那么现在你可以开始肌肉基础运动了。假如你经常进行相当强度的阻力训练，那么你可以直接进入力量基础运动。

这一阶段的主要目标是在你的训练中引入疲劳因素。这样做可以让你的身体熟悉肌肉疲劳感并实现肌肉"上下抽动"，增加肌肉组织，增强结缔组织力量。因此，与磨合期不同，这一阶段选择的重量要恰到好处，保证完成每组运动的既定重复次数即可。

也就是说，在每组运动结束时，在确保良好的控制能力和正确运动方式的情况下，你没有多余的力气多做几次运动。这种运动方法指的是每套动作都做到"技术疲劳"，因为肌肉疲劳无法让你维持正确的健身姿势。运动过程中，当体力减弱时请务必确保对身体有足够的控制力。肌肉基础运动的方案A和方案B如表格9.4和表格9.5所示。

表格9.4　　　　　　　　肌肉基础运动：方案A

运动组*	页码	第1天	第2天	第3天	第4天	第5天	第6天
1a.单腿正压腿	154	单侧3×7	单侧3×8	单侧3×9	单侧3×10或11	单侧3×11或12	单侧4×8~10
1b.单臂哑铃提拉	114	单侧3×8	单侧3×9	单侧3×10	单侧3×11或12	单侧3×12或13	单侧4×8~10
2a.杠铃后深蹲	159	3×8	3×9	3×10	3×11或12	3×12或13	4×8~10
2b.哑铃臂弯举	136	3×8	3×9	3×10	3×11或12	3×12或13	4×8~10
3a.颈前下拉	121	3×8	3×9	3×10	3×11或12	3×12或13	4×8~10
3b.俯身哑铃肩上飞鸟	130	3×10	3×11	3×12	3×12~14	3×15	4×10~12
4a.自上而下绳索伐木	199	单侧3×8	单侧3×9	单侧3×10	单侧3×11或12	单侧3×12或13	单侧4×10~12
4b.绳索面拉	134	3×10	3×11或12	3×12	3×12~14	3×15	4×10~12

*每对组中间休息60~90秒。

表格9.5　　　　　　　　　　**肌肉基础运动：方案B**

运动组*	页码	第1天	第2天	第3天	第4天	第5天	第6天
1a.单腿单臂哑铃罗马尼亚硬拉	149	单侧3×8	单侧3×9	单侧3×10	单侧 3×11或12	单侧 3×12或13	单侧 4×8～10
1b.杠铃仰卧推举	86	3×8	3×9	3×10	3×11或12	3×12或13	4×8～10
2a.45度髋关节伸展	182	3×10	3×11	3×12	3×12～14	3×15	4×10～12
2b.哑铃旋转肩上推举	80	单侧3×7	单侧3×8	单侧3×9	单侧3×10	单侧3×10	单侧 4×6～8
3a.拉力器肱三头肌屈伸	100	3×10	3×11或12	3×12	3×12～14	3×15	4×10～12
3b.绳索复合直臂下拉	135	3×10	3×11或12	3×12	3×12～14	3×15	4×10～12
4a.哑铃侧肩举	98	3×10	3×11或12	3×12	3×12～14	3×15	4×10～12
4b.腹肌缓慢移动	210	3×5	3×6	3×7	3×8	3×8	4×8

*每对组中间休息60～90秒。

力量基础运动方案

如果你已经完成了肌肉基础运动，或者经常采用健身风格的训练方式（与肌肉基础运动方案中的训练方式类似），那么这表明你已经准备好开始力量基础运动了。这一阶段的首要目标是让身体适应更大的运动负荷，增加运动单位募集，增大力量输出（如体力）。因此你在这一阶段的重点是用最大的力气完成每项运动的同轴提升运动。同样地，与之前的几个运动阶段一样，务必要在进行不同轴（下肢）运动时维持绝对的控制力。

另外，与之前的运动阶段一样，在每次运动结束时，在确保良好的控制能力和正确运动方式的情况下，你没有多余的力气多做几次运动。力量基础运动的方案A和方案B如表格9.6和表格9.7所示。

表格9.6 **力量基础运动：方案A**

运动组*	页码	第1天	第2天	第3天	第4天	第5天	第6天
1a.高架杠铃反弓步	163	单侧 4×3或4	单侧 4×4或5	单侧 4×5或6	单侧 4×5或6	单侧 4×5或6	单侧 5×3或4
1b.哑铃平板划船	197	3×5	3×5	3×6	3×6	3×7	4×6~7
2a.颈前下拉	121	4×3或4	4×4或5	4×5或6	4×5或6	4×5或6	5×4或5
2b.单腿点膝下蹲	166	单侧3×6	单侧3×7	单侧3×8	单侧 3×8~10	单侧 3×8~10	单侧 4×6~8
3a.单臂独立式哑铃提拉	112	单侧 4×3或4	单侧 4×4或5	单侧 4×5或6	单侧 4×5或6	单侧 4×5或6	单侧 5×4或5
3b.杠铃提踵	188	3×8	3×9	3×10	3×11~12	3×12或13	4×8~10
4a.绳索复合直臂下拉	135	3×10~12	3×12~14	3×12~14	3×15	4×10	4×10~12
4b.绳索胸前臂弯举	137	3×10	3×11或12	3×12~14	3×15	4×10	4×10~12

*每对组中间休息90秒~3分钟。

表格9.7　　　　　　　　　　力量基础运动：方案B

运动组*	页码	第1天	第2天	第3天	第4天	第5天	第6天
1a.杠铃相扑硬拉	157	4×3或4	4×4或5	4×5或6	4×5或6	4×5或6	5×4或5
1b.手臂行走	208	3×5	3×6	3×7	3×8	3×8	4×8
2a.哑铃仰卧推举	87	4×3或4	4×4或5	4×5或6	4×5或6	4×5或6	5×4或5
2b.单腿举髋	179	单侧3×8	单侧3×9	单侧3×10	单侧3×11或12	单侧3×12或13	单侧4×8～10
3a.北欧腿部弯举	183	3×10～12	3×12～14	3×12～14	3×15	4×10	4×10～12
3b.单臂哑铃旋转推举	79	单侧3×4	单侧3×4	单侧3×5	单侧3×5	单侧3×6	单侧4×5或6
4a.哑铃前肩举	98	3×10～12	3×12～14	3×12～14	3×15	4×10	4×10～12
4b.悬空臂屈伸	100	3×10～12	3×12～14	3×12～14	3×15	4×10	4×10～12

*每对组中间休息90秒～3分钟。

能量基础运动方案

如果你已经完成了力量基础运动或者经常进行举重练习，那么现在你已经可以进行能量基础运动了。这一阶段的主要目标是通过提升力量输出速率，让身体熟悉快速、爆发性的运动。记住：能量＝体力×速度。既然你已经在磨合期加强了肌肉控制能力，在肌肉基础运动阶段增加了新的肌肉，增强了结缔组织力量，在力量基础运动阶段增强了力量生成，那么这表明你已经准备好提升肌肉产生力量的速度。

能量基础运动方案采用"对比训练"：首先进行一组重举（重复做3~5次），紧接着进行非负重的爆发性训练，运动模式以及重复运动次数与之前大致相同。或者，为了使运动更加简单，可进行负重下蹲和自重跳跃深蹲运动，或者进行仰卧推举加上击掌俯卧撑运动，又或者进行引体向上和药球彩虹猛击运动。

研究表明对比训练或产生一种激活后增强（post-activation potentiation，PAP）效果，当肌肉的收缩达到最大或者接近最大[3]时，肌肉爆发力得到强化。不过，这里使用这一训练方式，不仅是为了提升力量产生的速度和质量——这样爆发力会达到最大化，而且它为你提供了一种同时进行体力和能量训练的简单方式。另外，增加的运动量有助于改善整体运动能力，这样会为执行在接下来几章出现的功能谱运动方案奠定更加坚实的基础。

当使用这一运动方案时，完成举重运动部分（即每组对比训练的第一项运动）的运动方式与力量基础阶段相同。进行爆发性运动部分（即每组对比训练的第二项运动）时力气越大越好。

值得注意的是，这个运动方案中的对组训练并不都属于对比训练。当进行非对比训练时，运动方式与肌肉基础运动阶段时的方式保持一致。能量基础运动的方案A和方案B如表格9.8和表格9.9所示。

表格9.8   **能量基础运动：方案A**

运动组*	页码	第1天	第2天	第3天	第4天	第5天	第6天
1a.跳远	146	5×3	5×3	5×4	5×4	5×5	5×5
1b.健身球曲臂直腿滑行	206	4×6~10	4×6~10	4×10~12	4×10~12	4×12~15	4×12~15
2a.高架杠铃反弓步	163	单侧4×5	单侧4×5	单侧4×5	单侧5×5	单侧5×5	单侧5×5
2b.前倾弓步剪刀跳	147	单侧4×3	单侧4×4	单侧4×5	单侧 5×4或5	单侧 5×4或5	单侧 5×4或5
3a.反手引体向上或颈前下拉（反握）	119，121	4×2或3	4×2或3	4×3或4	5×2~4	5×2~5	5×4或5
3b.药球彩虹猛击	105	单侧4×5	单侧4×5	单侧4×6	单侧5×6	单侧5×6	单侧5×6
4.单臂复合拉力器后拉**	116	单侧 3×10~12	单侧 3×12~14	单侧3×15	单侧 4×8~10	单侧 3×10~12	单侧 4×10~12
5a.自下而上绳索伐木	198	单侧 3×10~12	单侧 3×12~14	单侧3×15	单侧 4×8~10	单侧 4×10~12	单侧 4×10~12
5b.绳索面拉	134	3×10~12	3×10~12	3×15	4×8~10	4×10~12	4×10~12

*每对组中间休息90秒～3分钟。

**每组运动中间休息60～90秒。

表格9.9 **能量基础运动：方案B**

运动组*	页码	第1天	第2天	第3天	第4天	第5天	第6天
1a.哑铃上拉	107	5×3	5×3	5×4	5×4	5×5	5×5
1b.弹力带双腿下压	212	4×6~10	4×6~10	4×10~12	4×10~12	4×12~15	4×12~15
2a.杠铃混合硬拉	158	4×3~5	4×3~5	4×3~5	5×2~4	5×3~5	5×3~5
2b.双臂驱动硬拉跳	145	4×5	4×5	4×6	5×6	5×6	5×6
3a.杠铃仰卧推举	86	4×3~5	4×3~5	4×3~5	5×2~4	5×3~5	5×3~5
3b.击掌俯卧撑	93	4×5	4×5	4×6	5×6	5×6	5×6
4.斜角杠铃推举**	81	单侧3×10~12	单侧3×12~14	单侧3×15	单侧4×8~10	单侧4×10~12	单侧4×10~12
5a.器械坐姿腿弯举	186	3×10~12	3×12~14	3×15	4×8~10	4×10~12	4×10~12
5b.铃片伐木	200	单侧3×6~8	单侧3×8~10	单侧3×8~10	单侧4×10~12	单侧3×12~14	单侧3×15

*每对组中间休息90秒~3分钟。

**每组运动中间休息60~90秒。

现在你已经了解了在速度和能量训练、大运动量训练以及健身训练中拥有扎实基础的重要性了，也知道了如何利用本章提供的系统化训练方案来构建这一基础。通过实施这些运动方案，你就可以满足接下来三章中关于功能谱训练运动的要求了。

第**10**章

运动成绩规划

第2章介绍了功能谱训练系统中的3S：速度、力量和尺寸。本书所提供的每一个功能谱训练方案中都包含了各种各样的运动应用，以训练3S。然而，你需要严格把控在每一项上所花费的时间，以实现目标领域的进步最大化。

本章所介绍的运动方案的重点是最大化提升运动成绩。由于动作速度（即爆发力）和体力是影响运动成绩的关键要素，因此与接下来的两章相比，这里所介绍的运动方案包含了更多速度要素方面的运动应用，本章中的运动方案也会优先考虑交叉身体运动应用。

运动成绩锻炼计划指南

以下介绍的五种功能谱运动成绩锻炼计划都由三种锻炼构成：锻炼A、锻炼B和锻炼C。锻炼A的重点是拉伸运动，锻炼B关注下肢以及核心肌群训练，锻炼C的焦点则集中到推举运动上。

三种锻炼交替进行，至于每周进行三次、四次还是五次则要取决于你的喜好和训练进度。不过每项锻炼不能连续进行超过三天，这样可以使身体得到恢复，并使过度训练的风险降到最低。为了取得理想的运动效果，我建议每周至少训练三次。每项计划中的锻炼重复进行六次，然后再开始新的计划。表格10.1可以指导你基于每周的训练次数合理设计锻炼计划。

表格10.1　　　　　　　　　　　　　周训练频度指南

训练频度	持续时间	每周计划范例
3×每周	6周	周一（A），周三（B），周五（C）
4×每周	4.5周	第1周：周一（A），周二（B），周三（C），周五或周六（A） 第2周：B，C，A，B 第3周：C，A，B，C 第4周：A，B，C，A 第5周：B，C
5×每周	3.5周	第1周：周一（A），周二（B），周三（C），周五（A），周六（B） 第2周：C，A，B，C，A 第3周：B，C，A，B，C 第4周：A，B，C

力量和健身训练的可为与不可为

　　一项好的力量和健身训练有助于改善身体素质，而改善身体素质绝不仅仅通过简单的运动和训练就可以做到。一旦身体素质改善，当你训练时就可以完成一切所需要进行的运动。

　　当然，如果缺少相关的运动技能，健康水平的提升并不能使你成为冠军。不过，力量和健身训练能够让你拥有健康的体魄，顺利完成你已经掌握运动方法的锻炼。一名身体强壮、速度极快的运动员自然要比速度缓慢、身体虚弱的运动员的表现好得多。

运动成绩锻炼计划

　　功能谱训练系统不仅可以锻炼你的速度（成绩）和肌肉（力量和尺寸），并且可随时进行调整，加强某一特定方面的训练。这里所介绍的运动成绩锻炼计划关注整体运动能力和功能能力的提升。

速度锻炼

- 动作要尽可能迅速有力。
- 如果运动中有跳跃动作，落地时的动作就要尽可能轻。
- 如果运动过程中需要抛扔药球（朝着实心墙或外侧扔），并且由于训练环境限制，你又无法完成这样的动作，那么不妨从第4章到第7章中的全身能量训练中选择不用药球的替代版本。替换运动的训练组数和重复次数都尽量与原来的运动保持一致。

力量锻炼

- 在维持最佳运动技术的同时，在完成同轴提升运动部分时力气越大越好；在进行不同轴（下肢）运动时，要维持良好的控制力。
- 选择的运动负荷应当能够让你完成既定的运动次数。在每项锻炼中，你可以在通过增加重量的同时维持原有运动次数不变，或者通过重量不变但增加运动次数的方式，来增强身体力量，提升体力。

尺寸锻炼

- 在每项运动中关注运动肌肉，保持运动姿势，不用多余的动作或冲力欺骗自己。
- 按照正常的速度进行同轴提升运动，完成不同轴（下肢）运动时要控制好身体动作。
- 三个计划中的锻炼组数和重复训练次数都有变化。不管你选择的是哪一个训练计划，在维持良好控制力和正确运动方式的前提下，你使用的运动负荷应当只能让你勉强完成规定任务，而没有余力再进行额外的运动。

有氧运动训练

- 如果需要进行特殊的超大强度间歇训练（SMIT）或者执行代谢调节方案（MCP），但你的训练环境不允许，那么你可以从第3章中选择类似的替换运动。替换运动的重复次数、训练组数或时间都尽量与原来的运动保持一致。
- 只有每个计划中的A和C锻炼涉及有氧运动。

运动成绩锻炼计划（每周三到五天）

　　下面介绍的锻炼计划中，a、b、c锻炼做三组，并且a和b锻炼属于成对组。完成三组或成对组规定的运动组数和次数后，进入下一轮运动。如果有必要，可适当延长休息时间，以便以更良好的控制力完成指定的运动次数。这一计划更加看重动作完成的质量而非数量。

　　在接下来的健身方案中，在开始每一项运动之前，务必要进行第8章介绍的动态热身运动（你自己选择）。为了使这些锻炼适合你的需求，可以参阅第12章。

表格10.2　　　　　　　**运动成绩锻炼计划1：锻炼A——拉伸**

	页码	第1天和第4天	第2天和第5天	第3天和第6天
速度				
1a. 药球跨步过顶抛（3~4千克）	104	5×8	5×8	5×8
1b. 药球前舀水平抛（3~4千克）	195	5×5，每对组之间休息90秒	5×5，每对组之间休息90秒	5×5，每对组之间休息90秒
2. 30码折返跑	141	4或5组，组间休息60~90秒	4或5组，组间休息60~90秒	4或5组，组间休息60~90秒
力量				
3. 单臂拉力器后拉	114	单侧4×4~6，组间休息60~90秒	单侧4×4~6，组间休息60~90秒	单侧4×4~6，组间休息60~90秒
尺寸				
4. 宽距坐姿划船	126	3×10~12，组间休息60~90秒	2×15~20，组间休息60~90秒	4×6~8，组间休息60~90秒
5a. 悬挂臂弯举	138	3×10~12	2×15~20	4×6~8
5b. 俯身哑铃肩上飞鸟	130	3×10~12，每对组之间休息60~90秒	2×15~20，每对组之间休息60~90秒	4×6~8，每对组之间休息60~90秒
有氧运动训练		MCP*：两侧农夫行走复合练习（第57页），2或3组，组间休息2分钟	稳态有氧训练：椭圆机（第29页）或直立式健身车（第30页），共25~35分钟	SMIT**：折返跑（第24页），200码×5或6，组间休息2分钟

*MCP：代谢调节方案。

**SMIT：超大强度间歇训练。

表格10.3　　　　　**运动成绩锻炼计划1：锻炼B——下肢与核心肌群**

	页码	第1天和第4天	第2天和第5天	第3天和第6天
速度				
1. 25码冲刺跑	141	5或6组，组间休息60秒	5或6组，组间休息60秒	5或6组，组间休息60秒
2. 手臂驱动蹲踞跳	144	5×4或5，组间休息90秒	5×4或5，组间休息90秒	5×4或5，组间休息90秒
力量				
3a. 六角杠深蹲	164	5×1~5	5×1~5	5×1~5
3b. 腹肌缓慢移动	210	4×5~8，每对组之间休息2分钟	4×5~8，每对组之间休息2分钟	4×5~8，每对组之间休息2分钟
尺寸				
4. 单腿单臂哑铃罗马尼亚硬拉	149	单侧2×15~20，组间休息60秒	单侧4×6~8，组间休息60秒	单侧3×10~12，组间休息60秒
5a. 哑铃平板划船	197	2×14或15	4×6~8	3×10~12
5b. 举重床踏台阶	172	单侧2×15~20，每对组之间休息90秒	单侧4×6~8，每对组之间休息90秒	单侧3×10~12，每对组之间休息90秒
6a. 弹力带双腿下压*	212	2×15~20	4×6~8	3×10~12
6b. 45度髋关节伸展	182	2×15~20，每对组之间休息90秒	4×6~8，每对组之间休息90秒	3×10~12，每对组之间休息90秒

*运动重复进行次数与弹力带阻力以及双腿伸展程度成反比。重复运动6~8次时双腿尽量伸展或者使用阻力最大的弹力带；重复运动15~20次时则选择阻力较小的弹力带或者不伸展双腿。

表格10.4　　　　　　**运动成绩锻炼计划1：锻炼C——推举**

	页码	第1天和第4天	第2天和第5天	第3天和第6天
速度				
1a. 药球垂直蹲抛举（3~4千克）	72	5×4或5	5×4或5	5×4或5
1b. 药球侧舀斜抛（3~5千克）	194	单侧4×3或4，每对组之间休息90秒	单侧4×3或4，每对组之间休息90秒	单侧4×3或4，每对组之间休息90秒
2. 180度横臂蹲踞跳	144	单侧4×2或3，组间休息90秒	单侧4×2或3，组间休息90秒	单侧4×2或3，组间休息90秒
力量				
3.斜角杠铃旋转推举	82	单侧4×4或5，组间休息90秒	单侧4×4或5，组间休息90秒	单侧4×4或5，组间休息90秒
尺寸				
4. 盒子交叉俯卧撑	85	4×最大运动次数（-2）*，组间休息90秒	3×最大运动次数（-1）*，组间休息90秒	2×最大运动次数，组间休息90秒
5a. 拉力器肱三头肌屈伸	100	4×6~8	3×10~12	2×15~20
5b. 绳索复合直臂下拉	135	4×6~8，每对组之间休息90秒	3×10~12，每对组之间休息90秒	2×15~20，每对组之间休息90秒
有氧运动训练		SMIT**（划船器（第28页），4~6组，共45~60秒。以最快速度训练90秒，组间休息2分钟	MCP***：六分钟体重复合练习（第32页），2或3组，组间休息2分钟	稳态有氧训练：椭圆机（第29页）或直立式健身车（第30页），共持续25~35分钟

*（-1）意思是比最大运动次数少一次；（-2）意思是比最大运动次数少两次。

**SMIT：超大强度间歇训练。

***MCP：代谢调节方案。

	页码	第1天和第4天	第2天和第5天	第3天和第6天
速度				
1a. 药球彩虹猛击（3~4千克）	105	单侧5×3或4	单侧5×3或4	单侧5×3或4
1b. 药球侧舀斜抛（3~5千克）	194	单侧4×3或4，每对组之间休息90秒	单侧4×3或4，每对组之间休息90秒	单侧4×3或4，每对组之间休息90秒
2. 侧向跳跃	148	单侧4×3或4	单侧4×3或4	单侧4×3或4
力量				
3. 单臂独立式哑铃提拉	112	单侧4×2~4，组间休息90秒	单侧4×2~4，组间休息90秒	单侧4×2~4，组间休息90秒
尺寸				
4. 坐姿划船	125	3×10~12，组间休息60~90秒	2×15~20，组间休息60~90秒	4×6~8，组间休息60~90秒
5a. 绳索胸前臂弯举	137	3×10~12	2×15~20	4×6~8
5b. 绳索面拉	134	3×10~12，每对组之间休息60秒	2×15~20，每对组之间休息60秒	4×6~8，每对组之间休息60秒
有氧运动训练		MCP*：重沙袋拳击和跆拳道（第30页），4~6组，每组2分钟，中间休息60秒	稳态有氧训练：椭圆机（第29页），共持续25~35分钟	SMIT**：加速赛（第25页），1~3组，组间休息3~4分钟

*MCP：代谢调节方案。

**SMIT：超大强度间歇训练。

表格10.6		运动成绩锻炼计划2：锻炼B——下肢与核心肌群		
	页码	第1天和第4天	第2天和第5天	第3天和第6天
速度				
1. 30码折返跑	141	5或6组，组间休息60～90秒	5或6组，组间休息60～90秒	5或6组，组间休息60～90秒
2. 跳远	146	5×3或5，组间休息90秒	5×3，组间休息90秒	5×3，组间休息90秒
力量				
3a. 杠铃混合硬拉	158	5×2～4	5×2～4	5×2～4
3b. 单臂平板支撑	201	4×15～20秒，每对组之间休息2分钟	4×15～20秒，每对组之间休息2分钟	4×15～20秒，每对组之间休息2分钟
尺寸				
4a. 侧弓步交叉转体	152	单侧2×14或15	单侧4×6～8	单侧3×10～12
4b. 健身球铃片卷腹	211	2×15～20，每对组之间休息60～90秒	4×6～8，每对组之间休息60～90秒	3×10～12，每对组之间休息60～90秒
5. 高架杠铃反弓步	163	单侧2×14或15，组间休息90秒	单侧4×6～8，组间休息90秒	单侧3×10～12，组间休息90秒
6a. 健身球腹肌运动	204，206，205	健身球蹲踞 2×15～20	健身球曲臂直腿滑行 4×6～8	健身球曲臂直腿 3×10～12
6b. 单腿举髋	179	单侧2×15～20，每对组之间休息60～90秒	单侧4×6～8，每对组之间休息60～90秒	单侧3×10～12，每对组之间休息60～90秒

表格10.7   **运动成绩锻炼计划2：锻炼C——推举**

	页码	第1天和第4天	第2天和第5天	第3天和第6天
速度				
1a.药球向下劈抛（3~4千克）	196	单侧4×5或6	单侧4×5或6	单侧4×5或6
1b.爆发性跨步跳	142	单腿4×8~10，每对组之间休息2分钟	单腿4×8~10，每对组之间休息2分钟	单腿4×8~10，每对组之间休息2分钟
2. 斜角杠铃推举和抓取	77	单侧4×4或5，组间休息90秒	单侧4×4或5，组间休息90秒	单侧4×4或5，组间休息90秒
力量				
3. 单臂哑铃旋转推举	79	单侧4×2~4，组间休息2分钟	单侧4×2~4，组间休息2分钟	单侧4×2~4，组间休息2分钟
尺寸				
4. 站姿拉力器胸部推举	94	4×6~8，组间休息60秒	3×10~12，组间休息60秒	2×15~20，组间休息60秒
5a. 拉力器肱三头肌屈伸	100	4×6~8	3×10~12	2×15~20
5b.俯卧撑	91	4×最大运动次数（-2)*，每对组之间休息60秒	3×最大运动次数（-1)*，每对组之间休息60秒	2×最大运动次数，每对组之间休息60秒
有氧运动训练		SMIT**：加速赛（第25页），5~7组，以最大速度运动15~30秒，组间休息60秒	MCP***：单侧腿复合练习（第34页），1或2组，组间休息2分钟	稳态有氧训练：快步走（第29页），共持续25~35分钟

*（-1）意思是比最大运动次数少一次；（-2）意思是比最大运动次数少两次。

**SMIT：超大强度间歇训练。

***MCP：代谢调节方案。

273

表格10.8		运动成绩锻炼计划3：锻炼A——拉伸		
	页码	第1天和第4天	第2天和第5天	第3天和第6天
速度				
1a. 药球跨步过顶抛（3~4千克）	104	5×6~8	5×6~8	5×6~8
1b. 药球侧舀水平抛（3~5千克）	193	单侧4×4或5	单侧4×4或5	单侧4×4或5
1c. 爆发性跨步跳	142	单腿5×8~10，每三组间休息2分钟	单腿5×8~10，每三组间休息2分钟	单腿5×8~10，每三组间休息2分钟
力量				
2. 单臂复合拉力器后拉	116	单侧4×5或6，组间休息90秒	单侧4×5或6，组间休息90秒	单侧4×5或6，组间休息90秒
尺寸				
3a. 绳索复合直臂下拉	135	3×10~12	2×15~20	4×6~8
3b. 悬空划船	127	3×10~12	2×15~20	4×6~8
3c. 悬挂臂弯举	138	3×10~12，每三组之间休息60~90秒	2×15~20，每三组之间休息60~90秒	4×6~8，每三组之间休息60~90秒
有氧运动训练		MCP*：六分钟体重复合练习（第32页），2或3组，组间休息2分钟	稳态有氧训练：椭圆机（第29页）或直立式健身车（第30页），共持续25~35分钟	SMIT**：划船器（第28页），4~6组，以最大速度运动45~60秒，组间休息90秒~2分钟

*MCP：代谢调节方案。

**SMIT：超大强度间歇训练。

表格10.9 **运动成绩锻炼计划3：锻炼B——下肢与核心肌群**

	页码	第1天和第4天	第2天和第5天	第3天和第6天
速度				
1. 跳远	146	5×3或4，组间休息90秒	5×3或4，组间休息90秒	5×3或4，组间休息90秒
2. 前倾弓步剪刀跳	147	单侧4×2或3，组间休息90秒	单侧4×2或3，组间休息90秒	单侧4×2或3，组间休息90秒
力量				
3a. 杠铃混合硬拉	158	4×3~5	4×3~5	4×3~5
3b. 健身球搅拌	207	每个方向3×4~8，每对组之间休息2分钟	每个方向3×4~8，每对组之间休息2分钟	每个方向3×4~8，每对组之间休息2分钟
尺寸				
4a. 斜角杠铃跨肩反弓步	155	单侧2×14或15	单侧4×6~8	单侧3×10~12
4b. 斜角杠铃紧拉彩虹	202	单侧2×15~20，每对组之间休息90秒	单侧4×6~8，每对组之间休息90秒	单侧3×10~12，每对组之间休息90秒
5a. 保加利亚式分腿蹲以及罗马尼亚硬拉混合运动	168	单侧2×14或15	单侧4×6~8	单侧3×10~12
5b. 反向卷腹*	211	2×15~20，每对组之间休息90秒	4×6~8，每对组之间休息90秒	3×10~12，每对组之间休息90秒
6. 单腿哑铃卧姿伸髋	177	单侧2×15~20，组间休息60秒	单侧4×6~8，组间休息60秒	单侧3×10~12，组间休息60秒

　　*运动重复进行次数与弹力带阻力以及双腿伸展程度成反比。在重复运动6~8次时双腿尽量伸展或者使用阻力最大的弹力带；重复运动15~20次时则选择阻力较小的弹力带或者不伸展双腿。

表格10.10　　运动成绩锻炼计划3：锻炼C——推举

	页码	第1天和第4天	第2天和第5天	第3天和第6天
速度				
1a. 药球跨步推抛（3~4千克）	76	5×4~6	5×4~6	5×4~6
1b. 药球侧Ⅱ水平抛（3~5千克）	193	单侧4×4或5，每对组之间休息90秒	单侧4×4或5，每对组之间休息90秒	单侧4×4或5，每对组之间休息90秒
2. 180度横臂蹲踞跳	144	单侧4×2或3，组间休息90秒	单侧4×2或3，组间休息90秒	单侧4×2或3，组间休息90秒
力量				
3. 单臂俯卧撑或斜角杠铃推举	84，81	单侧4×1~5或4×3~6，组间休息90秒	单侧4×1~5或4×3~6，组间休息90秒	单侧4×1~5或4×3~6，组间休息90秒
尺寸				
4. 下斜式杠铃卧推	87	4×6~8，组间休息60~90秒	3×10~12，组间休息60~90秒	2×15~20，组间休息60~90秒
5. 哑铃过顶推举	89	4×6~8，组间休息60~90秒	3×10~12，组间休息60~90秒	2×15~20，组间休息60~90秒
6. 窄握俯卧撑	94	4×最大运动次数（-2）*，组间休息2分钟	3×最大运动次数（-1）*，组间休息2分钟	2×最大运动次数，组间休息2分钟
有氧运动训练		SMIT**：折返跑（第24页），250码×4或5，组间休息2.5分钟	MCP***：单侧农夫行走复合练习（第59页），2或3组，组间休息2分钟	稳态有氧训练：椭圆机（第29页）或直立式健身车（第30页），共持续25~35分钟

*（-1）意思是比最大运动次数少一次；（-2）意思是比最大运动次数少两次。

**SMIT：超大强度间歇训练。

***MCP：代谢调节方案。

表格10.11　　　　　　**运动成绩锻炼计划4：锻炼A——拉伸**

	页码	第1天和第4天	第2天和第5天	第3天和第6天
速度				
1a. 前倾弓步剪刀跳	147	单腿5×3~5	单腿5×3~5	单腿5×3~5
1b. 药球侧舀水平抛（3~5千克）	193	单侧5×4或5，每对组之间休息2分钟	单侧5×4或5，每对组之间休息2分钟	单侧5×4或5，每对组之间休息2分钟
2. 绳索猛击或药球彩虹猛击（3~4千克）	111, 105	单侧4×10~12或4×6~8，组间休息90秒	单侧4×10~12或4×6~8，组间休息90秒	单侧4×10~12或4×6~8，组间休息90秒
力量				
3. 单臂独立式哑铃提拉	112	单侧4×2~4，组间休息90秒	单侧4×2~4，组间休息90秒	单侧4×2~4，组间休息90秒
尺寸				
4. 颈前下拉	121	3×10~12，组间休息90秒	2×15~20，组间休息90秒	4×6~8，组间休息90秒
5a. 哑铃臂弯举	136	3×10~12	2×15~20	4×6~8
5b. 俯身哑铃肩上飞鸟	130	3×10~12，每对组之间休息60秒	2×15~20，每对组之间休息60秒	4×6~8，每对组之间休息60秒
有氧运动训练		MCP*：四分钟绳索综合运动（第47页），2或3组，组间休息2~3分钟	稳态有氧训练：在室外或跑步机上快步走（第29页），25~35分钟	SMIT**：跑步机（第28页），5~7组，以最大速度跑15~30秒，组间休息60秒

*MCP：代谢调节方案。

**SMIT：超大强度间歇训练。

表格10.12 运动成绩锻炼计划4：锻炼B——下肢与核心肌群

	页码	第1天和第4天	第2天和第5天	第3天和第6天
速度				
1. 25码冲刺跑	141	5~7组，组间休息60秒	5~7组，组间休息60秒	5~7组，组间休息60秒
2. 双臂驱动硬拉跳	145	5×3~5，组间休息90秒	5×3~5，组间休息60秒	5×3~5，组间休息60秒
力量				
3a. 杠铃相扑硬拉	157	4或5×2~4	4或5×2~4	4或5×2~4
3b. 健身球曲臂直腿滑行	206	3或4×8~12，每对组之间休息2分钟	3或4×8~12，每对组之间休息2分钟	3或4×8~12，每对组之间休息2分钟
尺寸				
4a. 单腿45度拉力器罗马尼亚硬拉	150	单侧2×15~20	单侧4×6~8	单侧3×10~12
4b. 健身球铃片卷腹	211	2×15~20，每对组之间休息60~90秒	4×6~8，每对组之间休息60~90秒	3×10~12，每对组之间休息60~90秒
5. 哑铃拳手弓步	170	单侧2×14或15，组间休息90秒	单侧4×6~8，组间休息90秒	单侧3×10~12，组间休息90秒
6a. 单臂哑铃农夫行走	197	单侧3×45秒	单侧3×45秒	单侧3×45秒
6b. 屈腿运动	184，184，178	健身球屈腿2×15~20，每对组之间休息60~90秒	单腿健身球屈腿4×6~8，每对组之间休息60~90秒	伸髋腿弯举组合运动3×10~12，每对组之间休息60~90秒

表格10.13　　　　**运动成绩锻炼计划4：锻炼C——推举**

	页码	第1天和第4天	第2天和第5天	第3天和第6天
速度				
1a. 药球推抛（3~4千克）	192	单侧4×3或4	单侧4×3或4	单侧4×3或4
1b. 药球前舀水平抛（3~5千克）	195	单侧4×5或6，每对组之间休息90秒	单侧4×5或6，每对组之间休息90秒	单侧4×5或6，每对组之间休息90秒
2. 侧向跳跃	148	单侧4×3或4，组间休息90秒	单侧4×3或4，组间休息90秒	单侧4×3或4，组间休息90秒
力量				
3. 单臂哑铃旋转推举	79	单侧5×2或3，组间休息90秒	单侧5×2或3，组间休息90秒	单侧5×2或3，组间休息90秒
尺寸				
4. 单臂俯卧撑锁定	85	单侧4×最大运动次数（-2）*，组间休息90秒	单侧3×最大运动次数（-1）*，组间休息90秒	单侧2×最大运动次数，组间休息90秒
5a. 俯身哑铃肩上飞鸟	130	4×6~8	3×10~12	2×15~20
5b. 哑铃仰卧臂屈伸	99	4×6~8，每对组之间休息60秒	3×10~12，每对组之间休息60秒	2×15~20，每对组之间休息60秒
有氧运动训练		SMIT**：加速赛（第25页），1~3组，组间休息3~4分钟	MCP***：20-20-10-10腿部综合训练（第37页），2或3组，组间休息2分钟	稳态有氧训练：在室外或跑步机上快步走（第29页），25~35分钟

*（-1）意思是比最大运动次数少一次；（-2）意思是比最大运动次数少两次。

**SMIT：超大强度间歇训练。

***MCP：代谢调节方案。

表格10.14　　　　　　　**运动成绩锻炼计划5：锻炼A——拉伸**

	页码	第1天和第4天	第2天和第5天	第3天和第6天
速度				
1a. 药球水平抛扔（3～4千克）	74	单侧5×3或4	单侧5×3或4	单侧5×3或4
1b. 药球彩虹猛击（3或4千克）	105	单侧5×4或5，每对组之间休息2分钟	单侧5×4或5，每对组之间休息2分钟	单侧5×4或5，每对组之间休息2分钟
2. 侧向跳跃	148	单侧4×4～6，组间休息60秒	单侧4×4～6，组间休息60秒	单侧4×4～6，组间休息60秒
力量				
3. 单臂拉力器后拉	114	单侧4×4～6，组间休息90秒	单侧4×4～6，组间休息90秒	单侧4×4～6，组间休息90秒
尺寸				
4. 悬空划船	127	3×10～12，组间休息60～90秒	2×15～20，组间休息60～90秒	4×6～8，组间休息60～90秒
5. 绳索复合直臂下拉	135	3×10～12，组间休息60～90秒	2×15～20，组间休息60～90秒	4×6～8，组间休息60～90秒
6. 悬挂臂弯举	138	3×10～12，组间休息60～90秒	2×15～20，组间休息60～90秒	4×6～8，组间休息60～90秒
有氧运动训练		MCP*：铃片推举（第50页），4～6组×40～50码，组间休息90秒	稳态有氧训练：椭圆机（第29页）或直立式健身车（第30页），25～35分钟	SMIT**：折返跑（第24页），2或3×300码，组间休息3分钟

*MCP：代谢调节方案。

**SMIT：超大强度间歇训练。

表格10.15　　　　运动成绩锻炼计划5：锻炼B——下肢与核心肌群

	页码	第1天和第4天	第2天和第5天	第3天和第6天
速度				
1. 手臂驱动蹲踞跳	144	5×4或5，组间休息90秒	5×4或5，组间休息90秒	5×4或5，组间休息90秒
2. 横向能量跳	143	4×5或6，组间休息90秒	4×5或6，组间休息90秒	4×5或6，组间休息90秒
力量				
3a. 杠铃混合硬拉	158	5×2~4	5×2~4	5×2~4
3b. 弹力带双腿下压*	212	4×8~15，每对组之间休息2分钟	4×8~15，每对组之间休息2分钟	4×8~15，每对组之间休息2分钟
尺寸				
4a. 单腿正压腿	154	单侧2×15~20	单侧4×6~8	单侧3×10~12
4b. 滑行运动	204, 208, 208	健身球滑行2×15~20，每对组之间休息60~90秒	药球行走4×6~8，每对组之间休息60~90秒	手臂行走3×10~12，每对组之间休息60~90秒
5a. 哑铃前弓步	172	单侧2×15~20	单侧4×6~8	单侧3×10~12
5b. 自上而下绳索伐木	199	单侧2×14或15，每对组之间休息60~90秒	单侧4×6~8，每对组之间休息60~90秒	单侧3×10~12，每对组之间休息60~90秒
6. 屈腿运动	184, 178, 178	健身球屈腿2×15~20，组间休息60~90秒	单腿伸髋腿弯举组合运动4×6~8，组间休息60~90秒	伸髋腿弯举组合运动3×10~12，组间休息60~90秒

*双腿朝地面下压时，选择运动阻力更大的弹力带或者双腿进一步伸展。

表格10.16　　　　　　　　运动成绩锻炼计划5：锻炼C——推举

	页码	第1天和第4天	第2天和第5天	第3天和第6天
速度				
1a. 爆发性跨步跳	142	单腿5×8~10	单腿5×8~10	单腿5×8~10
1b. 药球侧舀水平抛（3~5千克）	193	单侧5×5或6，每对组之间休息2分钟	单侧5×5或6，每对组之间休息2分钟	单侧5×5或6，每对组之间休息2分钟
2. 单臂哑铃旋转推举	79	单侧4×2或3，组间休息90秒	单侧4×2或3，组间休息90秒	单侧4×2或3，组间休息90秒
力量				
3. 斜角杠铃推举	81	单侧4×2~5，组间休息90秒	单侧4×2~5，组间休息90秒	单侧4×2~5，组间休息90秒
尺寸				
4. 窄握俯卧撑	94	单侧4×最大运动次数（-2）*，组间休息2分钟	单侧3×最大运动次数（-1）*，组间休息2分钟	单侧2×最大运动次数，组间休息2分钟
5a. 哑铃侧肩举	98	4×6~8	3×10~12	2×15~20
5b. 悬空臂屈伸	100	4×6~8，每对组之间休息60~90秒	3×10~12，每对组之间休息60~90秒	2×15~20，每对组之间休息60~90秒
有氧运动训练		SMIT**：划船器（第28页），45~60秒内完成4~6组，速度越快越好，组间休息90秒~2分钟	MCP***：重沙袋拳击和跆拳道（第30页），3~5组，3分钟一组，组间休息90秒	静态有氧训练：椭圆机（第29页）或直立式健身车（第30页），25~35分钟

*（-2）意思是比最大运动次数少两次；（-1）意思是比最大运动次数少一次。

**SMIT：超大强度间歇训练。

***MCP：代谢调节方案。

运动成绩训练计划（每周两天）

虽然我推荐每周至少运动三次，但是如果你每周只能训练两天，你依然可以获得积极的运动效果。为了满足这样的需求，以下的训练计划就是之前计划的替代方案。

接下来的三项锻炼计划由两种锻炼组成：锻炼 A 和锻炼 B。锻炼 A 关注拉伸和推举运动，而锻炼 B 则重视下肢与核心肌群运动。每一个计划中的所有运动重复进行六次，然后开始新的锻炼计划。也就是说，假如你每周训练两次，那么连续六周使用同一个计划，然后接下来的六周再执行另一个。

在接下来的每项训练计划中，锻炼 B 与之前计划中对应的运动相差无几，除了在速度方面增加了额外的训练。另外，这些锻炼计划中的锻炼 A 实质是之前计划中锻炼 A 和锻炼 C 的组合体。因此，尽管本计划中的运动项目在之前也出现过，但是这里介绍的锻炼 A 还包含几项其他运动。

表格10.17 　　　　　**两天锻炼计划1：锻炼A——拉伸和推举**

	页码	第1天和第4天	第2天和第5天	第3天和第6天
速度				
1a.药球跨步过顶抛（3～4千克）	104	5×8	5×8	5×8
1b.药球前舀水平抛（3～5千克）	195	单侧5×5，每对组之间休息90秒	单侧5×5，每对组之间休息90秒	单侧5×5，每对组之间休息90秒
2.30码折返跑	141	4或5组，组间休息45～60秒	4或5组，组间休息45～60秒	4或5组，组间休息45～60秒
3.180度横臂蹲踞跳	144	单侧4×2或3，组间休息90秒	单侧4×2或3，组间休息90秒	单侧4×2或3，组间休息90秒
力量				
4a.单臂拉力器后拉	114	单侧4×4～6	单侧4×4～6	单侧4×4～6
4b.斜角杠铃旋转推举	82	单侧4×4或5，每对组之间休息2分钟	单侧4×4或5，每对组之间休息2分钟	单侧4×4或5，每对组之间休息2分钟
尺寸				
5a.宽距坐姿划船	126	3×10～12	2×15～20	4×6～8
5b.盒子交叉俯卧撑	85	3×最大运动次数（-1）*，每对组之间休息60～90秒	3×最大运动次数，每对组之间休息60～90秒	4×最大运动次数（-2）*，每对组之间休息60～90秒
6a.悬挂臂弯举	138	3×10～12	2×15～20	4×6～8
6b.拉力器肱三头肌屈伸	100	3×10～12，每对组之间休息60～90秒	2×15～20，每对组之间休息60～90秒	4×6～8，每对组之间休息60～90秒
7a.俯身哑铃肩上飞鸟	130	3×10～12	2×15～20	4×6～8
7b.绳索复合直臂下拉	135	3×10～12，每对组之间休息60～90秒	2×15～20，每对组之间休息60～90秒	4×6～8，每对组之间休息60～90秒
有氧运动训练		MCP**：单侧腿复合练习（第34页），1或2组，组间休息2分钟	稳态有氧训练：椭圆机（第29页）或直立式健身车（第30页），25～35分钟	SMIT***：折返跑（第24页），4或5×250码，组间休息2.5分钟

*（-1）意思是比最大运动次数少一次；（-2）意思是比最大运动次数少两次。

**MCP：代谢调节方案。

***SMIT：超大强度间歇训练。

	页码	第1天和第4天	第2天和第5天	第3天和第6天
速度				
1. 25码冲刺跑	141	5或6组，组间休息60秒	5或6组，组间休息60秒	5或6组，组间休息60秒
2a. 手臂驱动蹲踞跳	144	5×4或5	5×4或5	5×4或5
2b. 药球侧舀斜抛（3~5千克）	194	单侧4×3或4，每对组之间休息90秒	单侧4×3或4，每对组之间休息90秒	单侧4×3或4，每对组之间休息90秒
力量				
3a. 酒杯深蹲	164	5×1~5	5×1~5	5×1~5
3b. 腹肌缓慢移动	210	4×5~8，每对组之间休息2分钟	4×5~8，每对组之间休息2分钟	4×5~8，每对组之间休息2分钟
尺寸				
4a. 单腿单臂哑铃罗马尼亚硬拉	149	单侧2×14或15	单侧4×6~8	单侧3×10~12
4b. 哑铃平板划船	197	单侧2×14或15，每对组之间休息60~90秒	单侧4×6~8，每对组之间休息60~90秒	单侧3×10~12，每对组之间休息60~90秒
5a. 举重床踏台阶	172	单侧2×15~20	单侧4×6~8	单侧3×10~12
5b. 弹力带双腿下压*	212	2×15~20，每对组之间休息60~90秒	4×6~8，每对组之间休息60~90秒	3×10~12，每对组之间休息60~90秒
6. 45度髋关节伸展	182	2×15~20，组间休息60~90秒	4×6~8，组间休息60~90秒	3×10~12，组间休息60~90秒
有氧运动训练		稳态有氧训练：室外或跑步机快步走（第29页），25~35分钟	SMIT**：划船器（第28页），45~60秒内完成4~6组，速度越快越好，组间休息90秒~2分钟	MCP***：两侧农夫行走复合练习（第57页），2或3组，组间休息2分钟

*运动重复进行次数与弹力带阻力以及双腿伸展程度成反比。在重复运动6~8次时双腿尽量伸展或者使用阻力最大的弹力带；重复运动15~20次时则选择阻力较小的弹力带或者不伸展双腿。

**SMIT：超大强度间歇训练。

***MCP：代谢调节方案。

表格10.19 **两天锻炼计划2：锻炼A——拉伸和推举**

	页码	第1天和第4天	第2天和第5天	第3天和第6天
速度				
1a. 药球彩虹猛击（3或4千克）	105	单侧5×3或4	单侧5×3或4	单侧5×3或4
1b. 药球侧舀水平抛（3或4千克）	193	单侧4×3或4，每对组之间休息90秒	单侧4×3或4，每对组之间休息90秒	单侧4×3或4，每对组之间休息90秒
2. 侧向跳跃	148	单侧4×3或4，组间休息45~60秒	单侧4×3或4，组间休息90秒	单侧4×3或4，组间休息90秒
3. 爆发性跨步跳	142	单腿4×8~10，组间休息60秒	单腿4×8~10，组间休息60秒	单腿4×8~10，组间休息60秒
力量				
4a. 单臂独立式哑铃提拉	112	单侧4×3~5	单侧4×3~5	单侧4×3~5
4b. 单臂哑铃旋转推举	79	单侧4×3或4，每对组之间休息90秒	单侧4×3或4，每对组之间休息90秒	单侧4×3或4，每对组之间休息90秒
尺寸				
5a. 坐姿划船	125	3×10~12	2×15~20	4×6~8
5b. 俯卧撑	91	3×最大运动次数（-1）*，每对组之间休息90秒	2×最大运动次数，每对组之间休息90秒	4×最大运动次数（-2）*，每对组之间休息90秒
6a. 站姿拉力器胸部推举	94	4×6~8	3×10~12	2×15~20
6b. 哑铃A形肩	131	4×10，每对组之间休息60秒	3×13，每对组之间休息60秒	2×15，每对组之间休息60秒
7a. 悬挂臂弯举	138	4×6~8	3×10~12	2×15~20
7b. 悬空臂屈伸	100	4×6~8，每对组之间休息60秒	3×10~12，每对组之间休息60秒	2×15~20，每对组之间休息60秒
有氧运动训练		SMIT**：加速赛（第25页），1~3组，组间休息3~4分钟	MCP***：六分钟体重复合练习（第32页），2或3组，组间休息2分钟	稳态有氧训练：在室外或跑步机上快步走（第29页），25~35分钟

*（-1）意思是比最大运动次数少一次；（-2）意思是比最大运动次数少两次。

**SMIT：超大强度间歇训练。

***MCP：代谢调节方案。

表格10.20　　　**两天锻炼计划2：锻炼B——下肢与核心肌群**

	页码	第1天和第4天	第2天和第5天	第3天和第6天
速度				
1.30码折返跑	141	5或6组，组间休息1分钟	5或6组，组间休息1分钟	5或6组，组间休息1分钟
2a. 跳远	146	5×3	5×3	5×3
2b. 药球向下劈抛（3~4千克）	196	单侧4×5或6，每对组之间休息2分钟	单侧4×5或6，每对组之间休息2分钟	单侧4×5或6，每对组之间休息2分钟
力量				
3a. 杠铃混合硬拉	158	5×2~4	5×2~4	5×2~4
3b. 单臂平板支撑	201	单侧4×10~20秒，每对组之间休息2分钟	单侧4×10~20秒，每对组之间休息2分钟	单侧4×10~20秒，每对组之间休息2分钟
尺寸				
4a. 侧弓步交叉转体	152	单侧2×14或15	单侧4×6~8	单侧3×10~12
4b. 健身球铃片卷腹	211	2×15~20，每对组之间休息60~90秒	4×6~8，每对组之间休息60~90秒	3×10~12，每对组之间休息60~90秒
5a. 高架杠铃反弓步	163	单侧2×14或15	单侧4×6~8	单侧3×10~12
5b. 健身球腹肌运动	204,206,205	健身球蹲踞2×15~20，每对组之间休息60~90秒	健身球曲臀直腿滑行4×6~8，每对组之间休息60~90秒	健身球曲臀直腿3×10~12，每对组之间休息60~90秒
6.屈腿运动	184,184,178	健身球屈腿2×15~20，组间休息60秒	单腿健身球屈腿4×6~8，组间休息60秒	伸髋腿弯举组合运动3×10~12，组间休息60秒
有氧运动训练		稳态有氧训练：椭圆机（第29页）或直立式健身车（第30页），25~35分钟	SMIT*：跑步机（第28页），5~7组，以最大速度奔跑15~30秒，组间休息60秒	MCP**：重沙袋拳击和跆拳道（第30页），4~6组，2分钟一组，组间休息60秒

*SMIT：超大强度间歇训练。

**MCP：代谢调节方案。

表格10.21　　　　**两天锻炼计划3：锻炼A——拉伸和推举**

	页码	第1天和第4天	第2天和第5天	第3天和第6天
速度				
1a. 药球跨步过顶抛（3或4千克）	104	5×6~8	5×6~8	5×6~8
1b. 药球跨步推抛（3或4千克）	76	5×4~6，每对组之间休息90秒	5×4~6，每对组之间休息90秒	5×4~6，每对组之间休息90秒
2a. 药球前舀水平抛（3~5千克）	195	单侧4×4或5	单侧4×4或5	单侧4×4或5
2b. 爆发性跨步跳	142	单腿4×8~10，每对组之间休息90秒	单腿4×8~10，每对组之间休息90秒	单腿4×8~10，每对组之间休息90秒
力量				
3a. 单臂复合拉力器后拉	116	单侧4×3~5	单侧4×3~5	单侧4×3~5
3b. 单臂俯卧撑或单臂拉力器推举	84，83	单侧4×1~5或4×3~6，每对组之间休息90秒	单侧4×1~5或4×3~6，每对组之间休息90秒	单侧4×1~5或4×3~6，每对组之间休息90秒
尺寸				
4a. 哑铃过顶推举	89	3×10~12	2×15~20	4×6~8
4b. 宽肘悬空提拉	128	3×10~12	2×15~20	4×6~8
4c. 悬挂臂弯举	138	3×10~12，每三组休息时间为60~90秒	2×15~20，每三组休息时间为60~90秒	4×6~8，每三组休息时间为60~90秒
5a. 绳索复合直臂下拉	135	3×10~12	2×15~20	4×6~8
5b. 拉力器肱三头肌屈伸	100	3×10~12，每对组之间休息60秒	2×15~20，每对组之间休息60秒	4×6~8，每对组之间休息60秒
有氧运动训练		MCP*：20-20-10-10腿部综合训练（第37页），2或3组，组间休息2分钟	稳态有氧训练：椭圆机（第29页）或直立式健身车（第30页），25~35分钟	SMIT**：折返跑（第24页），2或3×300码，组间休息3分钟

*MCP：代谢调节方案。

**SMIT：超大强度间歇训练。

288

表格10.22　　　　**两天锻炼计划3：锻炼B——下肢与核心肌群**

	页码	第1天和第4天	第2天和第5天	第3天和第6天
速度				
1. 跳远	146	5×3或4，组间休息90秒	5×3或4，组间休息90秒	5×3或4，组间休息90秒
2a. 前倾弓步剪刀跳	147	单腿4×2或3	单腿4×2或3	单腿4×2或3
2b. 药球侧舀水平抛（3～5千克）	193	单侧4×4或5，每对组之间休息90秒	单侧4×4或5，每对组之间休息90秒	单侧4×4或5，每对组之间休息90秒
力量				
3a. 杠铃罗马尼亚硬拉	156	4×3～5	4×3～5	4×3～5
3b. 健身球搅拌	207	每个方向3×4～8，每对组之间休息90秒	每个方向3×4～8，每对组之间休息90秒	每个方向3×4～8，每对组之间休息90秒
尺寸				
4a. 斜角杠铃跨肩反弓步	155	单侧2×14或15	单侧4×6～8	单侧3×10～12
4b. 斜角杠铃紧拉彩虹	202	单侧2×15～20，每对组之间休息90秒	单侧4×6～8，每对组之间休息90秒	单侧3×10～12，每对组之间休息90秒
5a. 保加利亚式分腿蹲以及罗马尼亚硬拉混合运动	168	单侧2×12～14	单侧4×5～7	单侧3×8～10
5b. 反向卷腹*	211	2×15～20，每对组之间休息90秒	4×6～8，每对组之间休息90秒	3×10～12，每对组之间休息90秒
6. 单腿哑铃卧姿伸髋	177	单侧2×15～20，组间休息60秒	单侧4×6～8，组间休息60秒	单侧3×10～12，组间休息60秒
有氧运动训练		稳态有氧训练：在室外或跑步机上快步走（第29页），25～35分钟	SMIT**：划船器（第28页），4～6组或45～60秒，以最快速度训练90秒，组间休息1分钟	MCP***：单侧农夫行走复合练习（第59页），2或3组，组间休息2分钟

　　*运动重复进行次数与弹力带阻力以及双腿伸展程度成反比。在重复运动6～8次时双腿尽量伸展或者使用阻力最大的弹力带；重复运动15～20次时则选择阻力较小的弹力带或者不伸展双腿。

　　**SMIT：超大强度间歇训练。

　　***MCP：代谢调节方案。

　　本章介绍的锻炼计划向你展示了如何锻炼肌肉，同时也关注提升速度。而下一章中锻炼计划的重点是帮助你提升运动速度，同时关注肌肉的增长。

第**11**章

肌肉锻炼规划

本章的功能谱锻炼计划重点关注如何帮助你加快肌肉生长、提升运动能力及功能能力。因此，与第10章、第12章相比，本章介绍的锻炼计划包含了更多关于肌肉体积方面的运动。

此外，第10章中以运动成绩为导向的锻炼计划关注特定运动，本章以肌肉为导向的锻炼计划则优先考虑复合练习。因此，复合和隔离训练都在比较靠前的位置，全身能量训练以及交叉身体训练则相对靠后。你在锻炼计划前半部分的运动中投入的体能和精力要多于后半部分，这一现实使得功能谱训练计划要根据训练重点，调整运动的顺序，对速度、力量和尺寸分别进行训练和提高。

肌肉锻炼计划指南

这里介绍的五个功能谱训练计划由三种锻炼组成：锻炼A、锻炼B和锻炼C。锻炼A的重点是拉伸运动，锻炼B关注下肢以及核心肌群训练，锻炼C的焦点则集中到推举运动上。

三种锻炼交替进行，至于每周进行三次、四次还是五次则要取决于你的喜好和训练进度。不过每项锻炼不能连续进行超过三天，这样可以使身体得到恢复，并使过度训练的风险降到最低。为了取得理想的运动效果，我建议每周至少训练三次。每项计划中的锻炼重复进行六次，然后开始新的计划。表格11.1可以指导你基于每周的训练次数合理设计训练计划。

表格11.1 周训练频度指南

训练频度	持续时间	每周计划范例
3× 每周	6周	周一（A），周三（B），周五（C）
4× 每周	4.5周	第1周：周一（A），周二（B），周四（C），周五或周六（A） 第2周：B, C, A, B 第3周：C, A, B, C 第4周：A, B, C, A 第5周：B, C
5× 每周	3.5周	第1周：周一（A），周二（B），周三（C），周五（A），周六（B） 第2周：C, A, B, C, A 第3周：B, C, A, B, C 第4周：A, B, C

关注肌肉，兼顾速度

我们经常会听到这样的说法，进行肌肉体积（即健美）锻炼会导致你失去运动能力。实际上，健美类型的锻炼并不会直接导致你丧失运动能力；不过，如果你只进行健美训练，那么很容易因为缺少锻炼而丧失运动能力。

也就是说，假如你不定期做点与运动有关的活动，会很容易失去运动能力。这恰恰就是本章的功能谱训练计划中引入速度和力量运动，以及交叉身体运动的原因。它们提供了更多的体育锻炼（也就是特定运动）要素，以确保你将主要精力放在肌肉锻炼上时，还能保持原有的运动能力。

肌肉锻炼计划

本章中锻炼计划的重点与第10章恰好相反。所有的功能谱训练计划都能够让你的运动能力（运动成绩）和肌肉（力量和体积）同时得到锻炼，这里介绍的锻炼计划的焦点还是放在了肌肉增长方面。

以下就是锻炼过程中需要牢记的几个要点。

速度锻炼

- 动作要尽可能迅速有力。
- 如果运动中有跳跃动作，落地时的动作就要尽可能轻。
- 如果运动过程中需要抛扔药球（朝着实心墙或外侧扔），并且由于训练环境限制，你又无法完成这样的动作，那么不妨从第4章或第5章中的全身能量训练中选择不用药球的替代版本。替换运动的训练组数和重复次数都尽量与原来的运动保持一致。

力量锻炼

- 在维持最佳运动技术的同时，在完成同轴提升运动时力气越大越好；在进行不同轴（下肢）运动时，要维持良好的控制力。
- 选择的运动负荷重量应当能够让你完成既定的运动次数。在每项锻炼中，你可以在通过增加重量同时维持原有运动次数不变，或者通过重量不变但增加运动次数的方式，来增强身体力量，提升体力。

尺寸锻炼

- 在每项运动中关注运动肌肉，保持运动姿势，不用多余的动作或冲力欺骗自己。
- 按照正常的速度进行同轴提升运动，完成不同轴（下肢）运动时要控制好身体动作。
- 三个计划中的锻炼组数和重复训练次数都有变化。不管你选择的是哪一个训练计划，在维持良好控制力和正确运动方式的前提下，你使用的运动负荷应当只能让你勉强完成规定任务，而没有余力再进行额外的运动。

有氧运动训练

- 如果需要进行特殊的超大强度间歇训练（SMIT）或者代谢调节方案（MCP），但你的训练环境不允许，那么你可以从第3章中选择类似的替换运动。替换运动的重复次数、训练组数或时间都尽量与原来的运动保持一致。
- 只有每个计划中的A和C锻炼涉及有氧运动。

运动成绩锻炼计划（每周三到五天）

下面介绍的锻炼计划中，a和b锻炼为一组。完成对组规定的运动组数和次数后，进入下一轮运动。如果有必要，可适当延长休息时间，以便以更良好的控制力完成指定的运动次数。这一计划更加看重动作完成的质量而非数量。为了使这些锻炼适合你的需求，可以参阅第12章。

表格11.2　　　　　　　　　　**肌肉训练计划1：锻炼A——拉伸**

	页码	第1天和第4天	第2天和第5天	第3天和第6天
力量				
1. 杠铃屈背提拉	123	5×3~5，组间休息2分钟	5×3~5，组间休息2分钟	5×3~5，组间休息2分钟
尺寸				
2. 倾斜颈前下拉	122	4×6~8，组间休息90秒	3×10~12，组间休息90秒	2×15~20，组间休息90秒
3. 宽距坐姿划船	126	4×6~8，组间休息90秒	3×10~12，组间休息90秒	2×15~20，组间休息90秒
4a. 悬挂臂弯举	138	4×6~8	3×10~12	2×15~20
4b. 俯身哑铃肩上飞鸟	130	4×6~8，每对组之间休息60秒	3×10~12，每对组之间休息60秒	2×15~20，每对组之间休息60秒
5. 单臂拉力器后拉	114	单侧4×6~8，组间休息60秒	单侧3×10~12，组间休息60秒	单侧2×15~20，组间休息60秒
速度				
6. 药球跨步过顶抛（3~4千克）	104	4×8~10，组间休息90秒	4×8~10，组间休息90秒	4×8~10，组间休息90秒
有氧运动训练		SMIT*：折返跑（第24页），200码×5或6，组间休息2分钟	MCP**：两侧农夫行走复合练习（第57页），2或3组，组间休息2分钟	稳态有氧训练：椭圆机（第29页）或直立式健身车（第30页），25~35分钟

*SMIT：超大强度间歇训练。

**MCP：代谢调节方案。

表格11.3　　　　　　**肌肉训练计划1：锻炼B——下肢与核心肌群**

	页码	第1天和第4天	第2天和第5天	第3天和第6天
力量				
1a. 六角杠深蹲	164	5×2~5	5×2~5	5×2~5
1b. 腹肌缓慢移动	210	4×5~8，每对组之间休息2分钟	4×5~8，每对组之间休息2分钟	4×5~8，每对组之间休息2分钟
尺寸				
2a. 杠铃提踵	188	3×10~12	2×15~20	4×6~8
2b. 哑铃平板划船	197	3×10~12，每对组之间休息90秒	2×15~20，每对组之间休息90秒	4×6~8，每对组之间休息90秒
3a. 器械压腿	165	3×10~12	2×15~20	4×6~8
3b. 弹力带双腿下压*	212	3×10~12，每对组之间休息90秒	2×15~20，每对组之间休息90秒	4×6~8，每对组之间休息90秒
4. 45度髋关节伸展	182	3×10~12	2×15~20	4×6~8
5. 单腿单臂哑铃罗马尼亚硬拉	149	单侧3×10~12，组间休息90秒	单侧2×15~20，组间休息90秒	单侧4×6~8，组间休息90秒
速度				
6. 手臂驱动蹲踞跳	144	4×6~8，组间休息90秒	4×6~8，组间休息90秒	4×6~8，组间休息90秒

　　*运动重复进行次数与弹力带阻力以及双腿伸展程度成反比。在重复运动6~8次时双腿尽量伸展或者使用阻力最大的弹力带；重复运动15~20次时则选择阻力较小的弹力带或者不伸展双腿。

表格11.4　　　　　　　　**肌肉训练计划1：锻炼C——推举**

	页码	第1天和第4天	第2天和第5天	第3天和第6天
力量				
1. 哑铃仰卧推举	87	5×2~5，组间休息2分钟	5×2~5，组间休息2分钟	5×2~5，组间休息2分钟
尺寸				
2. 下斜式哑铃卧推	88	2×15~20，组间休息90秒	4×6~8，组间休息90秒	3×10~12，组间休息90秒
3. 哑铃过顶推举	89	2×15~20，组间休息90秒	4×6~8，组间休息90秒	3×10~12，组间休息90秒
4a. 拉力器肱三头肌屈伸	100	2×15~20	4×6~8	3×10~12
4b. 哑铃侧肩举	98	2×15~20，每对组之间休息60秒	4×6~8，每对组之间休息60秒	3×10~12，每对组之间休息60秒
5. 单臂拉力器推举	83	单侧2×15~20，组间休息90秒	单侧4×6~8，组间休息90秒	单侧3×10~12，组间休息90秒
速度				
6. 药球垂直蹲抛举（3~4千克）	72	4×5或6，组间休息90秒	4×5或6，组间休息90秒	4×5或6，组间休息90秒
有氧运动训练		稳态有氧训练：椭圆机（第29页）或直立式健身车（第30页），25~35分钟	SMIT*：划船器（第28页），4~6组或45~60秒，以最快速度训练90秒，组间休息90秒~2分钟	MCP**：六分钟体重复合练习（第32页），2或3组，组间休息2分钟

*SMIT：超大强度间歇训练。

**MCP：代谢调节方案。

表格11.5　　　　　　　**肌肉训练计划2：锻炼A——拉伸**

	页码	第1天和第4天	第2天和第5天	第3天和第6天
力量				
1. 正手引体向上或颈前下拉	120, 121	5×1~5，组间休息2分钟	5×1~5，组间休息2分钟	5×1~5，组间休息2分钟
尺寸				
2. 坐姿划船	125	4×6~8，组间休息90秒	3×10~12，组间休息90秒	2×15~20，组间休息90秒
3. 宽距坐姿划船	126	4×6~8，组间休息90秒	3×10~12，组间休息90秒	2×15~20，组间休息90秒
4a. 绳索胸前臂弯举	137	4×6~8	3×10~12	2×15~20
4b. 绳索面拉	134	4×6~8，每对组之间休息60秒	3×10~12，每对组之间休息60秒	2×15~20，每对组之间休息60秒
5. 单臂单腿哑铃提拉	113	单侧4×6~8，组间休息90秒	单侧3×10~12，组间休息90秒	单侧2×15~20，组间休息90秒
速度				
6. 药球彩虹猛击（3~4千克）	105	单侧4×5或6，组间休息90秒	单侧4×5或6，组间休息90秒	单侧4×5或6，组间休息90秒
有氧运动训练		SMIT*：加速赛（第25页），1~3组，组间休息3~4分钟	MCP**：重沙袋拳击和跆拳道（第30页），4~6组，每组2分钟，中间休息60秒	稳态有氧训练：在室外或跑步机上快步走（第29页），25~35分钟

*SMIT：超大强度间歇训练。

**MCP：代谢调节方案。

表格11.6 　　　　肌肉训练计划2：锻炼B——下肢与核心肌群

	页码	第1天和第4天	第2天和第5天	第3天和第6天
力量				
1a. 杠铃混合硬拉	158	5×2～5	5×2～5	5×2～5
1b. 单臂平板支撑	201	单侧4×10～20秒，每对组之间休息90秒	单侧4×10～20秒，每对组之间休息90秒	单侧4×10～20秒，每对组之间休息90秒
尺寸				
2a. 杠铃下蹲提踵	160	3×10～12	2×15～20	4×6～8
2b. 健身球铃片卷腹	211	3×10～12，每对组之间休息90秒	2×15～20，每对组之间休息90秒	4×6～8，每对组之间休息90秒
3a. 高架杠铃反弓步	163	单侧3×10～12	单侧2×14或15	单侧4×6～8
3b. 健身球腹肌运动	205, 204, 206	健身球曲臀直腿3×10～12，每对组之间休息90秒	健身球蹲踞2×15～20，每对组之间休息90秒	健身球曲臀直腿滑行4×6～8，每对组之间休息90秒
4. 屈腿运动	178, 184, 184	伸髋腿弯举组合运动3×10～12，组间休息60秒	健身球屈腿2×15～20，组间休息60秒	单腿健身球屈腿4×6～8，组间休息60秒
5. 侧弓步交叉转体	152	单侧3×8～10，组间休息60秒	单侧2×12～14，组间休息60秒	单侧3×6或7，组间休息60秒
速度				
6. 侧向跳跃	148	单侧4×4～6，组间休息90秒	单侧4×4～6，组间休息90秒	单侧4×4～6，组间休息90秒

表格11.7　　　　　　　　　　肌肉训练计划2：锻炼C——推举

	页码	第1天和第4天	第2天和第5天	第3天和第6天
力量				
1. 杠铃过顶推举	78	4×2～5，组间休息90秒	4×2～5，组间休息90秒	4×2～5，组间休息90秒
尺寸				
2. 站姿拉力器胸部推举	94	2×15～20，组间休息90秒	4×6～8，组间休息90秒	3×10～12，组间休息90秒
3a. 哑铃宽臂上提	99	2×15～20	4×6～8	3×10～12
3b. 哑铃仰卧臂屈伸	99	2×15～20，每对组之间休息60秒	4×6～8，每对组之间休息60秒	3×10～12，每对组之间休息60秒
4. 盒子交叉俯卧撑	85	2×最大运动次数，组间休息90秒	4×最大运动次数（-2)*，组间休息90秒	3×最大运动次数（-1)*，组间休息90秒
5. 斜角杠铃推举	81	单侧2×15～20，组间休息90秒	单侧4×6～8，组间休息90秒	单侧3×10～12，组间休息90秒
速度				
6. 药球侧舀水平抛（3～5千克）	193	单侧4×5或6，组间休息90秒	单侧4×5或6，组间休息90秒	单侧4×5或6，组间休息90秒
有氧运动训练		稳态有氧训练：在室外或跑步机上快步走（第29页），25～35分钟	SMIT**：跑步机（第28页），5～7组，以最大速度跑15～30秒，组间休息60秒	MCP***：单侧腿复合练习（第34页），1或2组，组间休息2分钟

*（-1）意思是比最大运动次数少一次；（-2）意思是比最大运动次数少两次。

**SMIT：超大强度间歇训练。

***MCP：代谢调节方案。

表格11.8　　　　　　　　**肌肉训练计划3：锻炼A——拉伸**

	页码	第1天和第4天	第2天和第5天	第3天和第6天
力量				
1. 杠铃上拉	106	5×3～5，组间休息2分钟	5×3～5，组间休息2分钟	5×3～5，组间休息2分钟
尺寸				
2. 拳手拉力器颈前下拉	122	单侧4×6～8，组间休息60秒	单侧3×10～12，组间休息60秒	单侧2×14或15，组间休息60秒
3. 绳索复合直臂下拉	135	4×6～8，组间休息60秒	3×10～12，组间休息60秒	2×15～20，组间休息60秒
4a. 宽肘悬空提拉	128	4×6～8	3×10～12	2×15～20
4b. 悬挂臂弯举	138	4×6～8，每对组之间休息60秒	3×10～12，每对组之间休息60秒	2×15～20，每对组之间休息60秒
5. 单臂复合拉力器后拉	116	单侧4×6～8，组间休息60秒	单侧3×10～12，组间休息60秒	单侧2×15～20，组间休息60秒
速度				
6. 药球跨步过顶抛（3～4千克）	104	4×8～10，组间休息90秒	4×8～10，组间休息90秒	4×8～10，组间休息90秒
有氧运动训练		SMIT*：划船器（第28页），4～6组或45～60秒，以最快速度训练90秒，组间休息90秒～2分钟	MCP**：六分钟体重复合练习（第32页），2或3组，组间休息2分钟	稳态有氧训练：椭圆机（第29页）或直立式健身车（第30页），25～35分钟

*SMIT：超大强度间歇训练。

**MCP：代谢调节方案。

表格11.9　　　　**肌肉训练计划3：锻炼B——下肢与核心肌群**

	页码	第1天和第4天	第2天和第5天	第3天和第6天
力量				
1a. 器械压腿	165	5×3～5	5×3～5	5×3～5
1b. 健身球搅拌	207	每个方向4×4～6秒，每对组之间休息90秒	每个方向4×4～6秒，每对组之间休息90秒	每个方向4×4～6秒，每对组之间休息90秒
尺寸				
2a. 杠铃前蹲	161	3×10～12	2×15～20	4×6～8
2b. 反向卷腹*	211	3×10～12，每对组之间休息90秒	2×15～20，每对组之间休息90秒	4×6～8，每对组之间休息90秒
3a. 保加利亚式分腿蹲以及罗马尼亚硬拉混合运动	168	单侧3×7～9	单侧2×10～12	单侧4×5或6
3b. 斜角杠铃紧拉彩虹	202	3×10～12，每对组之间休息90秒	2×14或15，每对组之间休息90秒	4×6～8，每对组之间休息90秒
4. 单腿哑铃卧姿伸髋	177	单侧3×10～12，组间休息60秒	单侧2×15～20，组间休息60秒	单侧4×6～8，组间休息60秒
5. 斜角杠铃跨肩反弓步	155	单侧3×7～9，组间休息90秒	单侧2×10～12，组间休息90秒	单侧3×5或6，组间休息90秒
速度				
6. 前倾弓步剪刀跳	147	单侧4×3～5，组间休息90秒	单侧4×3～5，组间休息90秒	单侧4×3～5，组间休息90秒

　　*运动重复进行次数与弹力带阻力以及双腿伸展程度成反比。在重复运动6～8次时双腿尽量伸展或者使用阻力最大的弹力带；重复运动15～20次时则选择阻力较小的弹力带或者不伸展双腿。

表格11.10　　　　　　　　　　**肌肉训练计划3：锻炼C——推举**

	页码	第1天和第4天	第2天和第5天	第3天和第6天
力量				
1. 下斜式杠铃卧推	87	4×2～5，组间休息2分钟	4×2～5，组间休息2分钟	4×2～5，组间休息2分钟
尺寸				
2. 哑铃过顶推举	89	2×15～20，组间休息90秒	4×6～8，组间休息90秒	3×10～12，组间休息90秒
3. 窄握俯卧撑	94	2×最大运动次数，组间休息90秒	4×最大运动次数（-2）*，组间休息90秒	3×最大运动次数（-1）*，组间休息90秒
4a. 拉力器肱三头肌屈伸	100	2×15～20	4×6～8	3×10～12
4b. 哑铃前肩举	98	2×15～20，每对组之间休息60秒	4×6～8，每对组之间休息60秒	3×10～12，每对组之间休息60秒
5. 单臂拉力器推举	83	单侧2×15～20，组间休息60秒	单侧4×6～8，组间休息60秒	单侧3×10～12，组间休息60秒
速度				
6. 药球斜蹲抛举（3～4千克）	73	单侧4×4～6，组间休息90秒	单侧4×4～6，组间休息90秒	单侧4×4～6，组间休息90秒
有氧运动训练		稳态有氧训练：椭圆机（第29页）或直立式健身车（第30页），25～35分钟	SMIT**：折返跑（第24页），250码×4或5，组间休息2.5分钟	MCP***：单侧农夫行走复合练习（第59页），2或3组，组间休息2分钟

*（-1）意思是比最大运动次数少一次；（-2）意思是比最大运动次数少两次。

**SMIT：超大强度间歇训练。

***MCP：代谢调节方案。

肌肉训练计划 4：锻炼 A——拉伸

	页码	第 1 天和第 4 天	第 2 天和第 5 天	第 3 天和第 6 天
力量				
1. 单臂独立式哑铃提拉	112	单侧 4×2~4，组间休息 90 秒	单侧 4×2~4，组间休息 90 秒	单侧 4×2~4，组间休息 90 秒
尺寸				
2. 宽握杠铃屈背提拉	123	4×6~8，组间休息 60~90 秒	3×10~12，组间休息 60~90 秒	2×15~20，组间休息 60~90 秒
3. 颈前下拉	121	4×6~8，组间休息 60~90 秒	3×10~12，组间休息 60~90 秒	2×15~20，组间休息 60~90 秒
4a. 哑铃臂弯举	136	4×6~8	3×10~12	2×15~20
4b. 俯身哑铃肩上飞鸟	130	4×6~8，每对组之间休息 60 秒	3×10~12，每对组之间休息 60 秒	2×15~20，每对组之间休息 60 秒
5. 单臂拉力器后拉内旋	115	单侧 4×6~8，组间休息 60 秒	单侧 3×10~12，组间休息 60 秒	单侧 2×15~20，组间休息 60 秒
速度				
6. 绳索猛击	111	4×12~15，组间休息 90 秒	4×12~15，组间休息 90 秒	4×12~15，组间休息 90 秒
有氧运动训练		SMIT*：跑步机（第 28 页），5~7 组，以最大速度跑 15~30 秒，组间休息 60 秒	MCP**：4 分钟绳索综合运动（第 47 页），2 或 3 组，组间休息 2~3 分钟	稳态有氧训练：在室外或跑步机上快步走（第 29 页），25~35 分钟

*SMIT：超大强度间歇训练。

**MCP：代谢调节方案。

肌肉训练计划 4：锻炼 A——拉伸

表格11.12 　　　　　**肌肉训练计划4：锻炼B——下肢与核心肌群**

	页码	第1天和第4天	第2天和第5天	第3天和第6天
力量				
1a. 杠铃相扑硬拉	157	5×2~5	5×2~5	5×2~5
2a. 健身球曲臂直腿滑行	206	4×8~12，每对组之间休息90秒	4×8~12，每对组之间休息90秒	4×8~12，每对组之间休息90秒
尺寸				
3a. 器械腿伸展	187	3×10~12	2×15~20	4×6~8
3b. 健身球铃片卷腹	211	3×10~12，每对组之间休息90秒	2×15~20，每对组之间休息90秒	4×6~8，每对组之间休息90秒
4a. 哑铃拳手弓步	170	单侧3×10~12	单侧2×14或15	单侧4×6~8
4b. 单臂哑铃农夫行走	197	单侧3×45秒，每对组之间休息90秒	单侧2×60秒，每对组之间休息90秒	单侧4×30秒，每对组之间休息90秒
5. 器械坐姿腿弯举	186	单侧3×10~12，组间休息60秒	单侧2×15~20，组间休息60秒	单侧4×6~8，组间休息60秒
6. 单腿45度拉力器罗马尼亚硬拉	150	单侧3×10~12，组间休息60秒	单侧2×15~20，组间休息60秒	单侧4×6~8，组间休息60秒
速度				
7. 双臂驱动硬拉跳	145	4×4~6，组间休息90秒	4×4~6，组间休息90秒	4×4~6，组间休息90秒

表格11.13　　　　　**肌肉训练计划4：锻炼C——推举**

	页码	第1天和第4天	第2天和第5天	第3天和第6天
力量				
1. 杠铃仰卧推举	86	5×1~5，组间休息2分钟	5×1~5，组间休息2分钟	5×1~5，组间休息2分钟
尺寸				
2. 下斜式哑铃卧推	88	2×15~20，组间休息60~90秒	4×6~8，组间休息60~90秒	3×10~12，组间休息60~90秒
3. 绳索飞鸟	96	2×15~20，组间休息60~90秒	4×6~8，组间休息60~90秒	3×10~12，组间休息60~90秒
4a. 拉力器肱三头肌屈伸	100	2×15~20	4×6~8	3×10~12
4b. 哑铃侧肩举	98	2×15~20，每对组之间休息90秒	4×6~8，每对组之间休息90秒	3×10~12，每对组之间休息90秒
5. 单臂哑铃旋转推举	79	单侧2×11或12，组间休息90秒	单侧4×5或6，组间休息90秒	单侧3×8或9，组间休息90秒
速度				
6. 药球水平抛扔（3~4千克）	191	单侧4×4或5，组间休息90秒	单侧4×4或5，组间休息90秒	单侧4×4或5，组间休息90秒
有氧运动训练		稳态有氧训练：在室外或跑步机上快步走（第29页），25~35分钟	SMIT*：加速赛（第25页），1~3组，组间休息3~4分钟	MCP**：20-20~10-10腿部综合训练（第37页），2或3组，组间休息2分钟

*SMIT：超大强度间歇训练。

**MCP：代谢调节方案。

表格 11.14　　　　　　　　**肌肉训练计划 5：锻炼 A——拉伸**

	页码	第 1 天和第 4 天	第 2 天和第 5 天	第 3 天和第 6 天
力量				
1. 反手引体向上或正手引体向上	119, 120	5×1～5，组间休息 2 分钟	5×1～5，组间休息 2 分钟	5×1～5，组间休息 2 分钟
尺寸				
2. 宽肘悬空提拉或悬空划船	128, 127	4×6～8，组间休息 60～90 秒	3×10～12，组间休息 60～90 秒	2×15～20，组间休息 60～90 秒
3. 绳索复合直臂下拉	135	4×6～8，组间休息 60 秒	3×10～12，组间休息 60 秒	2×15～20，组间休息 60 秒
4a. 绳索胸前臂弯举	137	4×6～8	3×10～12	2×15～20
4b. 俯身哑铃肩上飞鸟	130	4×6～8，每对组之间休息 60 秒	3×10～12，每对组之间休息 60 秒	2×15～20，每对组之间休息 60 秒
5. 单臂防转悬挂式后拉	117	单侧 4×6～8，组间休息 60 秒	单侧 3×10～12，组间休息 60 秒	单侧 2×15～20，组间休息 60 秒
速度				
6. 药球彩虹猛击（3～4 千克）	105	单侧 4×5 或 6，组间休息 90 秒	单侧 4×5 或 6，组间休息 90 秒	单侧 4×5 或 6，组间休息 90 秒
有氧运动训练		SMIT*：折返跑（第 24 页），300 码 ×2 或 3，组间休息 3 分钟	MCP**：铃片推举（第 50 页），4～6 组 ×40～50 码，组间休息 90 秒	稳态有氧训练：椭圆机（第 29 页）或直立式健身车（第 30 页），25～35 分钟

*SMIT：超大强度间歇训练。

**MCP：代谢调节方案。

表格 11.15　　　　肌肉训练计划 5：锻炼 B——下肢与核心肌群

	页码	第1天和第4天	第2天和第5天	第3天和第6天
力量				
1a. 杠铃混合硬拉	158	5×2~5	5×2~5	5×2~5
1b. 弹力带双腿下压	212	4×10~15，每对组之间休息90秒	4×10~15，每对组之间休息90秒	4×10~15，每对组之间休息90秒
尺寸				
2a. 杠铃下蹲提踵	160	3×10~12	2×15~20	4×6~8
2b. 滑行运动	208，204，208	手臂行走3×10~12，每对组之间休息60~90秒	健身球滑行2×15~20，每对组之间休息60~90秒	药球行走4×6~8，每对组之间休息60~90秒
3a. 哑铃前弓步	172	单侧3×10~12	单侧2×14或15	单侧4×6~8
3b. 自下而上绳索伐木	198	单侧3×10~12，每对组之间休息90秒	单侧2×14或15，每对组之间休息90秒	单侧4×6~8，每对组之间休息90秒
4. 屈腿运动	178，184，184	伸髋腿弯举组合运动3×10~12，组间休息60秒	健身球屈腿2×15~20，组间休息60秒	单腿健身球屈腿4×6~8，组间休息60秒
5. 单腿正压腿	154	单侧3×8~10，组间休息90秒	单侧2×12~14，组间休息90秒	单侧4×5~7，组间休息90秒
速度				
6. 手臂驱动蹲踞跳	144	4×4~6，组间休息90秒	4×4~6，组间休息90秒	4×4~6，组间休息90秒

表格11.16　　　　　　　**肌肉训练计划5：锻炼C——推举**

	页码	第1天和第4天	第2天和第5天	第3天和第6天
力量				
1. 单臂哑铃旋转推举	79	单侧4×2~4，组间休息90秒	单侧4×2~4，组间休息90秒	单侧4×2~4，组间休息90秒
尺寸				
2. 杠铃仰卧推举	86	2×15~20，组间休息60~90秒	4×6~8，组间休息60~90秒	3×10~12，组间休息60~90秒
3. 绳索飞鸟	96	2×15~20，组间休息60~90秒	4×6~8，组间休息60~90秒	3×10~12，组间休息60~90秒
4. 盒子交叉俯卧撑	85	2×最大运动次数，组间休息90秒	4×最大运动次数（-2）*，组间休息90秒	3×最大运动次数（-1）*，组间休息90秒
5. 拉力器肱三头肌屈伸	100	2×15~20，组间休息60~90秒	4×6~8，组间休息60~90秒	3×10~12，组间休息60~90秒
6. 斜角杠铃旋转推举	82	单侧2×14或15，组间休息60~90秒	单侧4×6~8，组间休息60~90秒	单侧3×10~12，组间休息60~90秒
速度				
7. 爆发性跨步跳	142	单腿4×8~10，组间休息60~90秒	单腿4×8~10，组间休息60~90秒	单腿4×8~10，组间休息60~90秒
有氧运动训练		稳态有氧训练：椭圆机（第29页）或直立式健身车（第30页），25~35分钟	SMIT**：划船器（第28页），4~6组或45~60秒，以最快速度训练90秒，组间休息90秒~2分钟	MCP***：重沙袋拳击和跆拳道（第30页），3~5组，每组3分钟，中间休息90秒

*（-1）意思是比最大运动次数少一次；（-2）意思是比最大运动次数少两次。

**SMIT：超大强度间歇训练。

***MCP：代谢调节方案。

肌肉锻炼计划（每周两天）

虽然我推荐每周至少运动三次，但是如果你每周只能训练两天，你依然可以获得积极的运动效果。为了满足这样的需求，以下的训练计划就是之前计划的替代方案。

接下来的三项锻炼计划由两种锻炼组成：锻炼A和锻炼B。锻炼A关注拉伸和推举运动，而锻炼B则重视下肢与核心肌群运动。每一个计划中所有的运动重复进行六次，然后开始新的锻炼计划。也就是说，假如你每周训练两次，那么连续六周使用同一个计划，接下来的六周再执行另一个。

在接下来的每项健身计划中，锻炼B与之前计划中对应的运动相差无几，除了在速度方面增加了额外的训练。另外，这些锻炼计划中的锻炼A实质是之前计划中锻炼A和锻炼C的组合体。因此，尽管计划中的运动项目在之前出现过，但是这里所介绍的锻炼A还包含几项其他运动。

表格11.17　　　　　两天肌肉训练计划1：锻炼A——拉伸和推举

	页码	第1天和第4天	第2天和第5天	第3天和第6天
力量				
1a. 杠铃屈背提拉	123	5×3～5	5×3～5	5×3～5
1b. 哑铃仰卧推举	87	5×2～5，每对组之间休息90秒	5×2～5，每对组之间休息90秒	5×2～5，每对组之间休息90秒
尺寸				
2a. 倾斜颈前下拉	122	4×6～8	3×10～12	2×15～20
2b. 哑铃侧肩举	98	4×6～8，每对组之间休息60秒	3×10～12，每对组之间休息60秒	2×15～20，每对组之间休息60秒
3a. 宽距坐姿划船	126	4×6～8	3×10～12	2×15～20
3b. 窄握俯卧撑	94	4×最大运动次数（-2）*，每对组之间休息60秒	3×最大运动次数（-1）*，每对组之间休息60秒	2×最大运动次数，每对组之间休息60秒
4a. 绳索胸前臂弯举	137	4×6～8	3×10～12	2×15～20
4b. 拉力器肱三头肌屈伸	100	4×6～8，每对组之间休息60秒	3×10～12，每对组之间休息60秒	2×15～20，每对组之间休息60秒
5. 单臂拉力器推举	83	单侧4×6～8，组间休息60秒	单侧3×10～12，组间休息60秒	单侧2×15～20，组间休息60秒
速度				
6a. 药球跨步过顶抛（3～4千克）	104	4×8～10	4×8～10	4×8～10
6b. 药球垂直蹲抛举（3～4千克）	72	4×5或6，每对组之间休息90秒	4×5或6，每对组之间休息90秒	4×5或6，每对组之间休息90秒
有氧运动训练		SMIT**：折返跑（第24页），250码×4或5，组间休息2.5分钟	MCP***：单侧腿复合练习（第34页），1或2组，组间休息2分钟	稳态有氧训练：椭圆机（第29页）或直立式健身车（第30页），25～35分钟

*（-1）意思是比最大运动次数少一次；（-2）意思是比最大运动次数少两次。

**SMIT：超大强度间歇训练。

***MCP：代谢调节方案。

表格11.18　　　两天肌肉训练计划1：锻炼B——下肢与核心肌群

	页码	第1天和第4天	第2天和第5天	第3天和第6天
力量				
1a. 六角杠深蹲	164	5×2~5	5×2~5	5×2~5
1b. 腹肌缓慢移动	210	4×4~8，每对组之间休息90秒	4×4~8，每对组之间休息90秒	4×4~8，每对组之间休息90秒
尺寸				
2a. 杠铃提踵	188	3×10~12	2×15~20	4×6~8
2b. 哑铃平板划船	197	3×10~12，每对组之间休息60秒	2×14或15，每对组之间休息60秒	4×6~8，每对组之间休息60秒
3a. 器械压腿	165	3×10~12	2×15~20	4×6~8
3b. 弹力带双腿下压*	212	3×10~12，每对组之间休息60秒	2×15~20，每对组之间休息60秒	4×6~8，每对组之间休息60秒
4. 45度髋关节伸展	182	3×10~12，组间休息60秒	2×15~20，组间休息60秒	4×6~8，组间休息60秒
5. 单腿单臂哑铃罗马尼亚硬拉	149	单侧3×10~12，组间休息60秒	单侧2×15~20，组间休息60秒	单侧4×6~8，组间休息60秒
速度				
6. 手臂驱动蹲踞跳	144	4×5或6，组间休息90秒	4×5或6，组间休息90秒	4×5或6，组间休息90秒
有氧运动训练		MCP**：两侧农夫行走复合练习（第57页），2或3组，组间休息2分钟	稳态有氧训练：在室外或跑步机上快步走（第29页），25~35分钟	SMIT***：划船器（第28页），4~6组45~60秒，以最快速度训练90秒，组间休息90秒~2分钟

　　*运动重复进行次数与弹力带阻力以及双腿伸展程度成反比。在重复运动6~8次时双腿尽量伸展或者使用阻力最大的弹力带；重复运动15~20次时则选择阻力较小的弹力带或者不伸展双腿。

　　**MCP：代谢调节方案。

　　***SMIT：超大强度间歇训练。

表格 11.19　　　　两天肌肉训练计划 2：锻炼 A——拉伸和推举

	页码	第1天和第4天	第2天和第5天	第3天和第6天
力量				
1a. 正手引体向上或颈前下拉	120, 121	5×1～5	5×1～5	5×1～5
1b. 杠铃过顶推举	78	4×2～5，每对组之间休息90秒	4×2～5，每对组之间休息90秒	4×2～5，每对组之间休息90秒
尺寸				
2a. 宽握杠铃屈背提拉	123	4×6～8	3×10～12	2×15～20
2b. 双足抬升俯卧撑	93	4×最大运动次数（–2）*，每对组之间休息60秒	3×最大运动次数（–1）*，每对组之间休息60秒	2×最大运动次数，每对组之间休息60秒
3a. 宽肘史密斯杆提拉	129	4×6～8	3×10～12	2×15～20
3b. 斜角杠铃推举	81	单侧2×15～20，每对组之间休息60秒	单侧4×6～8，每对组之间休息60秒	单侧3×10～12，每对组之间休息60秒
4a. 绳索胸前臂弯举	137	4×6～8	3×10～12	2×15～20
4b. 拉力器肱三头肌屈伸	100	4×6～8	3×10～12	2×15～20
4c. 绳索面拉	134	4×6～8，每三组休息60秒	3×10～12，每三组休息60秒	2×15～20，每三组休息60秒
5. 单臂单腿哑铃提拉	113	单侧4×6～8，组间休息60秒	单侧3×10～12，组间休息60秒	单侧2×15～20，组间休息60秒
速度				
6a. 药球彩虹猛击	105	单侧4×5或6	单侧4×5或6	单侧4×5或6
6b. 药球侧弯水平抛（3～5千克）	193	单侧4×5或6，每对组之间休息90秒	单侧4×5或6，每对组之间休息90秒	单侧4×5或6，每对组之间休息90秒
有氧运动训练		SMIT**：加速赛（第25页），1～3组，组间休息3～4分钟	MCP***：六分钟体重复合练习（第32页），2或3组，组间休息2分钟	稳态有氧训练：在室外或跑步机上快步走（第29页），25～35分钟

*（–1）意思是比最大运动次数少一次；（–2）意思是比最大运动次数少两次。

**SMIT：超大强度间歇训练。

***MCP：代谢调节方案。

两天肌肉训练计划2：锻炼B——下肢与核心肌群

	页码	第1天和第4天	第2天和第5天	第3天和第6天
力量				
1a. 杠铃混合硬拉	158	5×2~5	5×2~5	5×2~5
1b. 单臂平板支撑	201	单侧4×10~20秒，每对组之间休息90秒	单侧4×10~20秒，每对组之间休息90秒	单侧4×10~20秒，每对组之间休息90秒
尺寸				
2a. 杠铃下蹲提踵	160	3×10~12	2×15~20	4×6~8
2b. 健身球铃片卷腹	211	3×10~12，每对组之间休息90秒	2×15~20，每对组之间休息90秒	4×6~8，每对组之间休息90秒
3a. 高架杠铃反弓步	163	单侧3×10~12	单侧2×14或15	单侧4×6~8
3b. 健身球腹肌运动	205, 204, 206	健身球曲臀直腿3×10~12，每对组之间休息90秒	健身球蹲踞2×15~20，每对组之间休息90秒	健身球曲臀直腿滑行4×6~8，每对组之间休息90秒
4. 器械坐姿腿弯举	186	单侧3×10~12，组间休息60秒	单侧2×15~20，组间休息60秒	单侧4×6~8，组间休息60秒
5. 侧弓步交叉转体	152	单侧3×8~10，组间休息60秒	单侧2×12~14，组间休息60秒	单侧3×6或7，组间休息60秒
速度				
6. 侧向跳跃	148	单侧4×4~6，组间休息90秒	单侧4×4~6，组间休息90秒	单侧4×4~6，组间休息90秒
有氧运动训练		MCP*：重沙袋拳击和跆拳道（第30页），4~6组，每组2分钟，中间休息60秒	稳态有氧训练：椭圆机（第29页）或直立式健身车（第30页），25~35分钟	SMIT**：跑步机（第28页），5~7组，以最大速度跑15~30秒，组间休息60秒

*MCP：代谢调节方案。

**SMIT：超大强度间歇训练。

表格11.21		两天肌肉训练计划3：锻炼A——拉伸		
	页码	第1天和第4天	第2天和第5天	第3天和第6天
力量				
1a. 杠铃上拉	106	5×3~5	5×3~5	5×3~5
1b. 下斜式杠铃卧推	87	4×2~5，每对组之间休息90秒	4×2~5，每对组之间休息90秒	4×2~5，每对组之间休息90秒
尺寸				
2a. 拳手拉力器颈前下拉	122	单侧4×6~8	单侧3×10~12	单侧2×15~20
2b. 哑铃旋转肩上推举	80	4×6~8，每对组之间休息60秒	3×10~12，每对组之间休息60秒	2×15~20，每对组之间休息60秒
3a. 绳索复合直臂下拉	135	4×6~8	3×10~12	2×15~20
3b. 哑铃前肩举	98	4×6~8，每对组之间休息60秒	3×10~12，每对组之间休息60秒	2×15~20，每对组之间休息60秒
4a. 悬空臂屈伸	100	4×6~8	3×10~12	2×15~20
4b. 宽肘悬空提拉	128	4×6~8	3×10~12	2×15~20
4c. 悬挂臂弯举	138	4×6~8，每三组休息60秒	3×10~12，每三组休息60秒	2×15~20，每三组休息60秒
5. 斜角杠铃推举	81	单侧4×6~8，组间休息60秒	单侧3×10~12，组间休息60秒	单侧2×15~20，组间休息60秒
速度				
6a. 药球跨步过顶抛（3~4千克）	104	单侧4×5~6	单侧4×5~6	单侧4×5~6
6b. 药球斜蹲抛举（3~5千克）	73	单侧4×5~6，每对组之间休息90秒	单侧4×5~6，每对组之间休息90秒	单侧4×5~6，每对组之间休息90秒
有氧运动训练		SMIT*：加速赛（第25页），1~3组，组间休息3~4分钟	MCP**：六分钟体重复合练习（第32页），2或3组，组间休息2分钟	稳态有氧训练：在室外或跑步机上快步走（第29页），25~35分钟

*SMIT：超大强度间歇训练。

**MCP：代谢调节方案。

表格11.22　　两天肌肉训练计划3：锻炼B——下肢与核心肌群

	页码	第1天和第4天	第2天和第5天	第3天和第6天
力量				
1a. 杠铃相扑硬拉	157	5×3~5	5×3~5	5×3~5
1b. 健身球搅拌	207	单侧4×10~20秒，每对组之间休息90秒	单侧4×10~20秒，每对组之间休息90秒	单侧4×10~20秒，每对组之间休息90秒
尺寸				
2a. 杠铃前蹲	161	3×10~12	2×15~20	4×6~8
2b. 滑行运动	208, 204, 208	手臂行走3×10~12，每对组之间休息60~90秒	健身球滑行2×15~20，每对组之间休息60~90秒	药球行走4×6~8，每对组之间休息60~90秒
3a. 保加利亚式分腿蹲以及罗马尼亚硬拉混合运动	168	单侧3×10~12	单侧2×14~15	单侧4×6~8
3b. 反向卷腹*	211	3×10~12，每对组之间休息90秒	2×15~20，每对组之间休息90秒	4×6~8，每对组之间休息90秒
4. 单腿哑铃卧姿伸髋	177	单侧3×10~12，组间休息60秒	单侧2×15~20，组间休息60秒	单侧4×6~8，组间休息60秒
5. 斜角杠铃跨肩反弓步	155	单侧3×8~10，组间休息60秒	单侧2×12~14，组间休息60秒	单侧3×6~7，组间休息60秒
速度				
6. 前倾弓步剪刀跳	147	单侧4×3~5，组间休息90秒	单侧4×3~5，组间休息90秒	单侧4×3~5，组间休息90秒
有氧运动训练		MCP**：重沙袋拳击和跆拳道（第30页），4~6组，每组2分钟，中间休息60秒	稳态有氧训练：椭圆机（第29页）或直立式健身车（第30页），25~35分钟	SMIT***：跑步机（第28页），5~7组，以最大速度跑15~30秒，组间休息60秒

　*运动重复进行次数与弹力带阻力以及双腿伸展程度成反比。在重复运动6~8次时双腿尽量伸展或者使用阻力最大的弹力带；重复运动15~20次时则选择阻力较小的弹力带或者不伸展双腿。

　**MCP：代谢调节方案。

　***SMIT：超大强度间歇训练。

　　本章所提供的肌肉训练计划以及上一章的运动成绩训练计划虽然关注的是功能谱训练系统的不同方面，但它们的共同点是分别只关注其中一个方面。如果你打算使用功能谱训练系统，并想均衡发展，那么第12章的运动成绩与肌肉锻炼计划就是为你量身打造的。

第 **12** 章

运动成绩与肌肉锻炼规划

到目前为止，你已经了解了两种功能谱锻炼计划：在第10章，训练的重点是提升动作的速度和力度，同时兼顾训练肌肉；在第11章，训练着重强调肌肉的增长，同时兼顾速度和力度。本章所提供的锻炼计划既能提升运动成绩，又能锻炼肌肉。

因此，与以运动成绩为导向的计划相比，本章的锻炼计划包含更多肌肉体积方面的锻炼，当然数量上远不及肌肉导向型的计划。另外，与肌肉导向型的计划相比，这里介绍的锻炼计划，更确切地说是在A天的拉伸运动以及B天的推举运动中，包含更多速度和力量方面的运动项目，但是不及以运动成绩为导向的锻炼计划数量。

虽然第10章和第11章中的肌肉及运动成绩训练计划关注的是功能谱训练系统的不同方面，但是它们之间的相同点远多于不同点。产生这种共同性的原因有二。

一是运动应用在功能转移中并不是互相排斥的，这就是为什么（正如在第1章所说的）在所有的锻炼计划中功能谱训练系统都没划分为综合与特定运动两种。

二是本书中的功能谱锻炼计划设计的意图就是互为补充，目的是帮助你迅速且轻而易举地看到在每章中3S（速度、力量和尺寸）是如何得到提升和增长的。这种方式可以帮助你设计出专属于自己的功能谱训练计划。

让我们再仔细看看，在这三章（即第10、11和12章）中的功能谱训练计划互为补充究竟是什么意思。在某一章中的每一个计划所包含的运动项目都与另一个章中对应计划的运动项目大致相同（因此互为补充）。不过，3S运动的顺序和数量不尽相同，这主要取决于这一章锻炼的重点是肌肉增长、成绩提升，还是二者兼顾（本章中的运动项目就是如此）。举个例子，在这三章中，计划1中的锻炼A就包含了很多同样的运动，但是数量和顺序由于所强调的训练要素的不同而有所改变。

运动成绩与肌肉锻炼指南

这里介绍的五种功能谱运动成绩与肌肉锻炼计划由三种锻炼构成：锻炼A、锻炼B和锻炼C。锻炼A的重点是拉伸运动，锻炼B关注下肢以及核心肌群训练，锻炼C的焦点则集中到推举运动上。

三种锻炼交替进行，至于每周进行三次、四次还是五次则要取决于你的喜好和训练进度，不过每项锻炼不能连续进行超过三天，这样可以使身体得到恢复，并使过度训练的风险降到最低。为了取得理想的运动效果，我建议每周至少训练三次。每项计划中的锻炼重复进行六次，然后开始新的计划。表格12.1可以指导你基于每周的训练次数合理设计训练计划。

表格12.1 **周训练频度指南**

训练频度	持续时间	每周计划范例
3× 每周	6周	周一（A），周三（B），周五（C）
4× 每周	4.5周	第1周：周一（A），周二（B），周四（C），周五或周六（A） 第2周：B，C，A，B 第3周：C，A，B，C 第4周：A，B，C，A 第5周：B，C
5× 每周	3.5周	第1周：周一（A），周二（B），周三（C），周五（A），周六（B） 第2周：C，A，B，C，A 第3周：B，C，A，B，C 第4周：A，B，C

运动成绩与肌肉锻炼计划

第10章的锻炼计划关注肌肉增长，第11章强调运动成绩的提升，而本周的锻炼计划兼顾二者。当然，所有的功能谱训练计划都可以锻炼你的速度（成绩）和肌肉（力量和尺寸），不过本章介绍的计划能够两者并重，同时发展。

由于接下来的锻炼计划训练重点相对平衡，因此你不大可能像执行强调某一方面（运动成绩和肌肉体积）的健身计划那样收到立竿见影的运动效果。

以下是运动过程中需要牢记的几个要点。

速度锻炼

- 动作要尽可能迅速有力。
- 如果运动中有跳跃动作，落地时的动作就要尽可能轻。
- 如果运动过程中需要抛扔药球（朝着实心墙或外侧扔），并且由于训练环境限制，你又无法完成这样的动作，那么不妨从第4章到第7章中的全身能量训练中选择不用药球的替代版本。替换运动的训练组数和重复次数都尽量与原来的运动保持一致。

力量锻炼

- 在维持最佳运动技术的同时，在完成同轴提升运动时力气越大越好；在进行不同轴（下肢）运动时，要维持良好的控制力。
- 选择的运动负荷应当能够让你完成既定的运动次数。在每项锻炼中，你可以在通过增加重量同时维持原有运动次数不变，或者通过重量不变但增加运动次数的方式，来增强身体力量，提升体力。

尺寸锻炼

- 在每项运动中关注运动肌肉，保持运动姿势，不用多余的动作或冲力欺骗自己。
- 按照正常的速度进行同轴提升运动，完成不同轴（下肢）运动时要控制好身体动作。
- 三个计划中的锻炼组数和重复训练次数都有变化。不管你选择的是哪一个训练计划，在维持良好控制力和正确运动方式的前提下，你使用的运动负荷应当只能让你勉强完成规定任务，而没有余力再进行额外的运动。

有氧运动训练

- 如果需要进行特殊的超大强度间歇训练（SMIT）或者代谢调节方案（MCP），但训练环境不允许，那么你可以从第3章中选择类似的替换运动。替换运动的重复次数、训练组数或时间都尽量与原来的运动保持一致。
- 只有每个计划中的A和C锻炼涉及有氧运动。

运动成绩与肌肉锻炼计划（每周三到五天）

下面介绍的锻炼计划中，锻炼a和锻炼b为一组。完成对组规定的运动组数和次数，然后进入下一轮运动。如果有必要，可适当延长休息时间，以便以更良好的控制力完成指定的运动次数。这一计划更加看重动作完成的质量而非数量。为了使这些锻炼适合你的需求，可以参阅本章。

表格12.2 　　　　　**运动成绩与肌肉锻炼计划1：锻炼A——拉伸**

	页码	第1天和第4天	第2天和第5天	第3天和第6天
速度				
1a.药球跨步过顶抛（3~4千克）	104	5×6~8	5×6~8	5×6~8
1b.药球前爵水平抛（3~5千克）	195	单侧4×5或6，每对组之间休息90秒	单侧4×5或6，每对组之间休息90秒	单侧4×5或6，每对组之间休息90秒
力量				
2. 单臂拉力器后拉	114	单侧5×4~6，组间休息90秒	单侧5×4~6，组间休息90秒	单侧5×4~6，组间休息90秒
尺寸				
3. 倾斜颈前下拉	122	3×10~12，组间休息60~90秒	2×15~20，组间休息60~90秒	4×6~8，组间休息60~90秒
4. 宽距坐姿划船	126	3×10~12，组间休息60~90秒	2×15~20，组间休息60~90秒	4×6~8，组间休息60~90秒
5a. 哑铃臂弯举	136	3×10~12	2×15~20	4×6~8
5b.俯身哑铃肩上飞鸟	130	3×10~12，每对组之间休息60秒	2×15~20，每对组之间休息60秒	4×6~8，每对组之间休息60秒
有氧运动训练		MCP*：两侧农夫行走复合练习（第57页），2或3组，组间休息2分钟	稳态有氧训练：椭圆机（第29页）或直立式健身车（第30页），25~35分钟	SMIT**：折返跑（第24页），200码×5或6，组间休息2分钟

*MCP：代谢调节方案。

**SMIT：超大强度间歇训练。

表格12.3   运动成绩与肌肉锻炼计划1：锻炼B——下肢与核心肌群

	页码	第1天和第4天	第2天和第5天	第3天和第6天
速度				
1. 25码冲刺跑	141	5×5~8，组间休息60秒	5×5~8，组间休息60秒	5×5~8，组间休息60秒
力量				
2a. 六角杠深蹲	164	5×1~5	5×1~5	5×1~5
2b. 腹肌缓慢移动	210	4×6~10，每对组之间休息2分钟	4×6~10，每对组之间休息2分钟	4×6~10，每对组之间休息2分钟
尺寸				
3a. 单腿单臂哑铃罗马尼亚硬拉	149	单侧2×15~20	单侧4×6~8	单侧3×10~12
3b. 哑铃平板划船	197	2×14或15，每对组之间休息60~90秒	4×6~8，每对组之间休息60~90秒	3×10~12，每对组之间休息60~90秒
4a. 举重床踏台阶	172	单侧2×14或15	单侧4×6~8	单侧3×10~12
4b. 弹力带双腿下压*	212	2×15~20，每对组之间休息60~90秒	4×6~8，每对组之间休息60~90秒	3×10~12，每对组之间休息60~90秒
5. 45度髋关节伸展	182	2×15~20，组间休息60~90秒	4×6~8，组间休息60~90秒	3×10~12，组间休息60~90秒
6. 杠铃提踵	188	2×15~20，组间休息60~90秒	4×6~8，组间休息60~90秒	3×10~12，组间休息60~90秒

*运动重复进行次数与弹力带阻力以及双腿伸展程度成反比。在重复运动6~8次时双腿尽量伸展或者使用阻力最大的弹力带；重复运动15~20次时则选择阻力较小的弹力带或者不伸展双腿。

表格12.4　　　　　　　运动成绩与肌肉锻炼计划1：锻炼C——推举

	页码	第1天和第4天	第2天和第5天	第3天和第6天
速度				
1a. 药球垂直蹲抛举（3~4千克）	72	5×4~6	5×4~6	5×4~6
1b. 药球向下劈抛（3~4千克）	196	单侧4×4~6，每对组之间休息90秒	单侧4×4~6，每对组之间休息90秒	单侧4×4~6，每对组之间休息90秒
力量				
2. 斜角杠铃旋转推举	82	单侧5×3~5，组间休息90秒	单侧5×3~5，组间休息90秒	单侧5×3~5，组间休息90秒
尺寸				
3. 单臂拉力器推举	83	单侧4×6~8，组间休息60~90秒	单侧3×10~12，组间休息60~90秒	单侧2×15~20，组间休息60~90秒
4. 盒子交叉俯卧撑	85	4×最大运动次数（-2）*，组间休息60~90秒	3×最大运动次数（-1）*，组间休息60~90秒	2×最大运动次数，组间休息60~90秒
5a. 拉力器肱三头肌屈伸	100	4×6~8组	3×10~12组	2×15~20组
5b. 哑铃前肩举	98	4×6~8，每对组之间休息60秒	3×10~12，每对组之间休息60秒	2×15~20，每对组之间休息60秒
有氧运动训练		SMIT**：划船器（第28页），4~6组或45~60秒，以最快速度训练90秒，组间休息90秒~2分钟	MCP***：六分钟体重复合练习（第32页），2或3组，组间休息2分钟	稳态有氧训练：椭圆机（第29页）或直立式健身车（第30页），25~35分钟

* （-1）意思是比最大运动次数少一次；（-2）意思是比最大运动次数少两次。

**SMIT：超大强度间歇训练。

***MCP：代谢调节方案。

表格12.5　　　　　**运动成绩与肌肉锻炼计划2：锻炼A——拉伸**

	页码	第1天和第4天	第2天和第5天	第3天和第6天
速度				
1a. 药球彩虹猛击（3~4千克）	105	单侧5×3或4	单侧5×3或4	单侧5×3或4
1b. 药球侧舀水平抛（3~4千克）	193	单侧4×4或5，每对组之间休息90秒	单侧4×4或5，每对组之间休息90秒	单侧4×4或5，每对组之间休息90秒
力量				
2. 单臂独立式哑铃提拉	112	单侧5×2~4，组间休息90秒	单侧5×2~4，组间休息90秒	单侧5×2~4，组间休息90秒
尺寸				
3. 宽握杠铃屈背提拉	123	3×10~12，组间休息60~90秒	2×15~20，组间休息60~90秒	4×6~8，组间休息60~90秒
4. 宽肘史密斯杆提拉	129	3×10~12，组间休息60~90秒	2×15~20，组间休息60~90秒	4×6~8，组间休息60~90秒
5a. 绳索胸前臂弯举	137	3×10~12组	2×15~20组	4×6~8组
5b. 绳索面拉	134	3×10~12，每对组之间休息60秒	2×15~20，每对组之间休息60秒	4×6~8，每对组之间休息60秒
有氧运动训练		MCP*：重沙袋拳击和跆拳道（第30页），4~6组，每组2分钟，中间休息60秒	稳态有氧训练：在室外或跑步机上快步走（第29页），25~35分钟	SMIT**：加速赛（第25页），1~3，组间休息3~4分钟

*MCP：代谢调节方案。

**SMIT：超大强度间歇训练。

表格12.6   运动成绩与肌肉锻炼计划2：锻炼B——下肢与核心肌群

	页码	第1天和第4天	第2天和第5天	第3天和第6天
速度				
1. 30码折返跑	141	4~8组，组间休息60秒	4~8组，组间休息60秒	4~8组，组间休息60秒
力量				
2a. 杠铃混合硬拉	158	5×2~5	5×2~5	5×2~5
2b. 单臂平板支撑	201	单侧4×15~20，每对组之间休息2分钟	单侧4×15~20，每对组之间休息2分钟	单侧4×15~20，每对组之间休息2分钟
尺寸				
3a. 侧弓步交叉转体	152	单侧2×14或15	单侧4×6~8	单侧3×10~12
3b. 健身球腹肌运动	204，206，205	健身球蹲踞2×15~20，每对组之间休息60~90秒	健身球曲臀直腿滑行4×6~8，每对组之间休息60~90秒	健身球曲臀直腿3×10~12，每对组之间休息60~90秒
4a. 高架杠铃反弓步	163	单侧2×14或15	单侧4×6~8	单侧3×10~12
4b. 健身球铃片卷腹	211	2×15~20，每对组之间休息60~90秒	4×6~8，每对组之间休息60~90秒	3×10~12，每对组之间休息60~90秒
5. 器械坐姿腿弯举	186	2×15~20，组间休息60秒	4×6~8，组间休息60秒	3×10~12，组间休息60秒
6. 杠铃提踵	188	2×15~20，组间休息60秒	4×6~8，组间休息60秒	3×10~12，组间休息60秒

表格12.7 **运动成绩与肌肉锻炼计划2：锻炼C——推举**

	页码	第1天和第4天	第2天和第5天	第3天和第6天
速度				
1.斜角杠铃推举和抓取	77	单侧4×5或6，组间休息90秒	单侧4×5或6，组间休息90秒	单侧4×5或6，组间休息90秒
2.横向能量跳	143	每个方向4×6~8，组间休息90秒	每个方向4×6~8，组间休息90秒	每个方向4×6~8，组间休息90秒
力量				
3.单臂哑铃旋转推举	79	单侧4×2~4，组间休息90秒	单侧4×2~4，组间休息90秒	单侧4×2~4，组间休息90秒
尺寸				
4.单臂拉力器推举	83	单侧4×6~8，组间休息90秒	单侧3×10~12，组间休息90秒	单侧2×15~20，组间休息90秒
5.窄握俯卧撑	94	4×最大运动次数（-2）*，组间休息90秒	3×最大运动次数（-1）*，组间休息90秒	2×最大运动次数，组间休息90秒
6.哑铃飞鸟	97	4×6~8，组间休息90秒	3×10~12，组间休息90秒	2×15~20，组间休息90秒
7.哑铃仰卧臂屈伸	99	4×6~8组	3×10~12组	2×15~20组
有氧运动训练		SMIT**：跑步机（第28页），5~7组，以最大速度跑15~30秒，组间休息60秒	MCP***：单侧腿复合练习（第34页），1或2组，组间休息2分钟	稳态有氧训练：在室外或跑步机上快步走（第29页），25~35分钟

*（-1）意思是比最大运动次数少一次；（-2）意思是比最大运动次数少两次。

**SMIT：超大强度间歇训练。

***MCP：代谢调节方案。

表格12.8   **运动成绩与肌肉锻炼计划3：锻炼A——拉伸**

	页码	第1天和第4天	第2天和第5天	第3天和第6天
速度				
1a. 药球跨步过顶抛（3~4千克）	104	5×6~8	5×6~8	5×6~8
1b. 药球侧舀水平抛（3~5千克）	193	单侧4×5或6，每对组之间休息90秒	单侧4×5或6，每对组之间休息90秒	单侧4×5或6，每对组之间休息90秒
力量				
2. 单臂复合拉力器后拉	116	单侧4或5×3~5，组间休息90秒	单侧4或5×3~5，组间休息90秒	单侧4或5×3~5，组间休息90秒
尺寸				
3. 拳手拉力器颈前下拉	122	单侧3×10~12，组间休息60~90秒	单侧2×14或15，组间休息60~90秒	单侧4×6~8，组间休息60~90秒
4. 绳索复合直臂下拉	135	3×10~12，组间休息60~90秒	2×15~20，组间休息60~90秒	4×6~8，组间休息60~90秒
5a. 宽肘悬空提拉	128	3×10~12	2×15~20	4×6~8
5b. 悬挂臂弯举	138	3×10~12，每对组之间休息60~90秒	2×15~20，每对组之间休息60~90秒	4×6~8，每对组之间休息60~90秒
有氧运动训练		MCP*：六分钟体重复合练习（第32页），2或3组，组间休息2分钟	稳态有氧训练：椭圆机（第29页）或直立式健身车（第30页），25~35分钟	SMIT**：划船器（第28页），4~6组或45~60秒，以最快速度训练90秒，组间休息90秒~2分钟

*MCP：代谢调节方案。

**SMIT：超大强度间歇训练。

表格12.9 　运动成绩与肌肉锻炼计划3：锻炼B——下肢与核心肌群

	页码	第1天和第4天	第2天和第5天	第3天和第6天
速度				
1. 跳远	146	4或5×3或4，组间休息90秒	4或5×3或4，组间休息90秒	4或5×3或4，组间休息90秒
力量				
2a. 杠铃罗马尼亚硬拉	156	5×3～5	5×3～5	5×3～5
2b. 健身球搅拌	207	每个方向4×4～8，每对组之间休息2分钟	每个方向4×4～8，每对组之间休息2分钟	每个方向4×4～8，每对组之间休息2分钟
尺寸				
3a. 斜角杠铃跨肩反弓步	155	单侧2×14或15	单侧4×6～8	单侧3×10～12
3b. 斜角杠铃紧拉彩虹	202	单侧2×15～20，每对组之间休息60～90秒	单侧4×6～8，每对组之间休息60～90秒	单侧3×10～12，每对组之间休息60～90秒
4a. 保加利亚式分腿蹲以及罗马尼亚硬拉混合运动	168	单侧2×12～14	单侧4×5～7	单侧3×8～10
4b. 反向卷腹*	211	2×14或15，每对组之间休息60～90秒	4×6～8，每对组之间休息60～90秒	3×10～12，每对组之间休息60～90秒
5. 单腿哑铃卧姿伸髋	177	单侧2×15～20，组间休息60秒	单侧4×6～8，组间休息60秒	单侧3×10～12，组间休息60秒
6. 器械压腿	165	2×15～20	4×6～8	3×10～12

*运动重复进行次数与弹力带阻力以及双腿伸展程度成反比。在重复运动6～8次时双腿尽量伸展或者使用阻力最大的弹力带；重复运动15～20次时则选择阻力较小的弹力带或者不伸展双腿。

表格12.10　　　**运动成绩与肌肉锻炼计划3：锻炼C——推举**

	页码	第1天和第4天	第2天和第5天	第3天和第6天
速度				
1a. 药球跨步推抛（3～4千克）	76	5×4～6	5×4～6	5×4～6
1b. 180度横臂蹲踞跳	144	每个方向4×2或3，每对组之间休息90秒	每个方向4×2或3，每对组之间休息90秒	每个方向4×2或3，每对组之间休息90秒
力量				
2. 单臂俯卧撑或单手拉力器推举	84, 83	单侧4或5×1～5，或4或5×4～6，组间休息90秒	单侧4或5×1～5，或单侧4或5×4～6，组间休息90秒	单侧4或5×1～5，或单侧4或5×4～6，组间休息90秒
尺寸				
3. 斜角杠铃推举	81	4×6～8，组间休息60～90秒	3×10～12，组间休息60～90秒	2×15～20，组间休息60～90秒
4. 下斜式杠铃卧推	87	4×6～8，组间休息60～90秒	3×10～12，组间休息60～90秒	2×15～20，组间休息60～90秒
5a. 哑铃过顶推举	89	4×6～8组	3×10～12组	2×15～20组
5b. 拉力器肱三头肌屈伸	100	4×6～8，每对组之间休息60秒	3×10～12，每对组之间休息60秒	2×15～20，每对组之间休息60秒
有氧运动训练		SMIT*：折返跑（第24页），250码×4或5，组间休息2.5分钟	MCP**：单侧农夫行走复合练习（第59页），2或3组，组间休息2分钟	稳态有氧训练：椭圆机（第29页）或直立式健身车（第30页），25～35分钟

*SMIT：超大强度间歇训练。

**MCP：代谢调节方案。

表格 12.11 运动成绩与肌肉锻炼计划4：锻炼A——拉伸

	页码	第1天和第4天	第2天和第5天	第3天和第6天
速度				
1. 绳索猛击	111	4×12～15	4×12～15	4×12～15
2. 药球侧舀水平抛（3～5千克）	193	单侧4×5或6，组间休息90秒	单侧4×5或6，组间休息90秒	单侧4×5或6，组间休息90秒
力量				
3. 单臂独立式哑铃提拉	112	单侧4或5×3～5，组间休息90秒	单侧4或5×3～5，组间休息90秒	单侧4或5×3～5，组间休息90秒
尺寸				
4. 宽握杠铃屈背提拉	123	3×10～12，组间休息60～90秒	2×15～20，组间休息60～90秒	4×6～8，组间休息60～90秒
5. 颈前下拉	121	3×10～12，组间休息60～90秒	2×15～20，组间休息60～90秒	4×6～8，组间休息60～90秒
6a. 哑铃臂弯举	136	3×10～12	2×15～20	4×6～8
6b. 哑铃A形肩	131	3×10～12，每对组之间休息60秒	2×15～20，每对组之间休息60秒	4×6～8，每对组之间休息60秒
有氧运动训练		MCP*：四分钟绳索综合运动（第47页），2或3组，组间休息2～3分钟	稳态有氧训练：在室外或跑步机上快步走（第29页），25～35分钟	SMIT**：跑步机（第28页），5～7组，以最大速度跑15～30秒，组间休息60秒

*MCP：代谢调节方案。

**SMIT：超大强度间歇训练。

表格12.12　　运动成绩与肌肉锻炼计划4：锻炼B——下肢与核心肌群

	页码	第1天和第4天	第2天和第5天	第3天和第6天
速度				
1. 25码冲刺跑	141	5×5~8，组间休息60秒	5×5~8，组间休息60秒	5×5~8，组间休息60秒
力量				
2a. 杠铃相扑硬拉	157	5×2~4	5×2~4	5×2~4
2b. 健身球曲臂直腿滑行	206	4×8~12，每对组之间休息2分钟	4×8~12，每对组之间休息2分钟	4×8~12，每对组之间休息2分钟
尺寸				
3a. 单腿45度拉力器罗马尼亚硬拉	150	单侧2×15~20	单侧4×6~8	单侧3×10~12
3b. 健身球铃片卷腹	211	2×15~20，每对组之间休息60秒	4×6~8，每对组之间休息60秒	3×10~12，每对组之间休息60秒
4a. 哑铃拳手弓步	170	单侧2×14或15	单侧4×6~8	单侧3×10~12
4b. 单臂哑铃农夫行走	197	单侧2×60秒，每对组之间休息60秒	单侧4×30秒，每对组之间休息60秒	单侧3×45秒，每对组之间休息60秒
5. 器械坐姿腿弯举	186	2×15~20	4×6~8	3×10~12
6. 器械腿伸展	187	2×15~20，每对组之间休息60秒	4×6~8，每对组之间休息60秒	3×10~12，每对组之间休息60秒

表格12.13　　　　　**运动成绩与肌肉锻炼计划4：锻炼C——推举**

	页码	第1天和第4天	第2天和第5天	第3天和第6天
速度				
1a. 药球水平抛扔（3～4千克）	191	单侧4×4或5	单侧4×4或5	单侧4×4或5
1b. 侧向跳跃	148	单侧4×3～5，每对组之间休息90秒	单侧4×3～5，每对组之间休息90秒	单侧4×3～5，每对组之间休息90秒
力量				
2. 单臂哑铃旋转推举	79	单侧4×2～4，组间休息90秒	单侧4×2～4，组间休息90秒	单侧4×2～4，组间休息90秒
尺寸				
3. 斜角杠铃旋转推举	82	单侧4×5或6，组间休息60～90秒	单侧3×8或9，组间休息60～90秒	单侧2×11或12，组间休息60～90秒
4. 盒子交叉俯卧撑	85	4×最大运动次数（-2）*，组间休息60～90秒	3×最大运动次数（-1）*，组间休息60～90秒	2×最大运动次数，组间休息60～90秒
5a. 哑铃飞鸟	97	4×6～8	3×10～12	2×15～20
5b. 哑铃仰卧臂屈伸	99	4×6～8，每对组之间休息60秒	3×10～12，每对组之间休息60秒	2×15～20，每对组之间休息60秒
有氧运动训练		SMIT**：加速赛（第25页），1～3组，组间休息3～4分钟	MCP***：20-20-10-10腿部综合训练（第37页），2或3组，组间休息2分钟	稳态有氧训练：在室外或跑步机上快步走（第29页），25～35分钟

*（-1）意思是比最大运动次数少一次；（-2）意思是比最大运动次数少两次。

**SMIT：超大强度间歇训练。

***MCP：代谢调节方案。

表格12.14　　　　运动成绩与肌肉锻炼计划5：锻炼A——拉伸

	页码	第1天和第4天	第2天和第5天	第3天和第6天
速度				
1a. 药球彩虹猛击（3~4千克）	105	单侧5×3或4	单侧5×3或4	单侧5×3或4
1b. 药球推抛（3~4千克）	192	单侧4×3或4，每对组之间休息90秒	单侧4×3或4，每对组之间休息90秒	单侧4×3或4，每对组之间休息90秒
力量				
2. 斜角杠铃推举	81	单侧4×2~5，组间休息90秒	单侧4×2~5，组间休息90秒	单侧4×2~5，组间休息90秒
尺寸				
3. 宽肘悬空提拉或悬空划船	128，127	3×10~12，组间休息60~90秒	2×15~20，组间休息60~90秒	4×6~8，组间休息60~90秒
4. 绳索复合直臂下拉	135	3×10~12，组间休息60~90秒	2×15~20，组间休息60~90秒	4×6~8，组间休息60~90秒
5a. 曲杠铃臂弯举	137	3×10~12，每对组之间休息60~90秒	2×15~20，每对组之间60~90秒	4×6~8，每对组之间60~90秒
5b. 俯身哑铃肩上飞鸟	130	3×10~12，每对组之间休息60秒	2×15~20，每对组之间休息60秒	4×6~8，每对组之间休息60秒
有氧运动训练		MCP*：铃片推举（第50页），4~6组×40~50码，组间休息90秒	稳态有氧训练：椭圆机（第29页）或直立式健身车（第30页），25~35分钟	SMIT**：折返跑（第24页），300码×2或3，组间休息3分钟

*MCP：代谢调节方案。

**SMIT：超大强度间歇训练。

表格12.15　　运动成绩与肌肉锻炼计划5：锻炼B——下肢与核心肌群

	页码	第1天和第4天	第2天和第5天	第3天和第6天
速度				
1. 横向能量跳	143	每个方向4×5~8，组间休息60~90秒	每个方向4×5~8，组间休息60~90秒	每个方向4×5~8，组间休息60~90秒
力量				
2a. 杠铃混合硬拉	158	5×1~4	5×1~4	5×1~4
2b. 弹力带双腿下压	212	4×8~12，每对组之间休息2分钟	4×8~12，每对组之间休息2分钟	4×8~12，每对组之间休息2分钟
尺寸				
3a. 单腿正压腿	154	单侧2×15~20	单侧4×6~8	单侧3×10~12
3b. 滑行运动	204，208，208	健身球滑行2×15~20，每对组之间休息60~90秒	药球行走4×6~8，每对组之间休息60~90秒	手臂行走3×10~12，每对组之间休息60~90秒
4a. 哑铃前弓步	172	单侧2×14或15	单侧4×6~8	单侧3×10~12
4b. 自下而上绳索伐木	198	单侧2×14或15，每对组之间休息60~90秒	单侧4×6~8，每对组之间休息60~90秒	单侧3×10~12，每对组之间休息60~90秒
5. 屈腿运动	184，184，178	健身球屈腿2×15~20，组间休息60秒	单腿健身球屈腿4×6~8，组间休息60秒	伸髋腿弯举组合运动3×10~12，组间休息60秒
6. 杠铃提踵	188	2×15~20，组间休息60秒	4×6~8，组间休息60秒	3×10~12，组间休息60秒

表格12.16　　**运动成绩与肌肉锻炼计划5：锻炼C——推举**

	页码	第1天和第4天	第2天和第5天	第3天和第6天
速度				
1a. 药球水平抛扔（3~4千克）	191	单侧4或5×4或5	单侧4或5×4或5	单侧4或5×4或5
1b. 爆发性跨步跳	142	单侧4或5×8~10，每对组之间休息90秒	单侧4或5×8~10，每对组之间休息90秒	单侧4或5×8~10，每对组之间休息90秒
力量				
2. 斜角杠铃推举	81	单侧4×2~5，组间休息90秒	单侧4×2~5，组间休息90秒	单侧4×2~5，组间休息90秒
尺寸				
3. 哑铃仰卧推举	87	4×6~8，组间休息90秒	3×10~12，组间休息90秒	2×10~15，组间休息90秒
4. 单臂俯卧撑锁定	85	4×最大运动次数（-2）*，组间休息60~90秒	3×最大运动次数（-1）*，组间休息60~90秒	2×最大运动次数，组间休息60~90秒
5a. 哑铃侧肩举	98	4×6~8	3×10~12	2×15~20
5b. 悬空臂屈伸	100	4×6~8，每对组之间休息60秒	3×10~12，每对组之间休息60秒	2×15~20，每对组之间休息60秒
有氧运动训练		SMIT**：划船器（第28页），4~6组或45~60秒，以最快速度训练90秒，组间休息90秒~2分钟	MCP***：重沙袋拳击和跆拳道（第30页），3~5组，每组3分钟，中间休息90秒	稳态有氧训练：椭圆机（第29页）或直立式健身车（第30页），25~35分钟

*（-2）意思是比最大运动次数少两次；（-1）意思是比最大运动次数少一次。

**SMIT：超大强度间歇训练。

***MCP：代谢调节方案。

运动成绩与肌肉锻炼计划（每周两天）

虽然我推荐每周至少运动三次，但是如果你每周只能训练两天，你依然可以获得积极的运动效果。为了满足这样的需求，以下的训练计划就是之前计划的替代方案。

接下来的三项锻炼计划由两种锻炼组成：锻炼A和锻炼B。锻炼A关注拉伸和推举运动，而锻炼B则重视下肢与核心肌群运动。每一个计划中所有的运动重复进行六次，然后开始新的锻炼计划。也就是说，假如你每周训练两次，那么连续六周使用同一个计划，然后接下来的六周再执行另一个。

在接下来的每项健身计划中，锻炼B与之前计划中对应的运动相差无几，除了在速度方面增加了额外的训练。另外，这些锻炼计划中的锻炼A实质是之前计划中锻炼A和锻炼C的组合体。因此，尽管本计划中的运动项目在之前也出现过，但是这里介绍的锻炼A还包含几项其他运动。

表格12.17   两天运动成绩与肌肉锻炼计划1：锻炼A——拉伸和推举

	页码	第1天和第4天	第2天和第5天	第3天和第6天
速度				
1a. 药球跨步过顶抛（3~4千克）	104	4或5×6~8	4或5×6~8	4或5×6~8
1b. 药球前舀水平抛（3~5千克）	195	单侧4或5×5或6	单侧4或5×5或6	单侧4或5×5或6
1c. 药球垂直蹲抛举（3~5千克）	72	4或5×4~6，每三组休息90秒	4或5×4~6，每三组休息90秒	4或5×4~6，每三组休息90秒
力量				
2a. 单臂拉力器后拉	114	单侧5×3~5	单侧5×3~5	单侧5×3~5
2b. 斜角杠铃旋转推举	82	单侧5×3~5，每对组之间休息90秒	单侧5×3~5，每对组之间休息90秒	单侧5×3~5，每对组之间休息90秒
尺寸				
3a. 单臂拉力器推举	83	单侧4×6~8	单侧3×10~12	单侧2×15~20
3b. 俯身哑铃肩上飞鸟	130	4×6~8，每对组之间休息60~90秒	3×10~12，每对组之间休息60~90秒	2×15~20，每对组之间休息60~90秒
4a. 单臂俯卧撑锁定	85	单侧4×最大运动次数（-2）*	单侧3×最大运动次数（-1）*	单侧2×最大运动次数
4b. 宽距坐姿划船	126	4×6~8，每对组之间休息60~90秒	3×10~12，每对组之间休息60~90秒	2×15~20，每对组之间休息60~90秒
5a. 哑铃臂弯举	136	4×6~8	2×15~20	2×15~20
5b. 哑铃仰卧臂屈伸	99	4×6~8，每对组之间休息60秒	3×10~12，每对组之间休息60秒	2×15~20，每对组之间休息60秒
6. 哑铃侧肩举	98	4×6~8，组间休息60秒	3×10~12，组间休息60秒	2×15~20，组间休息60秒
有氧运动训练		SMIT**：折返跑（第24页），250码×4或5，组间休息2.5分钟	MCP***：单侧腿复合练习（第34页），1或2组，组间休息2分钟	稳态有氧训练：椭圆机（第29页）或直立式健身车（第30页），25~35分钟

*（-1）意思是比最大运动次数少一次;（-2）意思是比最大运动次数少两次。

**SMIT：超大强度间歇训练。

***MCP：代谢调节方案。

336

表格12.18　两天运动成绩与肌肉锻炼计划1：锻炼B——下肢与核心肌群

	页码	第1天和第4天	第2天和第5天	第3天和第6天
速度				
1a. 25码冲刺跑	141	5~8组	5~8组	5~8组
1b. 药球向下劈抛（3~4千克）	196	单侧4×4~6，每对组之间休息60秒	单侧4×4~6，每对组之间休息60秒	单侧4×4~6，每对组之间休息60秒
力量				
2a. 六角杠深蹲	164	5×1~5	5×1~5	5×1~5
2b. 腹肌缓慢移动	210	4×6~10，每对组之间休息2分钟	4×6~10，每对组之间休息2分钟	4×6~10，每对组之间休息2分钟
尺寸				
3a. 单腿单臂哑铃罗马尼亚硬拉	149	单侧2×15~20	单侧4×6~8	单侧3×10~12
3b. 哑铃平板划船	197	2×14或15，每对组之间休息60~90秒	4×6~8，每对组之间休息60~90秒	3×10~12，每对组之间休息60~90秒
4a. 举重床踏台阶	172	单侧2×15~20	单侧4×6~8	单侧3×10~12
4b. 弹力带双腿下压*	212	2×15~20，每对组之间休息60~90秒	4×6~8，每对组之间休息60~90秒	3×10~12，每对组之间休息60~90秒
5. 45度髋关节伸展	182	2×15~20，组间休息60秒	4×6~8，组间休息60秒	3×10~12，组间休息60秒
6. 杠铃提踵	188	2×15~20，组间休息60秒	4×6~8，组间休息60秒	3×10~12，组间休息60秒
有氧运动训练		稳态有氧训练：在室外或跑步机上快步走（第29页），25~35分钟	SMIT**：划船器（第28页），4~6组或45~60秒，以最快速度训练90秒，组间休息90秒~2分钟	MCP***：两侧农夫行走复合练习（第57页），2或3组，组间休息2分钟

　*运动重复进行次数与弹力带阻力以及双腿伸展程度成反比。在重复运动6~8次时双腿尽量伸展或者使用阻力最大的弹力带；重复运动15~20次时则选择阻力较小的弹力带或者不伸展双腿。

　**SMIT：超大强度间歇训练。

　***MCP：代谢调节方案。

表格12.19　　两天运动成绩与肌肉锻炼计划2：锻炼A——拉伸和推举

	页码	第1天和第4天	第2天和第5天	第3天和第6天
速度				
1a. 药球彩虹猛击（3～4千克）	105	单侧5×3或4	单侧5×3或4	单侧5×3或4
1b. 药球侧舀水平抛（3～5千克）	193	单侧4×4或5，每对组之间休息90秒	单侧4×4或5，每对组之间休息90秒	单侧4×4或5，每对组之间休息90秒
2. 横向能量跳	143	每个方向4×6～8，组间休息90秒	每个方向4×6～8，组间休息90秒	每个方向4×6～8，组间休息90秒
力量				
3a. 单臂独立式哑铃提拉	112	单侧5×2～4	单侧5×2～4	单侧5×2～4
3b. 单臂哑铃旋转推举	79	单侧4×2～4，每对组之间休息90秒	单侧4×2～4，每对组之间休息90秒	单侧4×2～4，每对组之间休息90秒
尺寸				
4a. 斜角杠铃旋转推举	82	单侧3×7～9	单侧2×10～12	单侧4×5或6
4b. 双臂哑铃屈背提拉	124	3×10～12，每对组之间休息90秒	2×15～20，每对组之间休息90秒	4×6～8，每对组之间休息90秒
5a. 窄握俯卧撑	94	3×最大运动次数（-1）*	2×最大运动次数	4×最大运动次数（-2）*
5b. 正手引体向上或颈前下拉	120，121	3×10～12，每对组之间休息90秒	2×15～20，每对组之间休息90秒	4×6～8，每对组之间休息90秒
6a. 绳索胸前臂弯举	137	3×10～12	2×15～20	4×6～8
6b. 绳索面拉	134	3×10～12	2×15～20	4×6～8
6c. 拉力器肱三头肌屈伸	100	3×10～12，每三组休息60～90秒	2×15～20，每三组休息60～90秒	4×6～8，每三组休息60～90秒
有氧运动训练		MCP**：六分钟体重复合练习（第32页），2或3组，组间休息2分钟	稳态有氧训练：在室外或跑步机上快步走（第29页），25～35分钟	SMIT***：加速赛（第25页），1～3组，组间休息3～4分钟

*（-1）意思是比最大运动次数少一次；（-2）意思是比最大运动次数少两次。

**MCP：代谢调节方案。

***SMIT：超大强度间歇训练。

表格12.20　两天运动成绩与肌肉锻炼计划2：锻炼B——下肢与核心肌群

	页码	第1天和第4天	第2天和第5天	第3天和第6天
速度				
1. 30码折返跑	141	4～8，组间休息60秒	4～8，组间休息60秒	4～8，组间休息60秒
2. 双臂驱动硬拉跳	145	4或5×5～7，组间休息90秒	4或5×5～7，组间休息90秒	4或5×5～7，组间休息90秒
力量				
3a. 杠铃混合硬拉	158	5×2～5	5×2～5	5×2～5
3b. 单臂平板支撑	201	单臂4×10～20秒，每对组之间休息2分钟	单臂4×10～20秒，每对组之间休息2分钟	单臂4×10～20秒，每对组之间休息2分钟
尺寸				
4a. 侧弓步交叉转体	152	单侧2×14或15	单侧4×6～8	单侧3×10～12
4b. 哑铃平板划船	197	2×15～20，每对组之间休息60～90秒	4×6～8，每对组之间休息60～90秒	3×10～12，每对组之间休息60～90秒
5a. 高架杠铃反弓步	163	单侧2×14或15	单侧4×6～8	单侧3×10～12
5b. 健身球腹肌运动	204，206，205	健身球蹲踞2×15～20，每对组之间休息60～90秒	健身球曲臂直腿滑行4×6～8，每对组之间休息60～90秒	健身球曲臂直腿3×10～12，每对组之间休息60～90秒
6. 屈腿运动	184，184，178	健身球屈腿2×15～20，组间休息60秒	单腿健身球屈腿4×6～8，组间休息60秒	伸髋腿弯举组合运动3×10～12，组间休息60秒
7. 杠铃提踵	188	2×15～20，组间休息60秒	4×6～8，组间休息60秒	3×10～12，组间休息60秒
有氧运动训练		稳态有氧训练：椭圆机（第29页）或直立式健身车（第30页），25～35分钟	SMIT*：跑步机（第28页），5～7组，以最大速度跑15～30秒，组间休息60秒	MCP**：重沙袋拳击和跆拳道（第30页），4～6组，每组2分钟，中间休息60秒

*SMIT：超大强度间歇训练。

**MCP：代谢调节方案。

表格12.21　　两天运动成绩与肌肉锻炼计划3：锻炼A——拉伸和推举

	页码	第1天和第4天	第2天和第5天	第3天和第6天
速度				
1a. 药球跨步过顶抛（3~4千克）	104	4或5×6~8	4或5×6~8	4或5×6~8
1b. 药球侧舀水平抛（3~5千克）	193	单侧4或5×5或6	单侧4或5×5或6	单侧4或5×5或6
1c. 药球跨步推抛（3~4千克）	76	4或5×4~6，每三组休息2分钟	4或5×4~6，每三组休息2分钟	4或5×4~6，每三组休息2分钟
力量				
2a. 单臂复合拉力器后拉	116	单侧4或5×3~5	单侧4或5×3~5	单侧4或5×3~5
2b. 单臂俯卧撑或单臂拉力器推举	84,83	单侧4或5×1~5，或单侧4或5×4~6，每对组之间休息60~90秒	单侧4或5×1~5，或单侧4或5×4~6，每对组之间休息60~90秒	单侧4或5×1~5，或单侧4或5×4~6，每对组之间休息60~90秒
尺寸				
3a. 斜角杠铃推举	81	单侧3×10~12	单侧2×15~20	单侧4×6~8
3b. 拳手拉力器颈前下拉	122	单侧3×10~12，每对组之间休息60~90秒	单侧2×14或15，每对组之间休息60~90秒	单侧4×6~8，每对组之间休息60~90秒
4a. 哑铃前握过顶推举	89	3×10~12	2×15~20	4×6~8
4b. 绳索复合直臂下拉	135	3×10~12，每对组之间休息60~90秒	2×15~20，每对组之间休息60~90秒	4×6~8，每对组之间休息60~90秒
5a. 宽肘悬空提拉	128	3×10~12	2×15~20	4×6~8
5b. 悬挂臂弯举	138	3×10~12	2×15~20	4×6~8
5c. 拉力器肱三头肌屈伸	100	3×10~12，每三组休息60~90秒	2×15~20，每三组休息60~90秒	4×6~8，每三组休息60~90秒
有氧运动训练		MCP*：20-20-10-10腿部综合训练（第37页），2或3组，组间休息2分钟	稳态有氧训练：椭圆机（第29页）或直立式健身车（第30页），25~35分钟	SMIT**：折返跑（第24页），300码×2或3，组间休息3分钟

*MCP：代谢调节方案。

**SMIT：超大强度间歇训练。

表格12.22 两天运动成绩与肌肉锻炼计划3：锻炼B——下肢与核心肌群

	页码	第1天和第4天	第2天和第5天	第3天和第6天
速度				
1. 跳远	146	4或5×3或4，组间休息90秒	4或5×3或4，组间休息90秒	4或5×3或4，组间休息90秒
2. 180度横臂蹲踞跳	144	每个方向4×2或3，组间休息90秒	每个方向4×2或3，组间休息90秒	每个方向4×2或3，组间休息90秒
力量				
3a. 杠铃罗马尼亚硬拉	156	5×3~5	5×3~5	5×3~5
3b. 健身球搅拌	207	每个方向4×4~8，每对组之间休息90秒	每个方向4×4~8，每对组之间休息90秒	每个方向4×4~8，每对组之间休息90秒
尺寸				
4a. 斜角杠铃跨肩反弓步	155	单侧2×14或15	单侧4×6~8	单侧3×10~12
4b. 斜角杠铃紧拉彩虹	202	单侧2×14或15，每对组之间休息60~90秒	单侧4×6~8，每对组之间休息60~90秒	单侧3×10~12，每对组之间休息60~90秒
5a. 保加利亚式分腿蹲以及罗马尼亚硬拉混合运动	168	单侧2×14或15	单侧4×6~8	单侧3×10~12
5b. 反向卷腹*	211	2×15~20，每对组之间休息60~90秒	4×6~8，每对组之间休息60~90秒	3×10~12，每对组之间休息60~90秒
6. 单腿哑铃卧姿伸髋	177	单侧2×15~20，组间休息60秒	单侧4×6~8，组间休息60秒	单侧3×10~12，组间休息60秒
7. 器械压腿	165	2×15~20，组间休息90秒	4×6~8，组间休息90秒	3×10~12，组间休息90秒
有氧运动训练		稳态有氧训练：在室外或跑步机上快步走（第29页），25~35分钟	SMIT**：划船器（第28页），4~6组或45~60秒，以最快速度训练90秒，组间休息90秒~2分钟	MCP***：单侧农夫行走复合练习（第59页），2或3组，组间休息2分钟

*运动重复进行次数与弹力带阻力以及双腿伸展程度成反比。在重复运动6~8次时双腿尽量伸展或者使用阻力最大的弹力带；重复运动15~20次时则选择阻力较小的弹力带或者不伸展双腿。

**SMIT：超大强度间歇训练。

***MCP：代谢调节方案。

　　此时，本书已经向你介绍了各种各样强调肌肉锻炼、关注运动成绩或者两者兼顾的功能谱锻炼计划，而且你已经了解锻炼计划背后简单的组织原理。因此，你现在应该知道该如何设计专属于自己的、不断发展变化的功能谱训练（运动成绩训练、肌肉训练以及平衡训练）计划。

　　本书也向你展示了功能谱训练系统的力量。它是一个锻炼计划的范例，使良好的训练和有氧运动得以进行，因为它给了你一个有效且高效地设计锻炼计划的简单途径，使运动力量和肌肉得到锻炼。其他内容则有助于帮助你理解如何个性化地定制适合自己的功能谱训练计划，这样其中包含的运动才能真正地发挥作用。下一章内容恰恰与此有关。

第**13**章

追求个性效果的定制计划

不论你使用本书现成的锻炼计划，还是使用根据所学到的运动概念和技能设计自己专属的锻炼计划，关键是你要知道如何使运动项目更加个性化，使其满足自己的需求。不管你的训练目标是什么，运动个性化过程都取决于五个关键因素：个人能力，身体的伤病和局限，二C——舒适度（comfort）、控制（control），训练环境以及特定性原则。

基于自身能力改编运动

许多健身指导和教练最容易犯的错误之一就是让运动者适应运动，而不是让运动适应运动者。举个例子，许多私人教练和体能教练都会试图让每一个人按照传统的杠铃训练方式来进行硬拉锻炼。虽然意图是好的，但是这种训练方式具有误导性。人与人之间存在个体差异，仅仅因为一部分人可以进行传统的杠铃硬拉训练就引导所有人相信，每个人都能够按照同样的运动方法做出同样的动作，这是毫无道理的。

不加思考地对所有人采用同种类型的运动方法不仅忽略了人与人之间明显的体能差别，还可能非常危险。当然，我们都属于人类，如同小轿车、卡车和厢式货车都属于汽车。但是与汽车一样，人类的体形和体积各不相同。你的体积和体形受自身的身体构造影响，而它也影响身体的功能。例如，一辆小轿车和一辆小型货车的基本构造一致（比如四个轮子，两个车轴），并且都具有基本的驾驶功能（比如前后移动，朝左右转弯，停车和发动）。但是你永远都不能指望小轿车和小货车的驾驶和操作方式完全一致，因为它们的基础零件的组合方式不同。

这就是为什么指望一名拥有美式橄榄球跑卫体形的运动员像前锋一样在赛场上驰骋是完全不现实的。诚然，两个人都可以进行跑步、推举、旋转等锻炼，然而他们基于自身不同的身体结构以不同的方式进行着这些训练。由于人类运动方式的个体差异，世界上没有哪一种运动可以完全满足每一个人的需求，因此，每一个人都必须要选择适合他或她的特定运动。

在硬拉运动中，由于我们每个人的体形和体积都不一样，因此要选择适合自己的硬拉风格和改编运动（第6章中有很多），而不是努力让自己去适应某一特定的硬拉训练。根据个人的能力，一些人会采用几种不同的硬拉风格和改编运动，另一些人则更愿意安全地进行一些运动。

举个例子，在进行杠铃罗马尼亚硬拉运动中，一些人基于他们独特的身体构造、能力或者伤病史，可能无法完成拱背动作；另一些人可能能够维持背部拱起姿势，但是运动过程中背部极易出现问题。然而，在进行杠铃相扑硬拉运动时，这些人往往会展现出更好的脊柱控制能力，或者背部不会出现任何问题。进行不同的运动时，关节位置会由于脚间距和躯干的挺直程度不同稍有不同，使个人从独特的身体构造、能力或伤病史中获益。

本书介绍大量的改编运动，不仅为了使训练内容更加丰富，还为了能够记录人类正常运动的变化情况。某些运动不适合特定群体。每个人的动作方式都由于骨骼结构和身体比例不同而略有不同。另外，受伤、软骨丢失以及关节自然的退化过程（即关节炎）都会对运动产生影响。鉴于此，试着让每个人都做同样的运动具有潜在的危险性。如果你所进行的运动不在个人运动能力的范围内，那么它可能会导致新问题或者使原有问题恶化。

避开而不是克服伤病和局限

如果某项运动造成了身体损伤，不管出于何种原因，那么必须要用不会造成损伤的改编运动或者替换运动。现在，我们在这里讨论的并不是由于肌肉疲劳所产生的感觉，而是健身后，进行特定动作时产生的疼痛和不适。这些问题部位可能只需要一定时间的休息即可痊愈，也可能真的受伤了，身体受损的部位无法再承受同样的运动负荷，并且无法进一步改善。

不管是哪种情况，你都不能通过克服疼痛来改善情况。尽管这一事实显而易见，但是许多人仍然很固执，坚持进行造成身体损伤的运动。继续进行造成身体疼痛的运动会雪上加霜，造成进一步的损伤。简而言之，不要通过训练来克服疼痛，而是应当避开它。

所以，如果你由于膝盖不好不能下蹲时该怎么做呢？由于慢性肩关节损伤造成仰卧推举和过顶举无法正常进行时该怎么做呢？背部损伤导致无法进行杠铃推举时又该如何呢？多年来，我与处于各个不同训练水平的人一道试着解决这一问题，我也设计了一系列可以让肌肉变得更大、更强的替换运动。我这么做是出于保护关节的运动理念。

鉴于这一经验，在这里我将向你介绍一系列的关节友好型运动，它们能够让你避开敏感点，但肌肉和运动成绩也可以得到增强和提升。不过在进行具体的运动之前，我必须要提醒你，在开始任何一项运动之前，务必确认身体的疼痛和不适并不是由运动方式不当或者是运动过度造成的。

问题

传统的下蹲和弓步动作会导致膝盖问题进一步恶化。

解决方案

尝试以下下肢运动，使膝盖不好的双腿更加健壮。

单腿单臂哑铃罗马尼亚硬拉（第149页）

单腿45度拉力器罗马尼亚硬拉（第150页）

单腿单臂斜角杠铃罗马尼亚硬拉（第151页）

侧弓步交叉转体（第152页）

杠铃罗马尼亚硬拉（第156页）

杠铃混合硬拉（第158页）

杠铃负重躬身（第162页）

哑铃前弓步（第172页）

重物雪橇前推（第173页）

重物雪橇前拉（第174页）

重物雪橇侧拉（第176页）

单腿哑铃卧姿伸髋（第177页）

伸髋腿弯举组合运动（第178页）

单腿伸髋腿弯举组合运动（第178页）

单腿举髋（第179页）

横向迷你弹力带拖拽步（第180页）

低位横向迷你弹力带拖拽步（第180页）

仰卧位臀桥迷你弹力带抬腿（第181页）

45度髋关节伸展（第182页）

北欧腿部弯举（第183页）

健身球屈腿（第184页）

单腿健身球屈腿（第184页）

伸髋滚轴屈腿（第185页）

器械坐姿腿弯举（第186页）

问题

背部问题导致你在进行下蹲和硬拉动作时无法将杠铃或六角杠放在脊柱上。

解决方案

尝试以下下肢运动，在背部有问题的情况下使双腿锻炼得更加健壮。

单腿45度拉力器罗马尼亚硬拉（第150页）

单腿悬空反弓步（第153页）

单腿正压腿（第154页）

斜角杠铃跨肩反弓步（第155页）

酒杯深蹲（第164页）

器械压腿（第165页）

单腿点膝下蹲（第166页）

保加利亚式分腿蹲（第167页）

哑铃反弓步（第169页）

哑铃抬升反弓步（第169页）

哑铃拳手弓步（第170页）

正压腿（第171页）

哑铃前弓步（第172页）

重物雪橇前推（第173页）

重物雪橇前拉（第174页）

重物雪橇后拉（第175页）

重物雪橇侧拉（第176页）

单腿哑铃卧姿伸髋（第177页）

伸髋腿弯举组合运动（第178页）

单腿伸髋腿弯举组合运动（第178页）

单腿举髋（第179页）

横向迷你弹力带拖拽步（第180页）

低位横向迷你弹力带拖拽步（第180页）

仰卧位臀桥迷你弹力带抬腿（第181页）

健身球屈腿（第184页）

伸髋滚轴屈腿（第185页）

器械坐姿腿弯举（第186页）

器械腿伸展（第187页）

问题

受伤或身体的局限性，在传统的推举运动（比如仰卧推举和过顶推举运动）中会对肩关节造成不必要的压力。

解决方案

尝试下列针对肩部问题的推举运动。

斜角杠铃推举（第81页）

斜角杠铃旋转推举（第82页）

单臂拉力器推举（第83页）

负重弹力带跨步推拉（第95页）

请记住，这些只是供你选择的对象，以查看自己在做这些运动时是否会有疼痛感。某些伤痛比其他伤痛更有限，但是至于哪一项运动对你有用没办法保证。有时候某个关节出现问题，导致你无法频繁使用，那么你要在运动时避开它，着重锻炼身体的其他部位。

如果你的身体并没有因为伤病、疼痛而有任何限制，那么关节友好型的运动可以帮助你维持连胜的势头。它们不仅对身体脆弱的关节影响较小，还提供了新的、更具挑战性的方法来锻炼肌肉和增强体力、身体素质及运动能力。这就是它们被纳入功能谱训练系统，并且成为本书中诸多锻炼计划一部分的原因。

选择运动项目时使用双C准则

在本书有关推举、拉伸、下肢和核心肌群训练章中有各式各样可供你挑选的运动。因此，假如某项拉伸运动造成你身体受损，那么你只需要尝试同一种运动类型下的其他拉伸运动，直至找到不会让你产生任何不适感的运动即可。在挑选运动时，不管自身有没有受限，要记得使用以下两条简单的准则，帮助你做出有效的选择。

- 舒适——动作时没有任何疼痛感，感觉非常自然，在自己目前的生理机能范围内进行等。
- 控制力——你可以按照训练说明那样一丝不苟地使用运动技术，摆好体位。举个例子，当身体下蹲时，膝盖和脊柱密切配合，动作要流畅、从容。

同样地，当我们谈到不适感时，我们所指的并非肌肉疲劳感或者肌肉酸痛感。相反，我们指的是健身后或者做出特定动作时产生的酸痛。

考虑到舒适和控制力，你可能需要减小动作幅度，或者改变某项运动中手脚摆放的位置，以此来适应你目前的能力，更好地达到训练说明中关节对齐的要求。另外，在某些情况下，你应该避开部分运动，更多地关注其他运动。

因地制宜

我们并不总能够随心所欲地使用自己想要的运动设备。例如，健身房里人比较多，在家里或者在酒店的小型健身房里做运动时，由于设备和空间有限，难免会受到限制。

前几章中的锻炼计划设定的场景都是大型健身房。在大型健身房锻炼时，你可以将固定健身设备（比如深蹲架）的运动与使用可移动设备（比如哑铃、弹力带）的运动搭配进行。这样的混搭可以让你把可移动健身器材搬到固定设备旁，省去了你在健身房走来走去的麻烦，同时避免器材被他人占用。你在设计自己的功能谱训练方案时也可以采用同样的策略。

当然，由于一些训练环境的空间和器材有限，你可能无法完成本书所介绍的锻炼计划中的部分运动。在这种情况下，从同一类别的运动中挑选替代运动，稍微调整锻炼计划，使其更适合你的健身环境即可。

关于营养的几句话

你吃了什么不仅影响整体健康水平，还影响最终的训练结果，这已经不是秘密了。因此，为了帮助你取得最好的运动结果并且整体健康水平得到最大的提升，我将向你提供以下几条简单的营养指南：食物要以水果、蔬菜以及高品质的肉类、蛋和鱼（素食主义者也可以用蛋白质替代品）为主；限制精细食物、单糖、氢化油以及酒精的摄入量，并且吃得不能过饱。

如果你刚开始时只摄入水果、蔬菜以及高品质蛋白质，那么摄入的热量就很可能会减少。的确，为减少摄入的热量，简单的办法就是强调食物的质量而不是数量，然后看看会怎么样。这种方法对大多数人都很管用，因为与速食和糖果相比，水果、蔬菜、瘦肉的热量低。你并不只是想要吃得好，你还需要得到充足的营养。

似乎每天都可以看到关于营养的互相矛盾的"科学"结论。然而，如果你能够仔细甄别，对"魔法"和"奇迹"之类的说法持怀疑态度，并且避免被营销炒作欺骗，你就会发现大部分正当的研究都是对我这里所说的基本营养原则及营养建议的修补。

使用特定性原则

如果你想要拥有更强的爆发力（比如加快运动速度），那就选择爆发性强的运动（比如全身能量训练）。假如你打算增强体力，那就增大某些训练的运动负荷。这就是改编的特定性。如果你想要在一项以旋转为导向的运动中提升自己的旋转能力，那就以不同的运动速度和运动负荷来完成各种各样的旋转锻炼。这就是肌肉动作的特定性。简单地说，你的目标最终决定了日常训练的内容。

当你设计自己的功能谱训练计划时，如果你遵循特定性原则以及本章中其他简单的指南，那么你的运动程序就不会出错。在完成自己选定的运动时，可以增大运动负荷、提高动作完成的质量和效率、延长运动时长以及增强身体恢复能力等。换句话说，如果你训练的目的是增强体力，那就务必增大运动负荷或者增加重复训练次数，使自己不断进步。

除了良好的营养和充足的睡眠外，成功训练的关键还在于运动强度、多样化以及特定性。功能谱训练系统能够让你将这些原则应用到简单但综合性强，且完全个性化的训练框架中，取得更好的长期训练结果。

在本书中，我已经提供了你所需要了解的内容，以便你能够安全且有效地锻炼肌肉、提升运动成绩、改善体形。你现在已经拥有了设计专属的功能谱训练计划的工具，既可以满足你的运动需求，又弥补了健身房的不足。

我的任务已经到此结束，其他的就要靠你自己了。现在轮到你把这些运动方法和技巧运用到实践中，并不断地追求进步。

参考文献

第1章

1. Harman, E., The biomechanics of resistance exercise. In: Baechle, ER, and Earle, RW(eds.), *NSCA's Essentials of Strength Training and Conditioning*. (3rd ed.) Champaign, IL: Human Kinetics; 25–55, 2000.

2. Otsuji, T., Abe, M., and H. Kinoshita. 2002. After-effects of using a weighted bat on subsequent swing velocity and batters' perceptions of swing velocity and heaviness. *Perceptual and Motor Skills* 94(1): 119–26.

3. Southard, D., and L. Groomer. 2003. Warm-up with baseball bats of varying moments of inertia: Effect on bat velocity and swing pattern. *Research Quarterly for Exercise and Sport* 74(3): 270–76.

4. Brown, J.M., and W. Gilleard. 1991. Transition from slow to ballistic movement: development of triphasic electromyogram patterns. *European Journal of Applied Physiology and Occupational Physiology* 63(5): 381–86.

5. Morrison, S., and J.G. Anson. 1999. Natural goal-directed movements and the triphasic EMG. *Motor Control* 3(4): 346–71.

6. Brown, S.H., and J.D. Cooke. 1990. Movement-related phasic muscle activation. I. Relations with temporal profile of movement. *Journal of Neurophysiology* 63(3): 455–64.

7. Meylan, C., T. McMaster, J. Cronin, N.I. Mohammad, C. Rogers, and M. Deklerk. 2009. Single-leg lateral, horizontal, and vertical jump assessment: Reliability, interrelationships, and ability to predict sprint and change-of-direction performance. *Journal of Strength and Conditioning Research* 23(4): 1140–47.

8. Logan, G., and W. McKinney. 1970. The serape effect. *In Anatomic Kinesiology* (3rd ed.), ed. A. Lockhart, 287–302. Dubuque, IA: Brown.

9. Vleeming, A., A.L. Pool-Goudzwaard, R. Stoeckart, J.P. van Wingerden, and C.J. Snijders. 1995. The posterior layer of the thoracolumbar fascia. Its function in load transfer from spine to legs. *Spine* 20(7): 753–58.

10. Santana, J.C., F.J. Vera-Garcia, and S.M. McGill. 2007. A kinetic and electromyographic comparison of the standing cable press and bench press. *Journal of Strength and Conditioning Research* 21(4): 1271–77.

第2章

1. Schoenfeld, B.J. 2010. The mechanisms of muscle hypertrophy and their application to resistance training. *Journal of Strength and Conditioning Research* 24(10): 2857–72.

2. Adam, A., and C.J. De Luca. 2003. Recruitment order of motor units in human vastus lateralis muscle is maintained during fatiguing contractions. *Journal of Neurophysiology* 90: 2919–27.

3. Cheung, K., P. Hume, and L. Maxwell. 2003. Delayed onset muscle soreness: Treatment strategies and performance factors. *Sports Medicine* 33(2): 145–64.

4. Grant, A.C., I.F. Gow, V.A. Zammit, and D.B. Shennan. 2000. Regulation of protein synthesis in lactating rat mammary tissue by cell volume. *Biochimica et Biophysica Acta* 1475(1): 39–46

5. Stoll, B. 1992. Liver cell volume and protein synthesis. *Biochemical Journal* 287(Pt. 1): 217–22.

6. Millar, I. D., M.C. Barber, M.A. Lomax, M.T. Travers, and D.B. Shennan. 1997. Mammary protein synthesis is acutely regulated by the cellular hydration state. *Biochemical and Biophysical Research Communications* 230(2): 351–55.

7. Mitchell, C.J., et al. 2012. Resistance exercise load does not determine training-mediated hypertrophic gains in young men. *Journal of Applied Physiology* 113: 71–77.

8. Santana, J.C., F.J. Vera-Garcia, and S.M. McGill. 2007. A kinetic and electromyographic comparison of the standing cable press and bench press. *Journal of Strength and Conditioning Research* 21(4): 1271–77.

9. Baechle, T.R., and R.W. Earle. 2008. *Essentials of Strength Training and Conditioning.* 3rd ed. Champaign, IL: Human Kinetics.

10. Werner, S.L., et al. 2008. Relationships between ball velocity and throwing mechanics in collegiate baseball pitchers. *Journal of Shoulder and Elbow Surgery* 17(6): 905–8.

11. Rhea, M.R., et al. 2002. A comparison of linear and daily undulating periodized programs with equated volume and intensity for strength. *Journal of Strength and Conditioning Research* 16(2): 250–55.

12. Prestes, J., et al. 2009. Comparison between linear and daily undulating periodized resistance training to increase strength. *Journal of Strength and Conditioning Research* 23(9): 2437–42.

13. Miranda, F., et al. 2011. Effects of linear vs. daily undulatory periodized resistance training on maximal and submaximal strength gains. *Journal of Strength and Conditioning Research* 25(7): 1824–30.

14. Simao, R., et al. 2012. Comparison between nonlinear and linear periodized resistance training: Hypertrophic and strength effects. *Journal of Strength and Conditioning Research* 26(5): 1389–95.

第3章

1. Neal, C.M., et al. 2013. Six weeks of a polarized training-intensity distribution leads to greater physiological and performance adaptations than a threshold model in trained cyclists. *Journal of Applied Physiology* 114(4): 461–71.

2. Munoz, I., et al. 2014. Does polarized training improve performance in recreational runners? *International Journal of Sports Physiology and Performance* 9(2): 265–72.

3. Cicioni-Kolsky, D., C. Lorenzen, M.D. Williams, and J.G. Kemp. 2013. Endurance and sprint benefits of high-intensity and supra-maximal interval training. *Eur J Sport Sci* 13(3): 304–11.

4. Zuhl, M. and L. Kravitz. Hiit Vs. Continuous Endurance Training: Battle Of The Aerobic Titans. *IDEA Fitness Journal*? February 2012.

5. Mikkola, J., H. Rusko, et al. 2012. Neuromuscular and cardiovascular adaptations during concurrent strength and endurance training in untrained men. *Int J Sports Med.* 33(9): 702–10.

6. Harber, M.P., et al. 2012. Aerobic exercise training induces skeletal muscle hypertrophy and age-dependent adaptations in myofiber function in young and older men. *J Appl Physiol.* 113(9): 1495–504.

7. Konopka, A.R., M. Harber. 2014. Skeletal Muscle Hypertrophy after Aerobic Exercise Training. *Exerc Sport Sci Rev.* 42(2): 53–61.

第7章

1. Dominguez, R., and R. Gadja. 1982. *Total body training*. New York: Scribner's.

2. Nuzzo, J.L., et al. 2008. Trunk muscle activity during stability ball and free weight exercises. *Journal of Strength and Conditioning Research* 22(1): 95–102.

3. Martuscello, J.M., et al. 2013. Systematic review of core muscle activity during physical fitness exercises. *J Strength Cond Res.*(6): 1684–98.

4. Gottschall, J.S., J. Mills, and B. Hastings .2013. Integration core exercises elicit greater muscle activation than isolation exercises.. *J Strength Cond Res.* 27(3): 590–6.

第9章

1. DeFreitas, J.M., et al. 2011. An examination of the time course of training-induced skeletal muscle hypertrophy. *European Journal of Applied Physiology* 111(11): 2785–90.

2. Seynnes, O.R., et al. 2007. Early skeletal muscle hypertrophy and architectural changes in response to high-intensity resistance training. *Journal of Applied Physiology* 102(1): 368–73.

3. Horwath, R., and L. Kravitz. 2008. Postactivation potentiation: A brief review. *IDEA Fitness Journal* 5(5): 21–23.

作者简介

尼克·特米勒罗是国际表现大学（Performance University International）的所有人，该机构给全世界的运动员、训练员、教练员提供混合力量训练和身体训练。

作为一名教练，特米勒罗被盛赞为"教练的教练"。他曾出席在挪威、冰岛、中国和加拿大举办的国际健身会议。他是IDEA健康与健身协会（IDEA Health & Fitness Association）、美国国家体能协会（National Strength and Conditioning Association）以及DCAC健身公约（DCAC Fitness Conventions）所举办会议的特别主持人，还在全美的健身俱乐部给教练做训练培训。特米勒罗在家乡美国佛罗里达州的劳德代尔堡有工作室和指导项目。他是《力量训练减脂圣经》（*Strength Training for Fat Loss*）一书的作者，并创作了20余张教学DVD。同时，特米勒罗从事着美国运动协会（American Council on Exercise）、美国国家运动医学会（National Academy of Sports Medicine）和美国国家体能协会的继续教育课程工作。

自1998年以来，特米勒罗一直投身于健身事业。从2001年到2011年，他与合伙人在美国马里兰州的巴尔的摩经营着一家训练中心。他与各个年龄阶段以及不同运动水平的运动爱好者打过交道，包括从业余到有专业排名的运动员。2002年至2011年，他担任了地面控制综合格斗战斗小组的力量与体能教练，同时还兼任了多家公司的服饰与器械专家顾问。

到目前为止，特米勒罗的文章已经先后在50多家健康与健身方面的权威杂志上发表。同时，他也是多家健身训练网站的知名撰稿人。

2015年，特米勒罗入选私人教练名人堂。目前，特米勒罗还在持续更新着人气颇高的健身训练博客。